The other cities
Die anderen Städte

EDITION BAUHAUS EINE REIHE DER STIFTUNG BAUHAUS DESSAU

BAND 22 HERAUSGEGEBEN VON REGINA SONNABEND, ROLF STEIN FÜR DAS IBA-BÜRO

Die anderen Städte

IBA Stadtumbau 2010

Herausgegeben von Regina Sonnabend, Rolf Stein für das IBA-Büro
Edited by Regina Sonnabend, Rolf Stein for the IBA Office

Band 4: Profilierung von Städten
Volume 4: Urban Distinctiveness

JOVIS

Inhalt
Contents

Vorwort

Omar Akbar

Wachsende weltweite ökonomische Integration mit zunehmendem Wettbewerb sowie der demografische Wandel stellen viele Städte und Regionen vor neue Herausforderungen. Mehr und mehr Städte versuchen, ein unverwechselbares Profil zu entwickeln und konzentrieren sich auf ihre spezifischen Kompetenzen. Ein solches Vorgehen erscheint besonders für Städte vielversprechend, die mit Bevölkerungsrückgang, wirtschaftlicher Stagnation und sozialer Desintegration konfrontiert sind.

Mit der Internationalen Bauausstellung (IBA) Stadtumbau 2010 hat das Bundesland Sachsen-Anhalt ein innovatives Instrument zur Entwicklung und Durchführung von Projekten und Strategien des Stadtumbaus geschaffen, mit deren Hilfe insbesondere Klein- und Mittelstädte eine Stärkung der wirtschaftlichen und sozialen Basis erreichen sollen. Um auch bei zurückgehenden Einwohnerzahlen dauerhaft funktionsfähig zu bleiben, müssen gerade diese Städte auf Grundlage regionaler und lokaler Ressourcen unverwechselbare Profile entwickeln und auf das qualitative Wachstum zukunftsfähiger Branchen und Projekte setzen.

Die vorliegende Publikation basiert auf einem 2005 durchgeführten gleichnamigen Kongress, bei dem die in Zusammenarbeit mit dem IBA-Büro entwickelten Strategien zur Profilierung der IBA-Städte und bedeutende theoretische Beiträge zu diesem Fragenkomplex präsentiert wurden. Bemerkenswert ist, dass solche Profilierungsstrategien auf der lokalen und regionalen Ebene in vielen Ländern verfolgt werden. Deshalb wurden internationale Beispiele herangezogen, um die Vergleichbarkeit und Verschiedenheit solcher Strategieansätze zu zeigen und ihre Wirksamkeit zu diskutieren.

Band IV der IBA-Reihe setzt sich insbesondere mit folgenden Fragen auseinander: Wie können Städte ihre spezifischen lokalen Potenziale identifizieren? Welche Maßnahmen sind geeignet, um die wirtschaftliche und soziale Entwicklung der Städte zu fördern und ihre Attraktivität für Besucher, Investoren und (neue) Einwohner zu erhöhen? Ist es möglich, Rahmenbedingungen für erfolgreiche Strategien der Profilierung zu definieren und müssen spezielle Voraussetzungen für kleine und mittlere Städte beachtet werden? Welche Art von Strukturen und Formen der Zusammenarbeit sind zwischen kommunalen, wirtschaftlichen und zivilgesellschaftlichen Akteuren der Städte und Regionen erforderlich? Welche Rolle spielen Branding und Stadtmarketing bei der Durchsetzung von Entwicklungsstrategien?

Der vorliegende Band erörtert theoretische und empirische Erkenntnisse über städtische Profilierung und Spezialisierung, Imagebildung und Marketing und zeigt exemplarisch Beispiele und Handlungsstrategien aus dem In- und Ausland.

Foreword

Omar Akbar

Growing global economic integration, along with increasing competition and demographic changes, pose new challenges for many cities and regions. More and more cities are trying to develop a distinctive profile and concentrate on their specific skills. This approach seems especially promising for cities confronted with declining populations, economic stagnation and social disintegration.

By organizing the International Building Exhibition (IBA) Urban Redevelopment 2010, the state of Saxony-Anhalt has created an innovative instrument for developing and implementing urban reconstruction projects and strategies, which are designed to help especially small and medium-sized cities to strengthen their economic and social basis. It is exactly these cities, which are faced with dwindling populations, that need to develop distinctive profiles based on regional and local resources and to focus on the qualitative growth of future-oriented industries and projects in order to continue to function.

This publication is based on a congress of the same name held in 2005, at which the strategies for *profiling** the IBA cities, developed in cooperation with the IBA Office, were presented along with important theoretical contributions to the debate on this topic. But profiling strategies are also being pursued at the local and regional level in many other countries. For this reason, international examples have also been drawn on, to demonstrate both the similarities and differences between these strategic approaches and to discuss their effectiveness.

Volume IV of the IBA series deals in particular with the following questions: How can cities identify their specific local potential? What measures are appropriate for promoting the economic and social development of cities and for increasing their attractiveness for visitors, investors and (new) inhabitants? Is it possible to define a general framework for successful profiling strategies and are there special preconditions that have to be taken into consideration in the case of small and medium-sized cities? What kind of structures and forms of cooperation are needed between municipal, economic and societal actors in these cities and regions? What role does branding and marketing of cities play in implementing development strategies?

This volume discusses theoretical and empirical findings on urban specialization and profiling, image-building and marketing, and it presents exemplary cases and strategies for action from both Germany and other countries.

---

* The German term "Profilierung" cannot be translated straightforwardly into English, since in German it describes both a condition (being distinctive) and an activity (creating distinctiveness). These two meanings deviate from the usual use of the verb "to profile" in English, which is more analytical than creative. In this volume the term "profiling" is used in the sense of both German meanings of the term, since there is no compact and appropriate English term to replace these connotations. (The editors)

Profilierung von Städten und Strategien ihrer Regenerierung

Rolf Stein, Regina Sonnabend

Profilierung und Restrukturierung

In Zeiten wirtschaftlicher und sozialer Krisen sehen sich viele Städte gefordert, spezifische neue Strategien zu entwickeln, die ihnen eine Abmilderung negativer Effekte oder die Wende zu einer positiven Entwicklung ermöglichen. Hohe Erwerbslosigkeit sowie Einwohnerverluste durch Suburbanisierung, geringes natürliches Bevölkerungswachstum und Wanderungsverluste (vor allem durch selektive Abwanderung Jüngerer und Qualifizierter) treffen viele Städte, sind aber besonders in den ostdeutschen Bundesländern nahezu flächendeckend anzutreffende Phänomene. Durch Maßnahmen des Stadtumbaus und Regenerierungsmaßnahmen, wie zum Beispiel die Internationale Bauausstellung Sachsen-Anhalt 2010, versuchen Bund und Länder dieser Entwicklung entgegenzuwirken. Die sozio-ökonomischen Probleme zahlreicher Städte und Regionen treffen in der politischen Arena auf eine vorherrschende Tendenz, verteilungspolitische Maßnahmen zugunsten von Elementen marktwirtschaftlicher Steuerung und Konkurrenz zurückzudrängen, ein Trend, den Harvey schon 1989 als Tendenz zur „entrepreneurial city" (unternehmerischen Stadt) charakterisierte[1]. Unter diesen Bedingungen setzen viele Städte auf mehr oder weniger ausgeprägte Strategien zur Verstärkung ihrer traditionellen Besonderheiten und Wettbewerbsvorteile, wie etwa die „Autostadt" Wolfsburg[2] und die „Goldstadt" Pforzheim[3], oder sie forcieren Profilierungsprozesse in neuen Wirtschaftsfeldern, wie zum Beispiel die „Musikstadt" Mannheim[4]. In diesem Band werden konkrete Profilierungsstrategien von neun Städten dargestellt und untersucht sowie wissenschaftliche Ansätze zur Profilierung und regionalen bzw. städtischen Spezialisierung auf ihre theoretischen Aussagen und empirischen Erkenntnisse hin befragt.

Faktoren städtischer Profilierung und ihre Steuerbarkeit

Um zunächst die Faktoren, die Profile von Städten ausmachen, genauer zu bestimmen, kann auf eine Übersicht von Turok[5] aufgebaut werden, die im Folgenden weiterentwickelt wird. In *vertikaler* Dimension ist zunächst zwischen materiellen (tangiblen) und immateriellen (intangiblen) Faktoren zu unterscheiden (Abb. 1). Die Differenzierung von Städten wird somit einerseits durch physische Ausstattungsmerkmale (Konzerthallen, Kaufhäuser, Plätze, Industriebetriebe etc.) bestimmt und andererseits durch psychologisch und sozial determinierte Größen, wie etwa Präferenzen, Wertvorstellungen und Verhaltensweisen einzelner Subjekte. In *horizontaler* Richtung kann zudem danach differenziert werden, ob Faktoren der Profilierung entscheidend durch politische Maßnahmen beeinflusst werden können oder ob sie evolutorisch, durch sich selbst organisierende sozial-ökonomische Veränderungsprozesse determiniert werden. Diese Unterscheidung beinhaltet auch eine zeitliche Dimension, da sich evolutorische Prozesse über lange Zeiträume erstrecken, während politisches Handeln relativ kurzfristig Effekte haben kann. Reale und immaterielle Faktoren wirken in einem komplexen Prozess aufeinander ein, so dass eindeutige Wirkungszusammenhänge teilweise schwer zu bestimmen sind.

Die in Turoks Darstellung verwendeten vier Kategorien der Profilierung (gebaute Umwelt, Image, spezialisierte Wirtschaftszweige, Beschäftigungsstruktur) können jeweils weiter differenziert werden, womit eine detailliertere Betrachtung ihrer Bedeutung und Steuerbarkeit möglich wird. Gleichwohl soll diese Betrachtungsweise nicht suggerieren, dass die einzelnen Komponenten unabhängig voneinander existierende Faktoren wären.

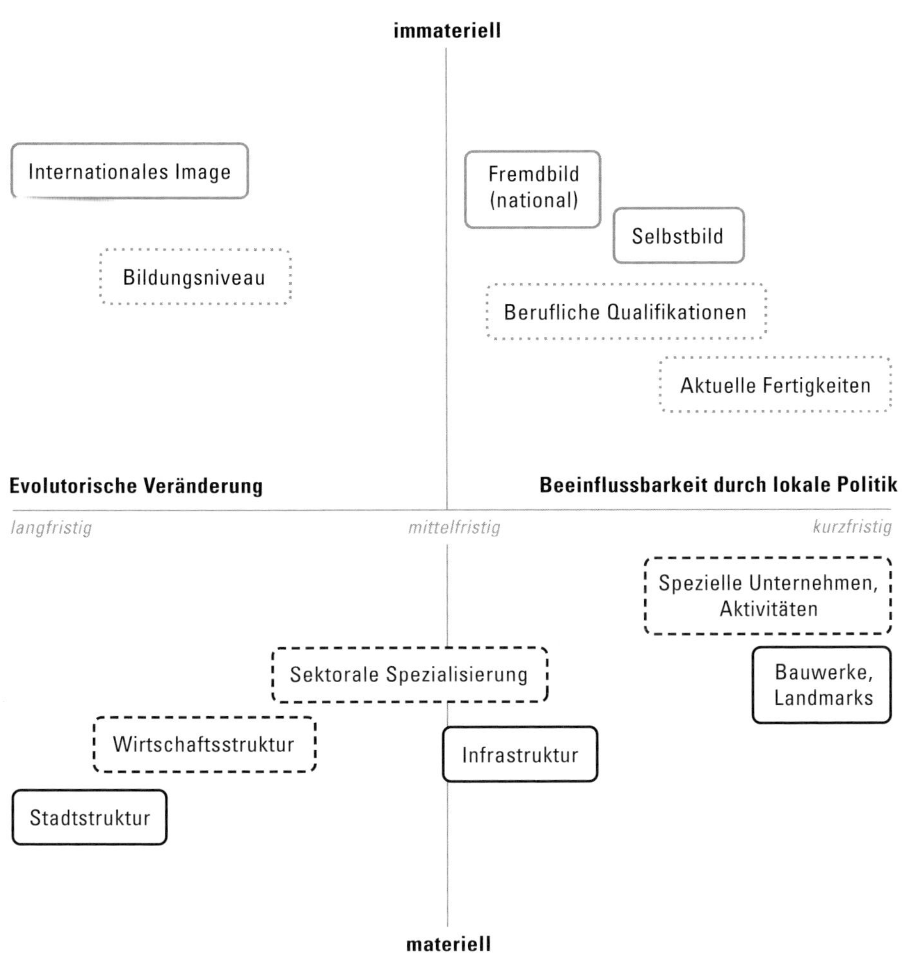

Abb. 1: Faktoren städtischer und regionaler Profilierung

Unter den Oberbegriff „gebaute Umwelt" können die drei Ebenen Stadtstruktur, Infrastruktur und einzelne Bauwerke/Landmarks gefasst werden. *Stadtstruktur* bezeichnet die historisch entwickelte Morphologie einer Stadt, die sich etwa im Vorhandensein eines mittelalterlich geprägten Straßen- und Platzrasters, von Gründerzeitvierteln oder Großsiedlungen mit industriellem Wohnungsbau ausdrückt. Mit *Infrastruktur* sind die grundlegenden kollektiv genutzten Versorgungselemente angesprochen und mit *Bauwerken/ Landmarks* einzelne wichtige, die Funktionen der Stadt maßgeblich bestimmende oder das Stadtbild prägende privatwirtschaftliche bzw. öffentliche Bauwerke, Gebäude oder Wahrzeichen, wie etwa die Grande Arche von La Défense in Paris, die „Gläserne Fabrik" in Dresden oder die wieder aufgebaute Frauenkirche in Dresden. Als Beispiel für eine das Profil schärfende Infrastruktur kann die Magnetschwebebahn in Shanghai gelten und als Stadt, die vor allem aufgrund ihrer Stadt- und Infrastruktur einzigartig ist, Venedig.

Da das „Image" einer Stadt ein subjektiver Faktor ist und daher in vielen Fällen zwischen verschiedenen Personen differieren wird, kann man es für unterschiedliche Personengruppen betrachten. Das *Selbstbild* bezeichnet dann die Einschätzung der Stadt durch ihre Bewohner zum Beispiel hinsichtlich der Lebensqualität und Entwicklungschancen, die im positiven Fall Engagement, Motivation und Kooperationsbereitschaft fördern und im negativen Fall zur Behinderung sozialer und wirtschaftlicher Entwicklung beitragen kann. Mit *Fremdbild* ist der Blick auf die Stadt aus dem übrigen nationalen Raum angesprochen und mit *internationalem Image* das weltweit vorherrschende Bild der Stadt. Diese beiden letzten Imagekomponenten sind es, die – auch wenn sie empirisch schwer zu fassen sind – Einfluss auf die Außenbeziehungen der Stadt, wie etwa Touristenströme, Wohnstandortentscheidungen Externer oder Investoreninteresse, ausüben. Unter welchen Bedingungen Städte ihr Image nachhaltig und positiv beeinflussen können, welche Rolle Branding, also die Herausbildung eines Images bzw. einer Marke und entsprechendes Marketing für Städte als politisch verfasste und von unterschiedlichen sozialen Akteuren gebildete Einheiten spielen können, diskutiert *Jensen* in diesem Band.[6] Der Autor warnt, dass viele solcher Unternehmungen in teurem Wunschdenken enden, und fordert, solche Projekte in öffentlichem Diskurs auf lokaler und regionaler Ebene zu entwickeln.

Die von Turok verwendete Kategorie „spezialisierte Wirtschaftszweige" ist in üblicher ökonomischer Definition die *sektorale Spezialisierung* (zum Beispiel nach Chemieindustrie, Möbelindustrie, Finanz- oder Tourismusbranche) einer Stadt oder Region. Die sektorale Spezialisierung kann einerseits auf einer höheren Ebene unter der *Wirtschaftsstruktur* subsumiert werden, so dass etwa von einer Agrarregion, einer Industrie- oder Dienstleistungsstadt gesprochen wird. Andererseits können manche Städte in ihrer Profilierung entscheidend durch einzelne *spezielle Unternehmen* oder auch einzelne *wirtschaftliche Aktivitäten* (Veranstaltungen, Festivals) geprägt und damit zugleich in manchen Fällen von diesen abhängig sein. Zu denken wäre hier zum Beispiel an die nahezu sprichwörtlichen „company towns" oder die oftmals relativ kleinen Städte, die als Standorte großer Freizeitparks bekannt werden.

Während diese Perspektive vorrangig die immobilen Produktionsfaktoren oder auch Outputgrößen im Blick hat, konzentriert sich die Analyse der „Beschäftigungsstruktur" primär auf die räumliche Verteilung der (prinzipiell mobilen) Beschäftigten einzelner Sektoren. Sie betrachtet zudem deren *berufliche Qualifikationen,* die oft auch auf tradiertem Erfahrungswissen beruhen, und ihr Wanderungsverhalten. Letzteres gilt insbesondere für die Gruppe der jüngeren und teils hoch qualifizierten Wissensarbeiter. Diese nehmen für die Entwicklung zahlreicher Städte eine eminente und wachsende Bedeutung ein, da sie Träger des Wissens sind, von dem in Zukunft die Wachstumschancen großstädtischer Regionen verstärkt abhängig sein werden und in denen auch kleine und mittlere Städte spezifische Rollen übernehmen können (*van Winden*). Bezieht man weitere Einwohner einer Stadt und die gesamte Breite der Ausbildung in die Betrachtung mit ein, kann man sie nach ihrem langfristig erworbenen *Bildungsniveau* unterscheiden und beispielsweise von Forschungs- oder Universitätsstädten sprechen. Orte können sich jedoch auch nach kurzfristig erworbenen *aktuellen Fertigkeiten* von Beschäftigten differenzieren, wenn zum Beispiel bei Neuansiedlungen von wichtigen Betrieben Umschulungen oder Qualifizierungen in großem Umfang durchgeführt werden.

Bei den beiden zuletzt genannten Kategorien städtischer Profilierung bzw. Spezialisierung im engeren ökonomischen Sinn gehen die weitestreichenden Effekte von der „mittleren Ebene" aus, das heißt, die sektorale Spezialisierung und die Qualifikationen der Beschäftigten differenzieren Städte bzw. Regionen am stärksten. In Deutschland hat sich gemäß *Südekum* die sektorale Spezialisierung von Landkreisen und kreisfreien Städten bis Mitte der 1990er Jahre im Durchschnitt eher vermindert, danach aber nur noch geringfügig verändert. *Schrock* und *Markusen* demonstrieren für die Großstädte der USA, dass sich Städte in den 1990ern, im Gegensatz zur vorherigen Dekade, zunehmend nach ihren Beschäftigungsprofilen differenzieren. Sie konstatieren einen Trend zur „distinctive city", der von schnell wachsenden Städten mit hohen Beschäftigtenanteilen in Hightech-, Kunst- und Medienberufen angeführt wird, aber auch langsamer wachsende Städte mit traditionellen Fertigungstätigkeiten umfasst. Diese Autoren sehen in einer Stärkung der Profilierung und Spezialisierung über Maßnahmen, die auf Beschäftigte statt Industrien bzw. Sachkapital zielen, einen Weg zur Regenerierung von Städten.[7] Für Deutschland zeigen neue Untersuchungen von Blien, Südekum und Wolf empirisch, dass spezialisierte Branchenstrukturen zum Beschäftigungswachstum in einer Region beitragen können, ergeben jedoch auch, dass solche Effekte meist nach einiger Zeit in ihrer Wirkung nachlassen, während die ebenfalls festgestellten positiven Auswirkungen einer gut diversifizierten Wirtschaftsstruktur länger erhalten bleiben.[8] Strukturpolitische Maßnahmen können aber gemäß dieser Untersuchung in relativ kurzer Frist Effekte auslösen. Die Anforderungen an geeignete politische Maßnahmen zur Profilierung sind somit hoch. Ein Konzept, das den gegenwärtigen Strukturveränderungen in Wirtschaft, Gesellschaft und Politik gerecht wird, kann in der „Kompetenzfeldpolitik" gesehen werden, worin die Politik vor allem die Funktion eines Katalysators für das Zusammenwirken wirtschaftlicher und öffentlicher Akteure übernimmt.[9] Eine zentrale Rolle sollten Maßnahmen der Information, Koordination und der Vertrauensbildung zwischen den Akteuren spielen, die zur Förderung von Netzwerkbildungen führen. Wie sich Funktionen von Städten im einst quasi monolithischen Ruhrgebiet inzwischen in einem schrittweisen Profilierungsprozess vielfach differenziert haben, zeigt *Rehfeld*. Zwölf Kompetenzfelder setzen dort einen strukturpolitischen Orientierungsrahmen, der aber für einzelne Städte und Regionen offen bleibt, damit sich zwischen diesen eine arbeitsteilige und für neue Entwicklungen aufnahmebereite Wirtschaftsstruktur herausbilden kann.

Prozesse und Strategien der Profilierung

Um reale Prozesse der Profilierung und praktizierte Entwicklungsstrategien von einzelnen Städten zu untersuchen, wurden für die drei IBA-Städte Köthen, Magdeburg und Lutherstadt Wittenberg je zwei Referenzstädte ausgewählt. Das zentrale Kriterium bei der Auswahl war, dass die Referenzstädte eine Profilierung auf einem ähnlichen Sektor anstreben. Für Köthen ist dies der Gesundheitssektor, für Magdeburg die wissensbasierte Ökonomie, für Lutherstadt Wittenberg Kultur, kulturelles Erbe und Bildung. Da sinnvollerweise nicht Städte mit ganz unterschiedlichen (quasi-natürlichen bzw. mittelfristig fixen) regionalen Entwicklungspotenzialen in Bezug gesetzt werden können, sollten die Einwohnerzahlen der Städte jeweils in derselben Größenordnung liegen. Weitere fixe Faktoren waren die regionale Siedlungsstruktur und die großräumige Lage bzw. Entfernung zu (europäischen) Ballungszentren. Als adäquate Referenzstädte wurden für Köthen die Städte Bad Wörishofen und Kuopio (Finnland) ausgewählt, für Magdeburg die Städte Gliwice (Polen) und Newcastle (Großbritannien) und für Lutherstadt Wittenberg die Städte Santiago de Compostela (Spanien) und Pécs (Ungarn).[10] Der Darstellung der einzelnen Städte geht jeweils eine Untersuchung der sektoralen Entwicklungsprozesse voraus, die in gewissem Maß durch spezifische Standortanforderungen oder Wachstumsbedingungen Entwicklungsstrategien von Städten determinieren.

So zeigt *Hilbert*, dass sich das Gesundheitswesen in Richtung eines bedeutenden Wirtschaftsfaktors für Städte und Regionen wandelt, von dem in Zukunft unter günstigen Bedingungen wichtige Innovations- und Wachstumsimpulse für Städte ausgehen können. *Köthen* strebt in diesem Sinn an, seine schon jetzt auch international hoch geschätzte Rolle als ehemalige Wirkungsstätte des Begründers der Homöopathie, Samuel Hahnemann, zu nutzen. So will die Stadt ihre Funktionen als Aus- und Fortbildungsstandort, Dokumentations- und Informationszentrum der Homöopathie weiter ausbauen. *Bad Wörishofen*, durch Sebastian Kneipp schon lange als traditioneller Kurort bekannt und lange prosperierend, sah sich in den letzten Jahren durch stark zurückgehende Besucherzahlen zunehmend vor neue Herausforderungen gestellt und ist auf dem Weg, seine alten Stärken mit neuen, differenzierteren und qualitätvollen Angeboten neu zu profilieren. Während diese beiden in Zentraleuropa liegenden Orte ihre Stadtentwicklung an spezialisierten Gesundheitsdiensten auf Basis von anwendungsorientiertem Erfahrungswissen ausrichten und auf Persönlichkeiten beziehen, auf deren Wirken der Genius Loci beruht, setzt die im europäischen Maßstab peripher liegende finnische Stadt *Kuopio* auf wissenschaftlich und technologisch fortgeschrittene Dienstleistungen und formalisiertes Wissen im Gesundheitssektor. Die wirtschaftliche Basis dieser Stadt kann somit zu Teilen der wissensbasierten Ökonomie zugerechnet werden, deren Bedeutung für die Stadtentwicklung im folgenden Abschnitt ausführlicher behandelt wird.

Wie die Faktoren der Produktion, Aneignung und Nutzung von Wissen mit der Entwicklung von Städten in Deutschland zusammenhängen, untersucht *Franz*. Der Autor stellt insbesondere die Entwicklungschancen heraus, die in der wissensbasierten Ökonomie durch Universitäten und Forschungseinrichtungen entstehen, zeigt aber auch Begrenzungen vor allem durch übermäßige staatliche Reglementierung und mögliche nachteilige soziale Wirkungen auf. Die IBA-Stadt *Magdeburg* zielt mit dem Ausbau des Wissenschaftshafens und attraktiven Wohnprojekten an der Elbe darauf, ihre Potenziale als Wissenschaftsstadt weiter auszubauen und ihre Attraktivität als Wohnstandort für Wissensarbeiter zu stärken, um damit Arbeitsplatzverluste vor allem im Maschinenbau, dem ehemaligen industriellen Schwerpunkt der Stadt, zu kompensieren. Auch *Gliwice* befindet sich wegen der Schließung großer Stahl- und Bergwerke in einem tief greifenden Wandlungsprozess und intensiviert seine Rolle als Standort für Aktivitäten der Wissenschaft und Forschung und deren Verflechtung mit Wirtschaft und Industrie. Als Synonym dafür kann das Projekt „New Gliwice" stehen, bei dem auf dem Gelände und teilweise in historischen Gebäuden der Kohlezeche ein neues Zentrum für Ausbildung und Unternehmensgründung entsteht. In *Newcastle* scheint die neue Profilierung und wirtschaftliche Orientierung der Stadt bereits in der Breite Früchte zu tragen, so dass der lang anhaltende Verlust von Bevölkerung inzwischen wieder in Zunahme umgeschlagen ist und in der Region überdurchschnittliche Wachstumsraten erzielt werden. In den letzten Jahren durchlief die Stadt einen beschleunigten, vielschichtigen Wandlungsprozess, in dem sich ihre Wirtschaftsstruktur und ihre Eigen- und Fremdwahrnehmung vom Kohle- und Schwerindustriestandort zum attraktiven Standort der Hochtechnologie sowie von wissensbasierten und kreativen Industrien veränderten.

Anders als alte Industriestädte, die durch – nur teilweise oder unter hohen Kosten revitalisierbare – bauliche Hinterlassenschaften des Industriezeitalters und negative Imagefaktoren oft benachteiligt sind, können Städte, die über ein reiches kulturelles Erbe verfügen, direkt an ihre Geschichte, Traditionen und Persönlichkeiten anknüpfen. Wie *Gnad* nach einem Überblick über die verschiedenen Felder des kulturellen Erbes und die Wirkungsmechanismen hinsichtlich der sozialen und wirtschaftlichen Entwicklung zeigt, ist das kulturelle Erbe vielfach eine noch unausgeschöpfte Ressource. Über die Musealisierung hinaus müssen aber regional spezifische Strategien entwickelt werden, um neuen Herausforderungen auf Angebots- und Nachfrageseite gerecht zu werden. In der *Lutherstadt Wittenberg* wurde nach intensiven Diskussionsprozessen aus den drei Leitbildern der Stadt das integrierende IBA-Thema „Campus Wittenberg" entworfen, womit vor allem an die historische Rolle der Stadt als Ausgangspunkt weltgeschichtlicher geistiger Umwälzungen angeknüpft wird, die es mit zeitgemäßen Bildungs- und Forschungsaktivitäten neu zu definieren gilt; dabei sollen zunehmend auch innovative industrielle Aktivitäten eine Rolle spielen. Hier wie im ungarischen *Pécs* soll dem interkulturellen Dialog wachsende Bedeutung zukommen, für den beide Städte durch historische Faktoren prädestiniert sind und der in Pécs zusätzlich besonders wegen der geografischen Lage im Grenzgebiet von Ungarn, Kroatien und Serbien notwendig und zukunftsorientiert ist. Die Stadt Pécs ist, nach ihrer erfolgreichen Bewerbung als Kulturhauptstadt Europas im Jahr 2010, ihrem Ziel einer neuen, international wirksamen Profilierung schon näher gekommen. Weit fortgeschritten sind solche wirtschaftlichen und baulichen Veränderungen bereits in der schon seit rund 1 000 Jahren als Pilgerziel berühmten Stadt *Santiago de Compostela,* die jedoch in den zurückliegenden Dekaden lange ein eher stagnierendes Regionalzentrum in einer peripheren und ländlichen Region blieb. Erst durch gezielte und erfolgreiche lokale Entwicklungsstrategien, deren Wirkung sich unter anderem an der enorm gestiegenen Wertschätzung der symbolischen Orte rund um die Kathedrale ablesen lässt, und durch ergänzende politische Maßnahmen auf regionaler und nationaler Ebene wurde Santiago zu einer international attraktiven Stadt mit einem prosperierenden Wissenschafts- und Kultursektor.

Bevor jedoch Prozesse und Strategien der Profilierung einzelner Städte behandelt werden, geben *Manville* und *Storper* einen kritischen Überblick über gegenwärtige theoretische Ansätze und empirische Erkenntnisse zu Wachstums- und Schrumpfungsprozessen von Städten und Steuerungsmöglichkeiten durch politische Maßnahmen. Sie konstatieren ein unerwartetes Wiedererstarken mancher Städte mit altindustrieller Prägung. Prognosen über städtische Entwicklungen und Effekte politischer Eingriffe bleiben den Autoren zufolge aber extrem problematisch, da Vor- und Nachteile urbaner und nicht urbaner Lebensweisen für Einzelne immer nur in Kombination verfügbar sind und „exogene" Veränderungen (zum Beispiel Deindustrialisierung oder neue Technologien) zu völlig unvorhersehbaren Verschiebungen in den Präferenzen für Wohn- und Arbeitsorte führen können. Spektakuläre Voraussagen über die Zukunft von Städten, seien sie positiv oder negativ, und überzogene Ambitionen politischer Akteure sehen die Autoren vor dem Hintergrund amerikanischer Erfahrungen als Hinderungsgründe für eine realistische Politik, die generell besser daran täte, bestehende Hemmnisse städtischer Entwicklung abzubauen, als permanent neue Attraktionen zu schaffen.

1 Harvey, David (1989): From Managerialism to Entrepreneurialism: The Transformation in Urban Governance in Late Capitalism. In: *Geografiska Annaler,* B. 71, S. 3–17.

2 Küpper, U. I., Röllinghoff (2005): Cluster Management: Demands on Cities and Regional Networks. In: *German Journal of Urban Studies,* Vol. 44, No. 1.

3 Vgl. http://www.pforzheim.de (27.2.2006); Krebs, Dietmar (2005): Pforzheim, wachgeküsst. In: *Uhren & Schmuck 2,* Sonderbeilage Zeitverlag, S. 21–23; ders., Eintauchen in die Erlebniswelt. In: *Pforzheimer Zeitung,* 16.9.2004.

4 Vgl. Schüler, Uli (2004): Kleine Fische – das Musikgeschäft kriselt, doch eine Popakademie lebt. In: *Süddeutsche Zeitung,* 10.3.2004; Interview – Das Bauhaus der Popmusik. In: *Frankfurter Allgemeine Zeitung,* 6.12.2002; http://www.mannheim.de (27.2.2006).

5 Turok, Ivan (2004): The Distinctive City: ´Quality´ as a Source of Competitive Advantage, Paper zum Symposium ´The Resurgent City´, London School of Economics, 19.–21.4.2004, London.

6 Wenn im Folgenden Autoren- oder Städtenamen kursiv gedruckt sind, so beziehen sich diese Angaben immer auf Beiträge in diesem Band.

7 Markusen, Ann; Schrock, Greg; Barbour, Elisa (2004): Making the City Distinctive: A Guide for Planners and Policymakers. *Working Paper No. 159,* Project on Regional and Industrial Economics, Humphrey Institute of Public Affairs, University of Minnesota.

8 Blien, Uwe; Südekum, Jens; Wolf, Katja (2006): Local Employment Growth in West Germany: A Dynamic Panel Approach. In: *Labour Economics,* Vol. 13 (im Erscheinen).

9 Rehfeld, Dieter (2005): Perspektiven der Strukturpolitik nach 2006. In: *Jahrbuch 2005,* Institut für Arbeit und Technik, Wissenschaftszentrum Nordrhein-Westfalen, S. 220–231.

 Als geeignet waren zudem vor allem Städte anzusehen, die besonders klar ausgeprägte Strategien der Profilierung, der Imagebildung und des Marketing mit hoher Intensität verfolgen. Weiterhin sollten nicht nur Städte aus dem „Westen" einbezogen werden, sondern auch Städte aus den (anderen) Ländern im Transformationsprozess. Für die genannten drei IBA-Städte kamen jeweils 10 bis 15 europäische Städte als Referenzstädte in Frage. Die insgesamt ausgewählten sechs Städte erfüllten die genannten Kriterien am besten und wurden daher ausgewählt. Bei manchen der sich daraus ergebenden Städtekombinationen ist damit eine Vergleichbarkeit der Profilierungsstrategien relativ gut möglich, bei anderen weniger, was angesichts der gegebenen Bedingungen unvermeidlich ist.

Distinctiveness of Cities and Strategies for their Regeneration

Rolf Stein, Regina Sonnabend

Distinctiveness and restructuring

During times of economic and social crisis, many cities consider it necessary to develop specific new strategies to alleviate negative effects or turn the situation around to a positive development. High unemployment as well as population losses caused by suburbanization, minimal natural population growth and population drain (e.g. the result of selective migration by young people and skilled workers) affect many cities but are phenomena found particularly throughout virtually all of the eastern German states. The Federal and state governments are endeavoring to counter these trends through urban redevelopment and regeneration measures such as the *IBA Stadtumbau Sachsen-Anhalt 2010* (International Building Exhibition Urban Redevelopment Saxony-Anhalt 2010). In the political arena, the socio-economic problems of many cities and regions encounter a prevailing trend which pushes back distributive policies in favor of elements of market forms of regulation and competition; a trend which Harvey characterized already in 1989 as the trend towards the "entrepreneurial city."[1] Under these conditions many cities put their faith in more or less pronounced strategies that are designed to strengthen their traditional specializations and competitive advantages, for example Wolfsburg with the "Auto City"[2], and Pforzheim as the "Gold City"[3], or they press into new areas such as the "Music City" of Mannheim[4]. In this volume the specific strategies of nine cities for developing their distinctiveness are described and discussed. In addition, recent theoretical analyses and empirical findings on urban and regional specialization as well as critical evaluations of image creating and branding strategies are presented.

Factors of urban distinctiveness and their controllability

In order to determine the factors that affect distinctiveness more precisely, we structure our introductory remarks according to an overview of Turok[5], which we have developed further. In the *vertical* dimension, a distinction can first be drawn between material (tangible) and non-material (intangible) factors *(Fig. 1)*. The differentiation between individual cities is thus defined on the one hand by their physical attributes (concert halls, department stores, squares, manufacturing firms etc.) and on the other by psychologically and socially determined parameters such as preferences, values and behaviour of individual subjects. In the *horizontal* dimension further differentiation can be made based on whether factors of distinctiveness can be influenced through political measures or whether they are determined in an evolutionary way through self-organizing, socio-economic processes of change. This distinction also includes a time aspect since evolutionary processes extend over long periods whereas political action can have relatively short-term effects. Real and intangible factors interact within a complex process; so in some cases it is difficult to identify causal relationships.

The four categories of urban distinctiveness used in Turok's approach (built environment, image, specialized industries, occupations) can each be further differentiated, enabling us to take a detailed look at their relevance and controllability. This method of examination is however not intended to suggest that the individual components are factors that exist independently of each other.

The general category "built environment" can be divided into the three levels of urban structure, infrastructure and individual structures/landmarks. *Urban structure* describes the historic development of a city's morphology which results in, for example, the existence of a mediaeval grid of streets and squares, city districts dating from the late 19th century or major estates with industrial residential development. *Infrastructure* deals with the fundamental supply elements which are, collectively used and *structures/landmarks* relate to individual, important private or public sector structures, which have a key influence on the functions of the city or which shape the city's image such as the Grande Arche de la Défense in Paris, the "Transparent Factory" in Dresden or the restored Dresden Frauenkirche. One example of infrastructure raising a city's profile is Shanghai's magnetic levitation train and, as a city which is unique simply as a result of its urban structure and infrastructure, Venice.

Since a city's "image" is a subjective factor and therefore, in many cases, viewed differently by different people, it can be studied for various groups of people. The *self-image* in that case describes how the city is viewed by its inhabitants, for example in terms of the quality of life and development opportunities, which – if positive – promotes commitment, motivation and a willingness to cooperate and – if negative – can contribute towards hindering social and economic development. The *external image* describes the city as seen by the rest of the nation and the *international image* is the dominant image of the city worldwide. These latter two image components influence the city's external relationships such as tourism flows, decisions by outsiders to relocate to the area or investor interest – even if these components are difficult to assess in empirical terms. The conditions under which cities can have a sustainable and positive influence on their image, the role that branding can play, that is the creation of an image or a brand and the corresponding marketing for cities as units with a political constitution and shaped by various social players, is discussed by *Jensen* in this volume.[6] The author draws attention to the fact that many of these undertakings will end in costly wishful thinking and calls for these projects to be developed at a local and regional level, involving public debate.

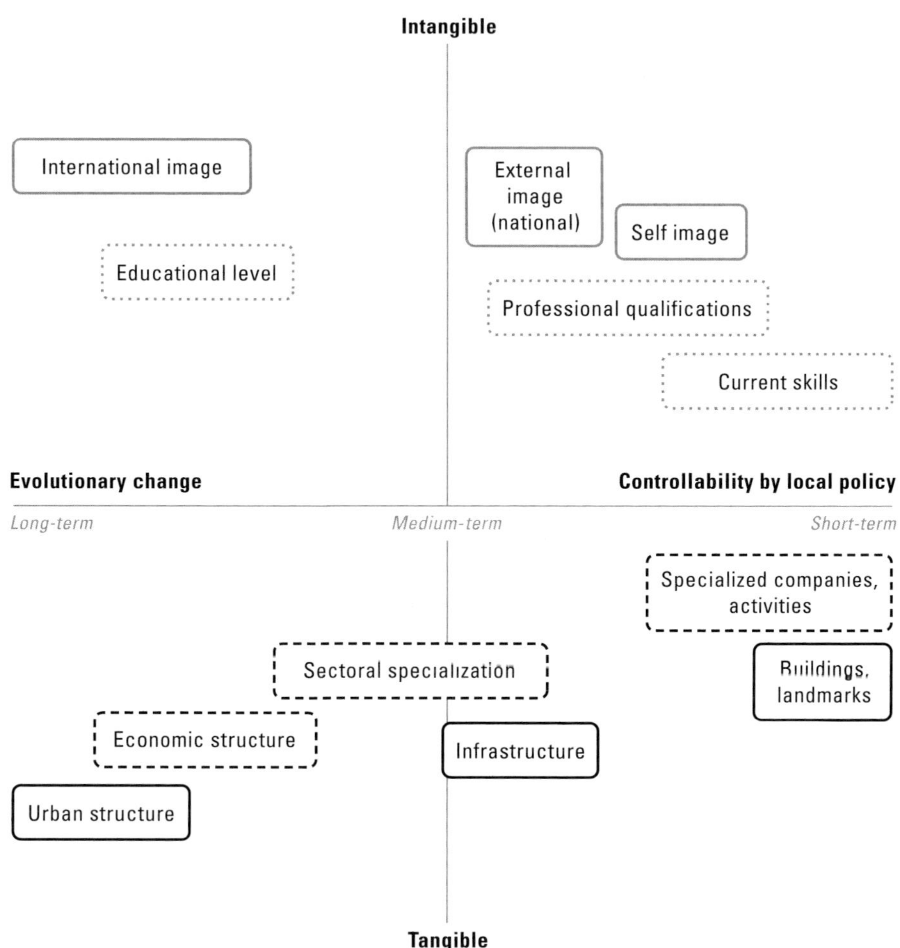

Fig. 1: Factors of urban and regional distinctiveness

The "specialized industry", a category used by Turok, is also known under the standard economic definition as a city's or region's *sectoral specialization* (e.g. by chemical industry, furniture industry, financial or tourism sector). Sectoral specialization can be subsumed, on the one hand, at a higher level under the *economic structure*. We talk, for example, about an agricultural region, an industrial or a services city. On the other hand, the specialization of some cities may be significantly influenced by individual *specialized companies* or even individual economic *activities* (events, festivals) and in some cases, consequently, be dependent upon these. This brings to mind, for example, the almost literal "company towns" or the - often relatively small - cities which are known as the sites of major amusement parks.

While this perspective primarily focuses on the immobile production factors or output parameters, the analysis of "occupations" concentrates mainly on the geographic distribution of the (in principle mobile) employees in individual sectors. It also looks at their *professional qualifications* which are often based on handed-down knowledge acquired through experience and at their attitude to migration. The latter applies in particular to the group of younger, and in some cases, highly qualified "knowledge workers". These individuals are of prominent and increasing importance in the development of many cities since they possess the knowledge upon which the growth opportunities of major urban regions will be heavily dependent in the future and which can also play a specific role in smaller and medium-sized cities (*van Winden*). If the study of cities is extended to include a city's other inhabitants and the full range of education and training, then a distinction may be drawn between them on the basis of their *educational level* acquired over the long-term and we can then talk of research or university cities, for example. However, differentiation between individual areas may also be made on the basis of employees' *current skills* acquired over the short-term if, for example, extensive retraining or qualification training is conducted when important companies locate in the area.

In both the latter mentioned categories of urban distinctiveness or specialization in the narrower economic sense, the most wide-ranging effects radiate from the "middle level", in other words the greatest differentiation between cities or regions is in their sector specialization and employee qualification levels. In Germany, according to *Südekum*, sectoral specialization in counties and independently administered cities on average showed a falling trend up to the mid 1990s, but since then has shown little further change. *Schrock* and *Markusen* show for the major Metropolitan Areas of the USA in the 1990s that, in contrast to the previous decade, differentiation as measured by employment profiles, was increasing. They note a trend towards the "distinctive city" which is led by rapidly growing cities with high employment levels in the high-tech, art and media professions, but also encompasses cities with lower growth and traditional manufacturing activities. For these authors, strengthening the specialization through measures targeted towards employees instead of industries or real capital presents a way of regenerating cities.[7] For Germany, new studies by Blien, Südekum and Wolf provide empirical evidence that sectoral specialization may contribute to the growth of employment in a region, but they reveal at the same time that these effects lose their impact over a period of time whilst the positive effects of a well diversified economic structure, also identified by the authors, are maintained for longer.[8] According to this study then, structural policy measures can trigger effects within a relatively short space of time. Consequently, the demands placed on suitable political measures for profiling purposes are high. A concept that can meet the requirements of the current structural changes in economy, society and politics can be seen in the "area of expertise policy" in which policy primarily takes on the role of a catalyst for the collaboration between economic and public players.[9] A central role should be played by information, coordination and measures to build trust between the players, leading to the promotion of network building. *Rehfeld* shows how in a gradual process of specialization the functions of the cities in the formerly quasi monolithic Ruhr area have in many cases become differentiated. There, twelve areas of expertise provide a structural policy guideline, which remains flexible for individual cities and regions, so that these may develop an economic structure based on a spatial division of labor that is open to new developments.

Urban distinctiveness – processes and strategies
In order to examine actual development strategies and processes of creating distinctiveness being pursued by individual cities, two reference cities were selected for each of the IBA cities of Köthen, Magdeburg and Lutherstadt Wittenberg. The central criterion in this selection was that the reference cities should be developing a profile in a similar sector. For Köthen this is the healthcare sector, for Magdeburg the knowledge-based economy, for Lutherstadt Wittenberg culture, cultural heritage and education. Since it makes sense not to compare cities with very differing (quasi-natural or medium-term fixed) regional development potential, the population sizes of the cities needed to be approximately the same. Other fixed factors for the choice included the regional settlement structure and the location in space or distance from (European) conurbations. The cities of Bad Wörishofen and Kuopio (Finland) were chosen as suitable reference cities for Köthen. For Magdeburg we chose the cities of Gliwice (Poland) and Newcastle (UK) and for Lutherstadt Wittenberg the cities of Santiago de Compostela (Spain) and Pécs (Hungary).[10] The presentation of the individual cities is preceded in each case by a study of the sectoral development processes which, to a certain extent, determine the urban development strategies through specific requirements in terms of location or growth conditions.
Hilbert for instance shows that healthcare is becoming an important economic factor for cities and regions, which in the future can provide the basis for key innovation and growth stimulus for cities if conditions are favorable. In this sense, *Köthen* is aiming to exploit its role as the former domain of the founder of homeopathy, Samuel Hahnemann, a role which is already highly valued today on the international scene. As such, the city intends to further expand its functions as a location for education and further training, a center for documentation and information on homeopathy. In recent years, *Bad Wörishofen*, which has long been known and prospered as a traditional spa resort thanks to the legacy of Sebastian Kneipp, saw itself faced increasingly with new challenges as a result of sharply falling visitor numbers. As a result, it is in the process of creating new, differentiated and high-quality alternatives in order to re-profile its old strengths. While these two cities located in Central Europe are gearing their urban development towards specialized healthcare services based on application-orientated empirical knowledge and refer to high profile individuals upon whose work the genius loci of these cities is based, the Finnish city of *Kuopio*, located on the periphery by European standards, is putting its faith in scientific and technologically advanced services and formalized knowledge in the healthcare sector. The economic basis of this city can therefore be assigned to parts of the knowledge-based economy, whose importance for the development of the city is discussed in detail in the next section.
Franz examines how the factors production, acquisition and utilization of knowledge are associated with the development of cities in Germany. The author places special

emphasis on the development opportunities created in the knowledge-based economy by universities and research institutions but also highlights the restrictions imposed primarily by excessive government regulation as well as the potential, detrimental social effects. With the expansion of the science harbor and attractive residential projects along the River Elbe, the IBA city of *Magdeburg* is aiming to further expand its potential as a science city and to boost its attraction as a residential location for "knowledge workers". In this way, it is seeking to compensate for the loss of jobs particularly in mechanical engineering, the city's former industrial focus. The city of *Gliwice* is also going through a process of fundamental change following the closure of major steelworks and coal mines. It is intensifying its role as a center for scientific and research activities and their inter-relationship with business and industry. The "New Gliwice" project, where a new center for training and company start-ups is being created on the site and partly in the historic buildings of the coal mine, can be seen as synonymous with this process. In *Newcastle,* the new image and economic orientation of the city already appears to be bearing significant fruit in such a way that the population drain of former years has since been halted and, indeed, actually reversed, with higher than average growth rates being achieved in the region. In recent years, the city has experienced an accelerated and complex process of change in which its economic structure as well as its self-perception and the way it is perceived externally has changed from being a coal mining and heavy industry region to an attractive location for high technology as well as knowledge-based and creative industries.

Unlike old industrial cities, which are often at a disadvantage due to structural legacies of the industrial age, which can only be partially or expensively regenerated, and negative image factors, cities with a rich cultural heritage can draw on direct ties with their history, traditions and high profile individuals. Based on an overview of the various areas of cultural heritage and how they affect the social and economic development, *Gnad* shows that cultural heritage is, in many cases, a resource that has not yet been fully exploited. However, specific regional strategies must be developed over and above the creation of museums in order to meet new challenges on the supply and demand side. Following intensive discussions in *Lutherstadt Wittenberg*, the integrating IBA theme "Campus Wittenberg" was created from three models for the city. The theme draws on the city's historic role as a starting point for radical intellectual change of global significance. The current task is to redefine these changes using contemporary educational and research activities in which innovative industrial activities are also expected to play an increasing role. Here, as in the Hungarian city of *Pécs*, the aim is to attach growing importance to the intercultural dialogue, something which both cities are cut out for as the result of historical factors and which in the case of Pécs is also necessary and future-orientated because of the city's location near the Hungarian border with Croatia and Serbia. Following its successful application to become European Capital of Culture in 2010, Pécs is one step closer to achieving its objective of creating a new, internationally valid profile. Such economic and structural changes are already well advanced in *Santiago de Compostela,* a city which has been famous as a place of pilgrimage for around 1,000 years, but in previous decades was a rather stagnating regional center in a peripheral and rural region. It was only through targeted and successful local development strategies, which for instance show in the tremendously increased appreciation of the symbolic sites around the cathedral, as well as through additional policy measures at a regional and national level that Santiago became an internationally attractive city with a thriving scientific and cultural sector.

However, before examining specialization, image creating processes and strategies of individual cities, *Manville* and *Storper* provide a critical overview of the current theoretic approaches and empirical knowledge on urban growth and shrinkage processes and the opportunities for control through political measures. They note that some cities characterized by old industries have unexpectedly recaptured some of their strength. However, prognoses on urban developments and the effects of political intervention remain extremely problematical, according to the authors, since individuals have to take the advantages along with the disadvantages of urban and non-urban living and "exogenous" changes (e.g. de-industrialization or new technologies) may lead to totally unpredictable shifts in preferences for areas in which to live and work. Against the background of US experience, spectacular predictions about the future of cities, whether positive or negative, and exaggerated ambitions of political representatives, are seen by the authors as barriers to a realistic policy which would generally be better aimed at breaking down existing obstacles to urban development than permanently creating new attractions.

1   Harvey, David (1989): From Managerialism to Entrepreneurialism: The Transformation in Urban Governance in Late Capitalism. In: *Geografiska Annaler*, B. 71, pp. 3–17.

2   Küpper, U. I., Röllinghoff (2005): Cluster Management: Demands on Cities and Regional Networks. In: *German Journal of Urban Studies*, Vol. 44, No. 1.

3   Cf. http://www.pforzheim.de (27.2.2006); Krebs, Dietmar (2005): Pforzheim, wachgeküsst. In: *Uhren & Schmuck 2*, Sonderbeilage Zeitverlag, pp. 21–23; Eintauchen in die Erlebniswelt. In: *Pforzheimer Zeitung*, 16.9.2004.

4   Cf. Schüler, Uli (2004): Kleine Fische – das Musikgeschäft kriselt, doch eine Popakademie lebt. In: *Süddeutsche Zeitung*, 10.3.2004; Interview – Das Bauhaus der Popmusik. In: *Frankfurter Allgemeine Zeitung*, 6.12.2002; http://www.mannheim.de (27.2.2006).

5   Turok, Ivan (2004): The Distinctive City: 'Quality' as a Source of Competitive Advantage, Paper for the symposium *The Resurgent City*, London School of Economics, 19.–21.4.2004, London.

6   If authors or city names are printed in italics in the following, they always relate to articles in this volume.

7   Markusen, Ann; Schrock, Greg; Barbour, Elisa (2004): Making the City Distinctive: A Guide for Planners and Policymakers. *Working Paper No. 159*, Project on Regional and Industrial Economics, Humphrey Institute of Public Affairs, University of Minnesota.

8   Blien, Uwe; Südekum, Jens und Katja Wolf (2006): Local Employment Growth in West Germany: A Dynamic Panel Approach. In: *Labour Economics*, Vol. 13 (forthcoming).

9   Rehfeld, Dieter (2005): Perspektiven der Strukturpolitik nach 2006. In: *Jahrbuch 2005*, Institut für Arbeit und Technik, Wissenschaftszentrum Nordrhein-Westfalen, pp. 220–231.

10 Cities that were considered appropriate included those pursuing clear strategies on specialization, image creation and marketing. In addition, the aim was to not only include cities from the "West" but also those from (other) countries going through a process of transformation. 10 to 15 European cities were considered in each case as reference cities for the above-mentioned three IBA cities. The six cities selected best met the specified criteria and were therefore chosen as reference cities. Consequently, some of the resultant city combinations provided for relatively good comparability between the specialization strategies, some to a lesser extent, an unavoidable situation given the circumstances.

Wachsende Städte, niedergehende Städte und Theorien zur Stadtentwicklung[1]

Michael Manville, Michael Storper

Im letzten Kapitel seiner Geschichte der urbanen Wiederbelebung in Amerika merkt John Teaford an, dass das *Time Magazine* 1955 der „Wiedergeburt der Stadt" eine Titelstory gewidmet hatte. 1962 veröffentlichte die Zeitschrift dann einen ähnlichen Artikel über die städtische Wiedergeburt, der einfach „Renaissance" betitelt war. 1981 erschien auf dem Cover mit dem Titel „Städte machen Spaß!" der Developer James Rouse, König des *Festival Marketplace*, eines Konzepts, das sich mit der Neugestaltung zum Beispiel ehemaliger Industriegelände und Innenstadtbereiche als Marktplätze, Einkaufs- und Vergnügungszentren befasst. Sechs Jahre später, 1987, titelte die Zeitschrift dann „Die Stadt wieder zum Leben erwecken".[2] Das urbane Comeback bereitet sich somit schon seit geraumer Zeit vor.

Gleiches gilt für die urbane Krise. Jahrzehnten, in denen die Stadt hochgejubelt wurde, standen wiederum Jahrzehnte der Verzagtheit gegenüber. „Die Stadt ist dem Untergang geweiht", hatte Henry Ford in den 1920er Jahren erklärt. „Geht die Innenstadt unter?", fragte *Public Interest* 1971 anlässlich eines Symposiums. Die Antwort lautete ja, zumindest nach Meinung der Symposiumsreferenten. Die amerikanischen Städte waren nun „Sandkästen" oder „Reservate" – Museen ihrer selbst, die von Touristen fotografiert werden oder als Behälter für eine beständige Unterschicht dienen sollten.[3] Gerade zu jener Zeit, als das *Time Magazine* die Stadt wieder belebte, bestattete Pascal sie 1987 mit seiner These von der „vanishing city", der verschwindenden Stadt.[4] Die 1990er Jahre erlebten den Aufstieg der New Economy, die Urbanität für überholt erklärte.[5] Die Kernstadt war Strandgut eines anderen Zeitalters, vertikale Siedlung in einer horizontalen Welt und Artefakt aus einer Epoche, bevor die Entfernung starb. In der Stadt wollten Menschen nicht mehr wohnen und nun mussten sie auch nicht länger dort arbeiten.

Die alte, kalte (nördlich gelegene), dicht besiedelte Stadtregion der westlichen Welt wurde in den Augen der Beobachter zu so etwas wie einem gebrechlichen, alternden Verwandten. Einige haben sie hartherzig abgeschrieben, andere grämen sich permanent über ihre Situation. Allen ist nur zu klar, wie sehr das Alter sie welken lässt, aber bisweilen wird diese Stimmung von einem Anfall von Optimismus unterbrochen, vom warmen Aufleuchten von Gefühl und Nostalgie – der Patient scheint sich zu erholen und strahlt die Energie seiner Jugend aus! Ebenso oft gewinnt eisiger Pessimismus die Oberhand: Das Ende, so heißt es, sei nun wirklich nah. Und dann gibt es natürlich noch die Wunderdrogen: das Leben in Lofts, die Kongresszentren, die Kreativen, das Glas und den Stahl des postindustriellen Stadtzentrums.

Dem Projekt der Revitalisierung der Innenstadt hat es nie an Trends und Moden oder an ungerechtfertigter Ausrufung von Sieg wie auch von Niederlage gemangelt. Auto, Fax und Internet wurden alle der Zerstörung der Stadt verdächtigt, während Sportstadien, Festival Markets und Stadtbahnen sie retten sollten. Um die Mittelschicht zurückzuholen, haben wir alte Stadtviertel mit dem Bulldozer planiert, und aus demselben Grund haben wir Gesetze zum Erhalt eben jener alten Stadtviertel erlassen. Trotz aller Interventionen und Proklamationen blieben die Stadtentwicklungstrends in den Industrienationen der Nachkriegsjahre relativ konstant: Westliche Städte sind heute kleiner, weniger dicht besiedelt und besser regiert als in der ersten Hälfte des 20. Jahrhunderts. Sie stellen nicht länger verkommene Bedrohungen für die öffentliche Gesundheit dar und sind weder Malstrom eines Amok laufenden Industrialismus noch Maschinerie finanzwirtschaftlicher Krisen. Aber im Leben der meisten Menschen schwindet ihre Bedeutung konstant.

Man kann diesen Punkt überstrapazieren. Weder Urbanität noch Agglomerationen sind obsolet geworden. Urbane Regionen spielen eine gewichtige und zunehmende Rolle im Leben der meisten Menschen. In den Vereinigten Staaten leben relativ wenig Menschen in der Stadt, aber 95 Prozent der Wertschöpfung der Wirtschaft fließen aus urbanen Regionen, die kaum fünf Prozent der Landesfläche einnehmen. Wir sind somit urbanisiert, aber nicht urban, unsere Regionen wachsen, unsere Städte zumeist jedoch nicht.

Sollten wir uns deshalb Sorgen machen? Wenn es unser Ziel ist, die Stadt „zurückzuholen", was genau möchten wir dann zurückgewinnen? *Woher* möchten wir die Stadt zurückholen? Wir können sagen, dass wir dem Niedergang der Städte Einhalt gebieten wollen, aber wenn wir mit Niedergang einfach Einwohnerschwund meinen, wenn Einwohnerschwund durch Migration in die Außenbezirke entsteht und wenn das Abwandern in die Außenbezirke im Ausgleich von höheren Realeinkommen und Verbesserungen des Lebensstandards begleitet wird, mit welcher Begründung sollten wir dies stoppen? Städte dienten lange als Zwischenstation für die Armen und ein Grund für das Schrumpfen unserer Städte liegt darin, dass die westliche Welt nicht mehr annähernd so arm ist, wie sie einmal war.

Natürlich ist die westliche Welt auch nicht annähernd so reich, wie wir das gern hätten, und der Tag, an dem Armut völlig verschwindet, scheint unglücklicherweise in weiter Ferne. So möchten wir das Leben für diejenigen erleichtern, die in der Stadt bleiben: jene, die zu arm sind, um wegzuziehen, oder so arm, dass sie vom Umzug *in* die Stadt profitieren (denn dort können sie, ökonomisch gesehen, Zeit und Raum gegen Geld austauschen, zum Beispiel durch die Nutzung öffentlicher Verkehrsmittel oder indem sie sich generell stärker auf öffentliche statt auf private Güter stützen), oder jene, die aufgrund von ethnischer oder Rassendiskriminierung nicht hinausziehen *können*. Und möglicherweise lässt sich die Stadt für jene, die in ihr wohnen *müssen*, nur verbessern, indem wir sie für jene ansprechender machen, die es sich aussuchen können, ob sie in ihr leben wollen. In diesem Fall beunruhigt uns weniger der Niedergang als die Not der Stadt und unser Gegenmittel besteht darin, die Wohlhabenden zurück in die Städte zu holen.

Diese Aufgabe ist allerdings weder einfach noch neu. In den USA wie auch in Europa hat die Suburbanisierung allen verabreichten Gegenmitteln widerstanden, die Gebildeten und Wohlhabenden ließen sich auch von vielerlei Argumenten nicht umstimmen und wieder in die Stadt zurücklocken. Selbst zu Zeiten, in denen die Kernstädte größer werden, wachsen ihre Vororte im Allgemeinen noch rascher. Und obwohl viele amerikanische Innenstädte in den 1990er Jahren wuchsen – was ihnen viel Aufmerksamkeit einbrachte –, war der Einfluss dieser „Renaissance" in Wirklichkeit beschränkt. Insgesamt verloren die amerikanischen Städte in den 1990er Jahren an Bevölkerung, statt Einwohner hinzuzugewinnen, und Städte, die 1980 Not litten, taten dies im Großen und Ganzen auch 2000 noch.[6] Vor diesem Hintergrund ist die Frage angemessen, ob wir unsere Sanierungspolitik immer noch daran ausrichten sollten, die Stadt jenen zu verkaufen, die eigentlich für ein Leben in den Vororten prädisponiert sind. Ebenso angemessen ist die Frage – wenn uns diese Strategie dennoch solide erscheint –, welche Aspekte des Stadtlebens wir verkaufen sollen.

Die Qualifizierten in die Stadt zurückholen

Das Verkaufen einer Stadt erfordert wie bei jeder anderen Ware auch eine gewisse Kenntnis dessen, was die Kunden wollen und was sie nicht wollen. Ein einfacher Blick auf das Muster der Wohnstandorte lässt uns vermuten, dass die Mehrzahl nicht in der Innenstadt wohnen möchte – warum, wissen wir aber nicht genau. Vielleicht mögen sie die Enge nicht oder den Verkehr. Vielleicht stören sie die höheren Steuern oder sie wollen nicht von Leuten umgeben sein, die nicht so aussehen oder sich nicht so anhören wie sie selbst. Eventuell missfällt ihnen das Gesamtpaket, höchstwahrscheinlich haben sie aber zu einigen Punkten eine dezidierte Meinung, zu anderen eine weniger dezidierte. Ähnlich verhält es sich bei einem Blick auf die Vororte. Wir wissen nicht genau, was das Leben dort so attraktiv macht. Sind es die großen Häuser? Das bequeme Autofahren? Oder einfach die begründete Gewissheit, dort gute Schulen und wenig Kriminalität vorzufinden? Würde man eines oder alle dieser jeweiligen Attribute der Innenstadt bzw. der Vororte ändern, könnte dies großen Einfluss auf die Entscheidung haben, wo Menschen leben möchten – aber wir wissen nicht, welche man ändern sollte und können die Auswirkungen nicht vorhersehen. Vermutlich stimmen wir alle darin überein, dass kleine Veränderungen große Wandlungen herbeiführen können, aber unter all den kleinen Dingen auf der Welt dasjenige herauszufinden, auf das man sich konzentrieren sollte, ist schwer. Demzufolge versuchen wir oftmals, viele Dinge gleichzeitig zu ändern. Statt marginale Verbesserungen bei Verkehr und Schulen vorzunehmen und darauf zu hoffen, dass die dadurch entstehenden Wirkungen Kreise ziehen, rufen wir ambitionierte Projekte zur Neugestaltung der gesamten Innenstadt oder zur Überholung des Verkehrssystems ins Leben.

Die Tendenz hin zu Großprojekten verschlimmert sich dadurch, dass die urbane Wiederbelebung ein politisches wie auch ökonomisches Projekt darstellt und dass Politik und Ökonomie nicht immer deckungsgleich sind. Was ökonomisch effizient ist, ist es in politischer Hinsicht häufig nicht (und umgekehrt), und kollidieren Politik und Ökonomie, gewinnt für gewöhnlich die Politik. Daher neigen viele Bemühungen zur urbanen Wiederbelebung zu Projekten, die den Wählern nicht viel abverlangen. Die prestigeträchtigen Projekte kommen mit großen Versprechungen, gut verborgenen Kosten, mit Wahldividenden und geringer Rendite daher. Der Bürgermeister profitiert

enorm, wenn er bei der Eröffnung des Sportstadions das Band zerschneidet, die Stadt
in der Gesamtheit zieht üblicherweise keinerlei Gewinn daraus.[7] Verkehrsstaus scha-
den den Städten erheblich, durch Straßenbenutzungsgebühren würden sie sich deutlich reduzieren lassen oder ganz verschwinden, doch die meisten Bürgermeister mit
Selbsterhaltungstrieb – Ken Livingston in London bildet hier eine Ausnahme – werden eher ein Bahnsystem mit Bundesgeldern bauen als von ihren eigenen Wählern
Maut verlangen. Dass die Bahn nur wenig dazu beiträgt, Verkehrsstaus zu verringern,
hat sekundäre Bedeutung. Politisch ist es stets vorteilhafter, neue Wohltaten zu verteilen als neue Kosten aufzubürden.

Der Wunsch, politischen Fallout innerhalb der Stadt zu vermeiden, führt zu wirtschaftlichen Entwicklungsprogrammen, die sich stark auf Menschen und Institutionen außerhalb der Stadt stützen. So mancher Revitalisierungsstrategie liegt die Annahme
zugrunde, dass gewisse äußere Kräfte zur Rettung des niedergehenden urbanen Ge-
biets herbeieilen werden. So wie eine mit Mitteln einer höheren Regierungsebene gebaute Stadtbahn den Stau angeblich eliminiert und sich damit die Notwendigkeit von
Straßengebühren erübrigt, so komme auch eine „kreative Klasse" hoch qualifizierter
Individuen im Galopp in die Kernstadt und helfe, das Feuer ihrer Renaissance anzu-
fachen. Die Lockmittel für die Gebildeten wandelten sich mit der Zeit: Zuerst gab es
Sinfonieorchester und Opernhäuser, danach Festival Market und Sportstadien, nun
Cafés, Galerien und eine allgemein tolerante, unkonventionelle Atmosphäre. Aber ein
Grundmotiv bei der Wiederbelebung der Städte ist, dass eine Gruppe von außerhalb
den Schlüssel zur Erlösung in Händen hält und dass diese Gruppe kommen wird, bie-
tet man ihr nur die richtigen Annehmlichkeiten an.

Der berühmteste – aber beileibe nicht der einzige – Verfechter dieser Theorie ist Richard
Florida. In seinem Buch *Rise of the Creative Class* vertritt er den Standpunkt, die gegenwärtige ökonomische Entwicklung sei ein „Krieg um Talente" und Städte müssten sich gegenüber den Kreativen vermarkten, die lokalen und regionalen Ökonomien
antreiben. Floridas Arbeit – die ihren Schwerpunkt auf Kunst, Kultur, Toleranz (besonders Homosexuellen gegenüber) und Hightech legt – hat unter Politikern und Prak-
tikern der wirtschaftlichen Entwicklung ein aufmerksames Publikum gefunden. So
wies der Gouverneur von Michigan nach der Lektüre von *Rise of the Creative Class*
die Bürgermeister im Staat an, Beratungsgremien für „coole Städte" zu gründen. Baltimore rief ein Programm ins Leben, um Homosexuelle als Einwohner anzuwerben,
und Lawrence in Kansas erklärte sich zur „Stadt der Künste".[8]

Es gibt wenig Grund zur Annahme, diese Strategien würden sich als effektiver erweisen als die vorherigen kapitalintensiven Moden. Toleranz und Kunst zu fördern, mag
auf einer gewissen normativen Ebene dem Subventionieren von Profisportstadien vor-
zuziehen sein. Und sicherlich sind Investitionen in Kunst oder das Bohèmeleben viel
leichter wieder zu stoppen oder umzukehren, wenn etwas falsch laufen sollte – en-
det das Programm, fallen kein leeres Stadion oder ungenutzte Bahnstrecken zur Last.
Aber ökonomische Entwicklungsprogramme sollten nicht nur gut scheitern, sondern
auch gut gelingen. Und die Geschichte lehrt uns, dass die Bemühungen der Städte, die
Wohlhabenden und Gebildeten zurückzugewinnen, keineswegs gut funktionieren.

Das soll nicht heißen, dass Gebildete bedeutungslos seien. Humankapital ist ein wesentlicher Bestandteil – wohl der Bestandteil schlechthin – von städtischem Wachstum. In der westlichen Welt von heute besitzen weitere Gründe für Agglomeration, etwa die Vorteile der natürlichen Umgebung, keine Erklärungskraft mehr. Es gab eine Zeit, da waren London und Manhattan aufgrund ihres Zugangs zu Flüssen und Häfen wichtig, aber das war einmal. Heute sind sie Informationszentren, deren fortwährende Bedeutung sich durch ihre Fähigkeit erklärt, Wissen zu schaffen und zu vermitteln.[9]

Der Schritt von der Theorie zur Maßnahme ist hier jedoch groß, besonders wenn das Umsetzungsziel die Sanierung der Kernstadt darstellt. Humankapital ist viel mehr ein regionales denn ein lokales Attribut. Viele Qualifizierte, die tagsüber der Motor von Manhattan sind, fahren abends ungeachtet urbaner Annehmlichkeiten nach Hause nach Greenwich oder Westchester. Eine Region kann und soll für Menschen mit hohem Humankapitalwert attraktiv sein, doch deshalb werden sie nicht zwangsläufig im städtischen Zentrum der Region wohnen oder dorthin pendeln.

Nehmen wir jedoch einmal an, es lebten viele Menschen mit hohem Humankapitalwert in einer Kernstadt. Woher sollen wir wissen, weshalb sie sich für das Leben dort entschieden haben? Wir könnten etwa eine Beziehung zwischen der Anwesenheit dieser Individuen und einer bestimmten Reihe von Annehmlichkeiten postulieren, aber dies wirft sofort die Kausalitätsfrage auf: Gibt es in Manhattan hoch qualifizierte Menschen, weil die Stadt so kultiviert und vielfältig ist, oder ist sie so kultiviert und vielfältig, weil sie unterschiedlichste hoch qualifizierte Leute anzieht? Wahrscheinlich trifft es weder die eine noch die andere Option genau – es besteht eher eine gewisse Wechselwirkung zwischen beiden Kräften. Unter dem Strich weisen die Fakten aber darauf hin, dass nicht die Bedürfnisse der Fachleute, sondern der Bedarf an qualifizierten Menschen zu einer Akkumulation von Humankapital führt. Ein signifikanter Teil des Humankapitals ist berufsbezogen und ein noch größerer Teil an eine Branche gebunden. Unser Wissen ist zu großen Teilen Produkt unserer Arbeit und unsere Arbeit ist zu großen Teilen an bestimmte Orte gebunden.[10] Wir gewinnen Humankapital durch die Beschäftigung mit bestimmten Problemen bestimmter Branchen und die aus dieser Beschäftigung resultierenden Fortschritte bewirken Wohlstand für die Standorte, an denen sich diese Branchen zufällig befinden. Es existiert somit keine umherziehende Truppe von Fachleuten, die man per Fallschirm über erfolglosen Städten abspringen lässt, wo sie unverzüglich als Katalysator für Innovation und Wachstum agieren. Pittsburgh und Manchester würde es etwa wenig helfen, die kreativsten Köpfe Hollywoods für sich zu gewinnen, denn diese sind nur im Kontext der Filmindustrie außergewöhnlich kreativ. Humankapital kann ein individuelles Attribut sein, ist aber ebenfalls Produkt des industriellen Umfeldes.

Anders ausgedrückt: Industrien schaffen häufig ihre eigenen Fachkräfte. Die Bedeutung des Humankapitals für das Wachstum liegt in der Innovation und Innovation funktioniert weniger über den reinen Besitz als vielmehr über die Schaffung und Interpretation von Wissen. Innovation beinhaltet per definitionem neue Informationen, weshalb es ein Markenzeichen der Innovation ist, dass – wie T. S. Eliot es formuliert

– „der Sprecher oder Schreiber etwas äußert, was er selbst nicht ganz versteht."[11] Hollywood wuchs (und Los Angeles profitierte davon), nicht deswegen, weil so viele Menschen importiert wurden, die etwas von der Filmindustrie verstanden, sondern weil es so viele Leute *hervorbrachte,* die sich darin auskannten. Die Arbeitskräfte waren Produkt Hollywoods und Hollywood war Produkt seiner Arbeitskräfte.

Dasselbe könnte man von Silicon Valley sagen, wo es vor seinem Aufstieg zur weltbeherrschenden Position in der Computerindustrie keine Hightech-Arbeitskräfte gab, oder über London und Manhattan, deren auf das Finanzwesen spezialisierte Arbeitskräfte sich *in situ* in den Finanzsektoren selbst entwickelten.[12] Qualifizierte Menschen tendieren dazu, den Jobs zu folgen, und in diesen Jobs erweitern sich ihre Fähigkeiten bis zu dem Punkt, an dem sie innovativ werden können. Daher ist fraglich, ob Städte Qualifizierte in großer Zahl allein durch Annehmlichkeiten oder Marketing anziehen können. Außerdem sind Gebildete in jedem Fall von geringem Nutzen für die wirtschaftliche Entwicklung, wenn es keine Branchen gibt, mit denen sie interagieren können.

Eine „distinctive city"

Was sollen wir dann von den unterschiedlichen Versuchen halten, eine „distinctive city" zu gestalten? Der Begriff ist vage genug, um Applaus wie auch Skepsis zu ernten, je nach vorgeschlagener Vorgehensweise. Insofern es das Ziel einer „distinctive city" ist, eine wie auch immer geartete Nische in einem Beschäftigungsfeld zu schaffen, stellt sie vermutlich etwas Positives dar, wenn es auch keine Garantie dafür gibt, dass der Gewinn, den die Region aus einem solchen Programm zieht, der Stadt selbst zugute kommt. Geht es bei dem Programm allerdings um Marketing und Branding, sind wir skeptisch. Aus einem Motto allein entsteht noch keine ökonomische Entwicklung. Wenige Marken haben sich so lange gehalten oder besitzen einen so hohen Wiedererkennungswert wie Detroit als „Motor City", dennoch leidet die Stadt unter enormen Problemen.

Unverwechselbarkeit kann ein trügerisches Ziel sein. Es kann kaum einen Zweifel darüber geben, dass das städtische Leben mittlerweile einige Vorortmerkmale angenommen hat und dass das Vorortleben städtischer geworden ist. Einkaufszentren und Supermärkte im suburbanen Stil wuchern nun in die Innenstädte hinein. Target und Wal-Mart haben mit dem Bau mehrstöckiger urbaner Discountcenter begonnen. Viele innerstädtische Sanierungsmaßnahmen zielen – trotz anderslautender Behauptungen – darauf ab, den Erlebnischarakter suburbaner Einkaufszentren zu kopieren. Kairo besitzt einen McDonald's und Los Angeles ägyptische Restaurants; Orte, die früher vollkommen unterschiedlich waren, werden einander auf vielerlei Art immer ähnlicher.

Andererseits können Veränderungen, die Orte anfänglich einander ähnlicher machen, diese mit der Zeit stärker voneinander unterscheiden, wenn durch die Verschmelzung von Kulturen neue und einzigartige Kombinationen entstehen. Durch die Immigration gleicht Los Angeles heute Seoul und Mexiko-Stadt stärker, als das vor 40 Jahren der Fall war. Aber die daraus resultierende Verschmelzung südamerikanischer, anglo-amerikanischer und asiatischer Einflüsse unterscheidet LA stark von den beiden anderen Städten und verleiht ihm eine Atmosphäre, die den meisten anderen Orten fehlt. Jene Atmosphäre allerdings hat sich langsam und organisch in Jahrzehnten legaler und illegaler Einwanderung entwickelt. Die langsame, anhaltende Ansammlung neuer Menschen führte allmählich zu einer neuen Kultur. Zu viele Sanierungsvorhaben hoffen darauf, dass durch eine schnelle Infusion mit Kultur neue Bewohner herbeiströmen werden. Stadtregierungen streben nach Unverwechselbarkeit und bauen Vergnügungsviertel, Sportarenen und atemberaubende Kulturzentren, die von berühmten Architekten entworfen werden – in der Hoffnung, mit solchen Landmarken die Qualifizierten und Gebildeten einfangen zu können. Derartige Programme werden nur allzu schnell zum Eigentor. Was passiert, wenn alle Städte ein Nachtleben, Sportteams und atemberaubende Architektur bieten? Das Staples Center in Los Angeles sieht aus wie fast jede andere Sportarena auch. Die neue, hoch aufragende Disney Hall der Stadt ist mit keinem anderen Bau auf der Welt zu vergleichen … außer dem Guggenheim-Museum in Bilbao, seinem eineiigen Zwilling. Der Gewinn ist kurzlebig: Können Kulturgebäude an einem Ort schnell hochgezogen werden, so ist dies auch an nahezu jedem anderen Ort möglich.

Wichtiger noch, Bemühungen zur Schaffung von Unverwechselbarkeit basieren implizit auf der Prämisse, Städten mangele es daran. Aber der Stadt fehlt es nicht an Unverwechselbarkeit, sie hat vielmehr ein Übermaß an der falschen *Art* von Unverwechselbarkeit. Zahlreiche Städte unterscheiden sich von anderen auf wenig hilfreiche Weise und es kann durchaus sein, dass viele Menschen sich nicht wegen mangelnder Vorteile vom Stadtleben abwenden, sondern weil es einfach nicht hinnehmbare Nachteile mit sich bringt. Innenstädte bieten künstlerische und kulturelle Ressourcen, aber sie bieten auch Verkehrschaos, hohe Steuern und – in den Vereinigten Staaten – schlechte öffentliche Schulen. Wir können immer wieder darüber debattieren, was Menschen mit hohem Humankapitalwert schätzen (Kunstszene, Vielfalt, Profisport), aber vernünftigerweise lässt sich davon ausgehen, dass Gebildete *Bildung* schätzen und sich auch für ihre Kinder gute Bildung wünschen. Sie werden sich deshalb von Orten mit gutem Schulsystem angezogen fühlen. Warum sollte eine amerikanische Familie höhere Steuern als der Durchschnitt zahlen, um ihre Kinder auf eine schlechte öffentliche Schule in der Stadt zu schicken, wenn sie auch niedrigere Steuern für eine gute öffentliche Schule in der Vorstadt zahlen kann? Natürlich könnte die Familie in der Stadt bleiben und ihr Kind auf eine gute Privatschule geben, aber dann zahlte sie zusätzlich zu den hohen Steuern hohe Schulgebühren und unterstützte mit ihren hohen Steuern Schulen, die das Kind nicht besucht. Für alle, bis auf sehr Wohlhabende, ist diese Lösung keine. Es überrascht nicht, dass das Wiederaufleben amerikanischer Innenstädte in den 1990er Jahren vor allem von jungen Kinderlosen angeheizt wurde.[13]

Im Hinblick auf öffentliche Schulen, Verkehrsstaus oder öffentliche Dienstleistungen profitieren Städte viel eher davon, *nicht* unverwechselbar zu sein. Solange alle Vorteile des Stadtlebens mit all seinen Nachteilen „gebündelt" sind und solange der mit dem Stadtleben assoziierte Verlust größer erscheint als der Gewinn (das heißt, solange die Aussicht auf eine schlechte Schule schwerer wiegt als die Aussicht darauf, zu Fuß zu verschiedenen ethnischen Restaurants zu gelangen), wird sich, wer die Wahl hat, weiterhin für die Vorstadt entscheiden. Wir können beliebig viel atemberaubende Architektur bauen, gegen alltägliche Unannehmlichkeiten kommen glitzernde Annehmlichkeiten nicht an. Für die meisten ist die Konzerthalle oder schicke Einkaufszone, die sie einmal im Monat frequentieren, nicht so wichtig wie die schlechten öffentlichen Dienstleistungen, die tagtäglich grüßen lassen. Städtische wirtschaftliche Entwicklung sollte sich daher am ehesten auf das „Entbündeln" der Unannehmlichkeiten konzentrieren – und nicht nur den Nutzen des Stadtlebens fördern, sondern auch daran arbeiten, dessen Kosten zu senken.

Schlussfolgerung

Die große Blindheit von Le Corbusier bestand laut Peter Hall in seinem Unvermögen, die eigene Einzigartigkeit zu erkennen. Nicht die Einzigartigkeit seiner Begabung – Le Corbu fehlte es durchaus nicht an Selbstachtung –, sondern die Einzigartigkeit seiner alltäglichen Routine. Wohlhabend, kinderlos und von Wolkenkratzern fasziniert, vermochte er nicht zu begreifen, dass seine Vision eines vertikalen Urbanismus für die große Mehrheit (Arbeiterschaft, Familien), die ein gänzlich anderes Leben führte als er, unpraktikabel oder abstoßend war. Er entwarf für seinesgleichen und da die Mehrheit ihm nicht im Geringsten glich, gelang es ihm nicht, für sie zu entwerfen.[14]
Die Stadtplanung hat heute glücklicherweise die Hybris des Hochmodernismus überwunden, aber Sanierungen leiden immer noch unter Widersprüchen, wie sie Le Corbusier heimgesucht haben. Obwohl viele Revitalisierungsmaßnahmen darauf abzielen, die Leute aus den Vororten zurückzuholen, schmeicheln sie den Vorlieben jener, die für die Großstadt empfänglich sind und sie mögen. Bahnverbindungen, Lofts, Festival Markets und Straßencafés sind die Essenz des Urbanen, einen Vorortbewohner werden sie dennoch wohl kaum davon überzeugen, die Bequemlichkeit und Sicherheit des suburbanen Lebens aufzugeben. Städte können und sollen aufregend sein, doch sie brauchen ebenfalls Straßen, die nicht verstopft sind, und öffentliche Schulen, für die man sich nicht schämen muss.
Allzu oft ist die Sanierung Vehikel für großartige Ambitionen und große Ideen – mit Schlagwörtern wie „Verfall", „Comeback" und „Renaissance". Fast ebenso lange, wie es Städte gibt, wird ihr Niedergang vorausgesagt und fast ebenso lange, wie der Niedergang beschworen wird, prophezeit man ein Wiederaufleben. Unseren Stadtzentren täten weniger plakative Prognosen und großartige Ideen, dafür mehr Konzentration auf die kleinen Dinge gut. Wir hatten genug Jahre, in denen Politikunternehmer mit Wundermitteln hausieren gingen, Experten in jedem Abschwung eine Krise und in jedem Aufschwung eine Renaissance erkannten. Die Städte werden kein „Comeback" haben, sofern damit gemeint ist, dass sie wieder zu ihrer einstigen dominanten Rolle in unserer Wirtschaft und Gesellschaft zurückfinden. Sie werden aber genausowenig unwiderruflich kollabieren. Sie entwickeln sich weiter und die politischen Entscheidungsträger in den Städten schulden denen, die dort leben, kein Versprechen,

ihr Umfeld vollständig umzuwandeln, sondern das, was eine Regierung ihren Bürgern stets schuldet: Transparenz, Rechenschaft und den gerechtfertigten Glauben daran, dass das Morgen besser sein kann als das Heute. Städte sollten „distinctive" sein, aber in erster Linie sollten sie verlässlich sein.

1 Dieses Kapitel wurde in überarbeiteter Fassung übernommen aus Storper, Michael und Manville, Michael (2006): Behaviour, Preferences and Cities. In: *Urban Studies*, 43 (7) Im Erscheinen.

2 Teaford, John (1990): *The Rough Road to Renaissance,* Johns Hopkins, Baltimore.

3 Sternlieb, George (1971): The City as Sandbox. In: *The Public Interest,* 25 (1971), S. 14–21. Long, Norton (1971): The City as Reservation. In: *The Public Interest.* 25 (Herbst), S. 22–38.

4 Pascal, Anthony (1987): The Vanishing City. In: *Urban Studies,* 24 (6), S. 597–603.

5 Garreau, Joel (1991): *Edge Cities,* Norton, New York.

6 Birch, Eugenie (2005): Who Lives Downtown? Brookings Institution Metropolitan Policy Program. Glaeser, Edward und Shapiro, Jesse (2003): Urban Growth in the 1990s. In: *Journal of Regional Science,* 113, S. 345–376. Furdell, Kimberly, Wolman, Harold und Hill, Edward (2005): Did Central Cities Come Back? In: *Journal of Urban Affairs,* 27 (3), S. 283–305.

7 Siegfried, John und Zimbalist, Andrew (2000): The Economics of Sports Facilities and Their Communities. In: *Journal of Economic Perspectives,* 14 (3), S. 95–114.

8 Florida, Richard (2002): *The Rise of the Creative Class*, Basic Books, New York. Floridas Arbeit hat eine umfassende Debatte ausgelöst: Gute, ausgewogene Bewertungen finden sich bei Glaeser, Edward (2004): Book Review: The Rise of the Creative Class. In: *Regional Science and Urban Economics*, 35 (5), S. 593–596 und Lang, Robert und Danielsen, Karen (2005): Review Roundtable: Cities and the Creative Class. In: *Journal of the American Planning Association,* 71 (2), S. 203–220. Einsichtig, aber antagonistischer sind die Besprechungen bei Malanga, Steven (2004): The Curse of the Creative Class. In: *City Journal,* http://www.city-journal.org/html/14_1_the_curse.html.
Peck, Jamie (2005): Struggling with the Creative Class. In: *International Journal of Urban and Regional Research*, 29 (4), S. 740–770.

9 Siehe beispielsweise Glaeser, Edward (2003): Reinventing Boston. Arbeitspapier Nr. 10166 des NBER, http://www.nber.org/papers/w10166.

10 Becker, Gary (1975): *Human Capital,* University of Chicago Press, Chicago.

11 Zitiert nach Phillips, Adam (2006): Divine Inspiration. In: *Observer,* http://observer.guardian.co.uk/print/0,,329432272-102280,00.html (12.03.2006).

12 Scott, A. J. und Storper, Michael (1987): High Technology Industry and Regional Development: A Theoretical Critique and Reconstruction. In: *International Social Science Journal,* 112, S. 215–232, Mai.

13 Birch, Who Lives Downtown?

14 Hall, Peter (1996): *Cities of Tomorrow,* Blackwell, Oxford.

Growing Cities, Declining Cities and Urban Theories[1]

Michael Manville, Michael Storper

In the final chapter of his history of American urban revitalization, John Teaford notes that in 1955 *Time* magazine devoted a cover story to "The Rebirth of the City." In 1962 it devoted a similar story to urban rebirth, titled, simply, "Renaissance." In 1981 the magazine gave a cover to developer James Rouse, king of the festival marketplace, and titled it "Cities are Fun!" Six years after that, in 1987, the cover went to "Bringing the City Back to Life."[2] The urban comeback has been ensuing for some time now.

And yet so has the urban crisis. Decades of boosterism for the city have been matched by decades of despondency as well. "The city is doomed," Henry Ford declared in the 1920s. "Is the Inner City Doomed?" the *Public Interest* asked in a 1971 symposium. The answer was yes, at least according to the symposium's contributors: America's cities were now "sandboxes" or "reservations" – museums of themselves, to be photographed by tourists, or containers for a permanent underclass.[3] In 1987, just as *Time* was bringing the city back to life, Pascal, with his "vanishing city" thesis, was laying it to rest.[4] The 1990s saw the rise of New Economy capitalists who declared urbanity obsolete.[5] The center cities were the jetsam of another age, vertical settlements in a horizontal world, artefacts of a time before distance died. They were not where people wanted to live, and no longer where they had to work.

The old, cold, dense city-region of the Western world has become, in the eyes of observers, something like a frail and aging relative. Some have callously written it off. Others fret constantly over its condition. All acknowledge the withering effects of age, but the mood is occasionally interrupted by fits of optimism, or by the warm glow of sentiment and nostalgia – the patient seems to be recovering, he exudes all the energy of his adolescence! Just as often an icy pessimism takes over: the end, it is said, is truly near. And of course there are the wonder drugs: loft living; convention centers; creative professionals; the glass and steel of the post-industrial CBD.

The project of revitalizing the center city has never lacked for trends and fads, or for unwarranted claims of both victory and defeat. The car, the fax machine, and the Internet were all supposed to destroy the city. Sports stadiums, festival markets and light rail transit were all supposed to save it. We have bulldozed the city's old neighborhoods in the name of bringing the middle class back in, and we have passed laws to preserve its old neighborhoods, also in the name of bringing the middle class back in. Yet for all the interventions and proclamations, the trend lines of urbanism in the developed world during the postwar years have been relatively constant: Western center cities today are smaller, less dense and better governed than they were in the first part of the 20th century. They are no longer squalid threats to the public health, nor maelstroms of industrialism run amok, nor machines of fiscal crisis. But they also play a steadily diminishing role in most people's lives.

It is possible to overstate the point. Neither urbanity nor agglomeration have become obsolete. Urban *regions* play an enormous and growing role in most people's lives. The United States has relatively few center city dwellers, but 95 percent of the value-added in its economy comes from urban areas, which comprise barely 5 percent of the nation's land. So we are urbanized but not urban; our regions grow but our center cities for the most part do not.

Should we be troubled by this? If our project is to "bring back" the city, what is it exactly that we are trying to recapture? What are we trying to bring the city back *from*? We can say that we no longer want cities to decline, but if by "decline" we mean simply the loss of population, and if the loss of population is caused by migration to outlying areas, and if migration to outlying areas is accompanied, on balance, by rising real incomes and improvements in the standard of living, then on what grounds do we want to stop that? Cities have long served as way stations for the poor, and part of the reason our cities have shrunk is that the Western world is not nearly as poor as it once was. Of course the Western world is also not nearly as rich as we would like it to be, and the day when all poverty disappears seems unfortunately to be a distant one. So we want to make life easier for those who remain in the city: those who are too poor to move out, or so poor that they benefit by moving *in* (because in the city they can trade time and space for money by using public transportation and by relying in general more on public than private goods), or those who because of ethnic or racial discrimination *cannot* move out. And it may be that we can only make the city better for those who *must* live in it by making it more appealing to those who have a choice about living in it. If this is the case then we are troubled not so much by decline as by distress, and our method for remedying distress is to bring the affluent back in.

Yet this task is neither simple nor new. In both the United States and Europe suburbanization has resisted all antidotes administered to it, and the educated and affluent have been unswayed by various pitches to lure them back to the center city. Even in periods when the center cities grow, their suburbs generally grow faster. And while many American urban downtowns grew during the 1990s – and received considerable attention for doing so – the impact of this "renaissance" was actually quite limited. In the aggregate American center cities lost rather than gained population during the 1990s, and cities that had been distressed in 1980 remained, on the whole, distressed in 2000.[6] Given this track record, it is fair to ask whether our redevelopment policy should still be hinged on selling the city to those who seem predisposed to being suburbanites, and fair to ask – if we do think this strategy is still sound – what it is about city living that we should be selling.

Bringing the skilled back in

Selling a center city, like selling anything, requires some understanding of what consumers do and do not want. We can guess, just by looking at residential location patterns, that most people do not want to live in center cities, but we do not know precisely why. They may not like density, or they may not like traffic. They might object to higher taxes or to being around people who do not look or sound like themselves. Possibly they dislike the entire package; more likely they feel strongly about some things and less strongly about others. Similarly when we look at the popularity of suburbs we don't know what exactly makes them so appealing. Is it the large houses? The easy driving? Or just the reasonable assurance of good schools and low crime? Changing one or all of these attributes in one or both of these places could have a profound effect on where people choose to live – but we do not know which ones and we cannot predict what the effect will be. We probably all agree that small changes can lead to large transformations, but the world has many small things and it is hard to pick the correct one to focus one. As a result we often try to change many things at once. Rather than make marginal improvements to traffic and schools and hope the effects ripple outward, we launch ambitious plans to redesign the entire downtown, or to overhaul the transportation system.

Compounding the tendency toward large projects is the fact that urban revitalization is both a political and an economic project, and politics and economics are not always mutually inclusive. What is economically efficient is often politically less so (and vice versa), and when politics and economics collide it is generally politics that wins. As a result many efforts at urban revitalization are biased toward programs that ask little of existing voters. These high-visibility projects come with large promises, well-hidden costs, electoral dividends, and little in the way of real returns. The mayor who cuts the ribbon gets tremendous benefit from a sports stadium; the city at large usually gets no benefit at all.[7] Traffic congestion badly harms center cities, and congestion pricing would reduce or eliminate much of that congestion, but most mayors with a sense of self-preservation (London's Ken Livingston being a rather lonely exception) will choose to build a rail system with federal money before they start tolling their own constituents. That rail does little to ease congestion becomes a secondary consideration. It is always wiser politically to bestow new benefits than impose new costs.

The desire to avoid political fallout within the city leads to economic development programs that rely heavily on people and institutions outside the city. Underlying many revitalization strategies is the assumption that some external force will ride to the rescue of a declining urban area. Just as a light rail system funded by a higher level of government will eliminate congestion, precluding the need to price the roads, so too will a "creative class" of high-skilled individuals gallop into the center city and help fire its renaissance. Over time, the enticements offered to educated people have changed: first there were symphonies and opera houses, then festival markets and sports stadiums, and now cafes, galleries and a generally tolerant, bohemian atmosphere. But a common theme in revitalization has been that a group outside the city holds the keys to its salvations, and that group will come if the correct amenities are offered.

The most famous (but far from the only) proponent of this theory is Richard Florida, whose *Rise of the Creative Class* argues that contemporary economic development is a "war for talent," and that cities need to market themselves to the creative people who power local and regional economies. Florida's work – which emphasizes the arts and culture, tolerance (particularly for gays), and high technology – has found a receptive audience among many politicians and economic development practitioners. Michigan's governor, after reading *The Rise of the Creative Class,* ordered her state's mayors to form "Cool Cities" advisory boards. Baltimore launched a program to recruit gays as residents. Lawrence, Kansas, has proclaimed itself the "city of the arts."[8]

We have little reason to believe that these strategies will be any more effective than the capital-intensive fads that preceded them. Promoting tolerance and the arts might on some normative level be preferable to subsidizing professional sports stadiums. And certainly investments in the arts or bohemianism are much easier to stop or reverse if something goes wrong – when the program ends you aren't stuck with the albatross of an empty stadium or underused rail line. But economic development programs should not just fail well. They should also work well. And history tells us that efforts by cities to recapture the educated and affluent don't work very well at all. Which is not to say that educated people are unimportant. Human capital is an essential ingredient – arguably *the* essential ingredient – in urban growth. In the Western world today, other reasons for agglomeration, such as advantages conferred by the natural environment, no longer have much explanatory power. There was a time when London and Manhattan were important for their access to rivers and harbors, but no more. Today they are centers of information, and it is their ability to create and mediate knowledge that explains their continued importance.[9]

But the leap from theory to policy here is a large one, particularly if the policy goal is center city redevelopment. Human capital is much more a regional attribute than a local one. Many of the skilled people that power Manhattan during the day go home to Greenwich and Westchester at night, urban amenities notwithstanding. A region can and should be attractive to people of high human capital. But it is far from clear that these people will live in, or even commute to, that region's center city.

Let's suppose, however, that many people with high levels of human capital do live in a center city. How can we know why they decided to live there? We could posit a relationship between the presence of these individuals and a certain set of amenities, but this immediately creates a time-order problem. Does Manhattan have skilled people because it is so cultured and diverse, or is it so cultured and diverse because it attracts skilled people of all kinds? Probably the answer is not one or the other – to some extent the two forces interact – but on balance the evidence suggests that it is the demand for skilled people, and not skilled people's demands, that leads to human capital accumulation. A significant portion of human capital is job-specific, and still more is industry specific. Much of what we know is a product of our work, and much of our work is bound to specific places.[10] We acquire human capital by engaging with the particular problems of particular industries, and the breakthroughs engineered as a result of this engagement result in prosperity for those places where the industries happen to be. Thus there is not a roving band of skilled people who can be parachuted into failing cities and become immediate catalysts of innovation and growth. It would do Pittsburgh and Manchester little good to attract the most creative people in Hollywood, because those people are only exceptionally creative in the context of the movie industry. Human capital may be an individual attribute, but it is also a product of industrial context.

Industries, in other words, often create their own skilled workers. Human capital's role in growth lies in innovation, and innovation is less a function of possessing knowledge than of creating and interpreting it. Innovation, by definition, involves new information, and so a hallmark of innovation is, as T. S. Eliot once said, "that the speaker or writer is uttering something that he does not wholly understand."[11] Hollywood grew, and Los Angeles benefited, not because it imported people who knew about the film industry, but because it *produced* people who knew about it. The workforce was a product of Hollywood, and Hollywood a product of its workforce.

We could make the same point about Silicon Valley, which had no pre-existing high-tech workforce before it rose to dominate the world's computer industry, or about London and Manhattan, whose skilled workforces in finance developed *in situ* with the financial sectors themselves.[12] Skilled people tend to follow jobs, and it is in those jobs that their skills expand to the point where they can innovate. Thus it is doubtful that center cities can attract large numbers of skilled people via amenities or marketing alone, and in any event educated people are of little use to economic development if there is no industry with which they can interact.

A distinctive city

What, then, are we to make of various efforts to build a "distinctive" city? The word is sufficiently vague to merit applause or skepticism, depending on the actual policy proposed. If the goal is to carve out some sort of occupational niche, then probably that is to the good, although there is no guarantee that the regional benefits of such a program would accrue to the center city itself. If on the other hand the program is one of marketing and branding, we are wary. A theme alone does not make for economic development: few brands have been more enduring or recognizable than Detroit's – "the Motor City" – but Detroit suffers terribly nevertheless.

Distinction can be an elusive goal. There can be little question that urban life has now adopted some of suburbia's trappings, and that suburban life has become more urbane. Suburban-style malls and supermarkets now proliferate in central cities. Target and Wal-Mart have begun building multi-story urban discount centers. Many inner city redevelopment projects, despite assertions to the contrary, are designed to imitate the experience of suburban malls. Cairo has McDonalds and Los Angeles has Egyptian restaurants; places that were once wildly different are in many ways becoming more similar.

On the other hand changes that initially make places more alike can over time make them more diverse, as cultures merge to create new and unique combinations. Immigration has made Los Angeles look more like Seoul, and more like Mexico City, than was the case 40 years ago. But the resulting amalgamation of Latin, Anglo and Asian influences makes LA quite different from both places, and gives it a flavor most other places lack. This flavor, however, developed slowly and organically, via decades of legal and illegal immigration. The slow accumulation of new people gradually built a new culture. Too much redevelopment policy hopes that a quick infusion of culture will lead to a rapid infusion of new people. City governments pursue distinction by building entertainment districts, or sports arenas, or stunning cultural centers designed by famous architects, in the hope that such landmarks will capture the educated and skilled. Programs of this sort veer too easily into self-defeat. What happens when all cities have nightlife and sports teams and stunning architecture? The Staples Center in Los Angeles looks like most every sports arena. The city's new Disney Hall is a soaring structure unlike anything in the world … except for the Guggenheim museum in Bilbao, which is its virtual twin. The advantage is transient; cultural edifices that can be built quickly in one place can be built quickly in most places.

More to the point, efforts to create distinction are implicitly premised on the idea that cities suffer from a lack of it. But center cities do not have an absence of distinction; rather they have an excess of the wrong *kind* of distinction. Too many cities are distinctive in ways that aren't helpful, and it may well be that many people avoid city living not because it lacks advantages, but because it has disadvantages that are simply intolerable. Center cities have artistic and cultural resources, but they also have horrible traffic, high taxes and – in the United States – bad public schools. We can have any number of debates about what it is that people with high levels of human capital value (an arts scene, diversity, professional sports), but it does seem reasonable to think people with lots of education will value *education,* and will want their children to be educated as well. They will therefore be drawn to places that have good school systems. Why should an American family pay higher than average tax rates to send their child to a bad public school in the city when they could pay low taxes for a good public school in the suburbs? Of course the family could stay in the city and send their child to a good private school, but now they are paying a high tuition in addition to high taxes, and the high taxes now support schools their child does not attend. For all but the very wealthy, a solution like this is not a solution at all. We should not be surprised that the resurgence of American downtowns in the 1990s was fuelled largely by young people without children.[13]

When it comes to public education, or congestion, or public services, cities would benefit from being less distinctive rather than more. As long as all the advantages of city living are bundled in with all its disadvantages, and as long as the losses associated with city life loom larger than the gains (i.e., as long as the prospect of sending one's child to a bad school weighs heavier than the prospect of being able to walk to various ethnic dining options) those with choices will most likely continue to choose the suburbs. We can build all the stunning architecture we like, but flashy amenities cannot compete with everyday disamenities. For most people the concert hall or chic shopping district they patronize once a month is not as important as the poor public services that greet them everyday. Urban economic development might therefore be best oriented toward unbundling some of the disamenities of city life – not just promoting the benefits of the city but also working to reduce its costs.

Conclusion

The great blindness of Le Corbusier, according to Peter Hall, was his failure to realize his own uniqueness. Not the uniqueness of his talent – Le Corbu never suffered from low self-esteem – but the uniqueness of his daily routine. Affluent, childless and fascinated by skyscrapers, he could not understand that his vision of vertical urbanism would be unworkable or repellent for the vast majority of people (the working classes, those with children) who carried on lives very different from his own. He planned for people like himself and so he failed to plan for most people, because most people were not like him at all.[14]

Urban policy today has thankfully moved beyond the hubris of high modernism, but redevelopment still suffers from a contradiction similar to the one that plagued Le Corbusier. Although many revitalization programs are designed to "bring back" people who currently live in the suburbs, they flatter the preferences of those of us who are predisposed to like big cities. Rail lines, lofts, festival markets and sidewalk cafes are quintessentially urbane, but they are unlikely to convince suburbanites to abandon the convenience and safety that suburban living offers. Cities can and should be exciting, but they should also have streets that are not clogged with traffic, and public schools that are not sources of shame.

Too often redevelopment is a vehicle for grand ambitions and big ideas – for the rhetoric of "decay," "comeback" and "renaissance." For almost as long as we have had cities we have had predictions of their decline, and for almost as long as we have had talk of decline we have had prophecies of resurgence. Our center cities would benefit from fewer bold predictions and big ideas, and more focus on doing small things well. We have had years enough of policy entrepreneurs peddling magic bullets, of pundits seeing in every downturn a crisis and every upturn a renaissance. Center cities are not "coming back" if by comeback we mean returning to the dominant role they once played in economy and society. Neither, however, are they irrevocably collapsing. They are evolving, and urban policymakers owe those who live in cities not promises to utterly transform their environments, but what government always owes its citizens: transparency, accountability, and a reasonable belief that tomorrow can be better than today. Cities should be distinctive. But first they should be reliable.

1   This chapter is adapted from Storper, Michael, and Manville, Michael (2006): Behaviour, Preferences and Cities. In: *Urban Studies,* 43 (7) forthcoming.

2   Teaford, John (1990): *The Rough Road to Renaissance.* Johns Hopkins, Baltimore.

3   Sternlieb, George (1971): The City as Sandbox. In: *The Public Interest,* 25, pp. 14–21. Long, Norton, (1971), The City as Reservation. In: *The Public Interest,* 25 (Fall), pp. 22–38.

4   Pascal, Anthony (1987): The Vanishing City. In: *Urban Studies,* 24 (6), pp. 597–603.

5   Garreau, Joel (1991): *Edge Cities,* Norton, New York.

6   Birch, Eugenie (2005): *Who Lives Downtown?* Brookings Institution Metropolitan Policy Program; Glaeser, Edward and Shapiro, Jesse (2003): Urban Growth in the 1990s. In: *Journal of Regional Science,* 113, pp. 345–376. Furdell, Kimberly, Wolman, Harold and Hill, Edward (2005): Did Central Cities Come Back? In: *Journal of Urban Affairs,* 27 (3), pp. 283–305.

7   Siegfried, John and Zimbalist, Andrew (2000): The Economics of Sports Facilities and Their Communities. In: *Journal of Economic Perspectives,* 14 (3), pp. 95–114.

8   Florida, Richard (2002): The *Rise of the Creative Class.* Basic Books, New York: Florida's work has generated a wealth of debate: good evenhanded assessments are Edward Glaeser (2004): Book Review: The Rise of the Creative Class. In: *Regional Science and Urban Economics.* 35 (5), pp. 593–596, and Lang, Robert and Danielsen, Karen (2005): Review Roundtable: Cities and the Creative Class. In: *Journal of the American Planning Association,* 71 (2), pp. 203–220. Insightful but more antagonistic discussions are Malanga, Steven (2004): The Curse of the Creative Class. In: *City Journal. http://www.city-journal.org/html/14_1_the_curse.html.*
    Peck, Jamie (2005): Struggling with the Creative Class. In: *International Journal of Urban and Regional Research,* 29 (4), pp. 740–770.

9   See for instance Glaeser, Edward (2003): Reinventing Boston. NBER Working Paper 10166. Available http://www.nber.org/papers/w10166.

10 Becker, Gary (1975): *Human Capital,* University of Chicago Press, Chicago.

11 Quoted in Phillips, Adam (2006): "Divine Inspiration." In: *Observe,* March 12, 2006. http://observer.guardian.co.uk/print/0,,329432272-102280,00.html.

12 Scott, A. J. and Storper, Michael (1987): High Technology Industry and Regional Development: A Theoretical Critique and Reconstruction. In: *International Social Science Journal,* 112, May, pp. 215–232.

13 Birch, *Who Lives Downtown.*

14 Hall, Peter (1996): *Cities of Tomorrow.* Blackwell, Oxford.

1.

Städtische Spezialisierung und Imagebildung: Theorien und Strategien, Chancen und Risiken

**Urban Specialization and Image Formation:
Theories and Strategies, Chances and Risks**

„The Distinctive City": berufliche Spezialisierung in Städten und Implikationen für die Stadtentwicklungspolitik*

Greg Schrock, Ann Markusen

* Adaptiert von einer Präsentation beim IBA-Kongress „Profilierung und Spezialisierung als Strategien städtischer Entwicklung" im Oktober 2005 in Magdeburg. Das vorliegende Kapitel fasst Auszüge aus der Veröffentlichung „The Distinctive City: Divergent Patterns in Growth, Hierarchy and Specialization" in *Urban Studies,* Bd. 43, Nr. 8, Sommer 2006 (im Erscheinen) mit Genehmigung zusammen.

Die globale Marktintegration stellt große Herausforderungen an Städte aller Größen und Arten, an Weltstädte und zweitrangige Städte ebenso wie an regionale Zentren und Kleinstädte. Als Orte der Produktion und des Konsums konkurrieren sie zunehmend miteinander im Bestreben, mobile Unternehmen und Haushalte anzulocken. Dabei zeigt das Muster ungleichmäßiger Entwicklung innerhalb und über die Grenzen von Nationen hinweg, dass einige Städte dabei deutlich besser abschneiden als andere. Aus Sicht der Stadtplanung stellt sich uns die Frage, warum einige Städte erfolgreich sind und andere nicht. Und was soll und muss getan werden, um die Aussichten für Städte zu verbessern, die gegenwärtig ins Hintertreffen geraten?

Unserer Meinung nach stellt „distinctiveness" (Unverwechselbarkeit) einen wichtigen Ansatz zur Betrachtung der Stadtentwicklung dar. Insbesondere behaupten wir, dass die führenden Köpfe einer Stadt im Bewusstsein, dass deren Position innerhalb der städtischen Hierarchien nicht unumstößlich ist und dass die auf der Industrie basierenden traditionellen Stärken unter Beschuss stehen, zunehmend versuchen, ihre Stadt von anderen Städten im In- und Ausland zu unterscheiden, die sie als Konkurrenten um Unternehmen, Arbeitnehmer und Bewohner wahrnehmen. Daraus resultiert das, was wir „distinctive cities", unverwechselbare Städte, nennen. Wir vermuten, dass „distinctive cities" bessere Voraussetzungen besitzen, um die wirtschaftliche Entwicklung in einer globalen Ökonomie voranzutreiben, in der sich die Wirtschaftsakteure durch wachsende Mobilität und räumliche Flexibilität auszeichnen.

Dieser Aufsatz untersucht den Begriff der „distinctive city".[1] Zunächst stellen wir die drei Dimensionen der Unverwechselbarkeit einer Stadt vor, nämlich Produktionsstruktur, Zusammensetzung der Konsumformen und Identität. Wir erforschen die Faktoren, die Einfluss auf die Unverwechselbarkeit einer Stadt nehmen, und zeigen auf, wie Entscheidungen von Unternehmen, Arbeitnehmern und Haushalten von unterschiedlichen Seiten Einfluss auf die Unverwechselbarkeit in ihren drei Dimensionen ausüben, die wiederum durch Beschlüsse des öffentlichen Sektors und weiterer kommunaler Akteure strukturiert und vermittelt werden. Im Anschluss belegen wir die Unverwechselbarkeit von Städten anhand der Beschäftigungsprofile großer Metropolen in den USA, welche die divergierenden Trends illustrieren, die Einfluss auf die städtische Unverwechselbarkeit im Bereich der Produktion nehmen. Abschließend diskutieren wir die Implikationen dieser Trends für Stadtentwicklung und -planung. Wir gehen davon aus, dass die „distinctive city" nicht Selbstzweck ist, dass sie aber wichtige Möglichkeiten für Städte eröffnet, die sich neue Nischen in der globalen Ökonomie erkämpfen möchten.

Was ist die „distinctive city"?
Städte können in drei Dimensionen – Produktion, Konsum und Identität – unverwechselbar sein. Diese Dimensionen umfassen ebenfalls die Zusammenhänge und Entscheidungen, denen sich Unternehmen, Haushalte und kommunale Akteure stellen bzw. die sie treffen müssen. „Productive distinctiveness" steht in Beziehung mit den unverwechselbaren Produktionsfaktoren, welche die regionale Wirtschaft verkörpern: Land, Arbeit, Kapital und Technologie. Gemessen wird sie meist mittels der Industrie- und Beschäftigungsstrukturen einer Stadt und ihrer gewerblichen Spezialisierung, das heißt der ökonomischen Grundlage. Die getrennt getroffenen, sich aber wechselseitig beeinflussenden Entscheidungen von Unternehmen und Haushalten wirken als Motor der „productive distinctiveness". Unternehmen treffen die Entscheidung für einen Standort unter Berücksichtigung verschiedener Faktoren, die eine Investition rentabel werden lassen. Dazu gehören die Nähe zu Märkten, Zulieferern und weiteren Ressourceninputs, Infrastruktur (zum Beispiel Verkehrsanbindung, Kommunikationsmittel) und – besonders wichtig – Qualität, Verfügbarkeit und Kosten von Arbeit. Die Entscheidung darüber, wo sie leben und arbeiten wollen, treffen Haushalte – und damit die Arbeitnehmer in ihnen – teilweise mit Blick auf das Arbeitsplatzangebot, aber auch auf verschiedene Marktfaktoren (zum Beispiel Lebenshaltungskosten) und Nicht-Marktfaktoren (zum Beispiel Nähe zur Familie). Dreh- und Angelpunkt hierbei ist, dass die Standortentscheidungen von Unternehmen und Arbeitnehmern eng miteinander verknüpft sind und sich gegenseitig beeinflussen, um so „distinctiveness" innerhalb einer Produktionssphäre entstehen zu lassen.

„Consumptive distinctiveness" steht in Beziehung zum einzigartigen Konsummuster der Bewohner einer Stadt. Haushalte und Arbeitnehmer treffen Entscheidungen darüber, was sie zu welchem Preis kaufen wollen und ob sie nichtfinanzielle Faktoren wie Umwelt, Kultur und Netzwerke höher bewerten als rein ökonomische Erwägungen; damit werden sie hier zu Schlüsselakteuren. „Consumptive distinctiveness" lässt sich anhand von Beschäftigung in Verbindung mit verschiedenen Konsumaktivitäten messen, wenn auch dieses Maß generell nicht die qualitativen Unterschiede zwischen den Konsumgütern erfassen kann, zum Beispiel ob es sich bei Restaurants um Fast-Food-Ketten oder schicke Bistros handelt. Muster der „consumptive distinctiveness" eines Ortes lassen sich manchmal direkt mit seiner „productive distinctiveness" in Verbindung bringen, wenn besondere lokale Vorlieben die Entwicklung eines speziellen Produkts fördern, das letztlich zum Bestandteil der regionalen Wirtschaftsbasis wird.[2]

„Identity distinctiveness" schließlich bezieht sich auf das Maß, in dem eine Stadt von ihren Bewohnern und anderen als kulturell einzigartig angesehen wird. Die kulturelle Identität einer Stadt wird häufig durch ihre historische ökonomische Basis geformt (zum Beispiel beruht Detroits Erbe als „Motor City" auf der Autoindustrie) oder auch durch ein unverwechselbares Konsumangebot (zum Beispiel das Glücksspiel in Las Vegas). Urbane Identitäten können jedoch auch durch andere Aspekte bestimmt werden, die einem Ort seine unverwechselbare Atmosphäre verleihen, etwa lokale Architektur, Geschichte oder Naturumgebung. Obwohl sich „identity distinctiveness" nur äußerst schwer messen lässt, vermuten wir in ihr eine wichtige – wenn auch unterschätzte – Größe, anhand derer Unternehmen und Haushalte auswählen, wo sie leben, arbeiten und investieren wollen. Eine unverwechselbare urbane Identität kann das Heimatgefühl von Bewohnern und Unternehmen fördern oder den Grad, in dem sie sich für einen bestimmten Ort verantwortlich fühlen. Ein solches Eingebettetsein in lokale Netzwerke und Kulturen wäre für Städte und Regionen in einer Zeit, in der die Mobilität von Unternehmen und Arbeitnehmern wächst, ein wichtiger Pluspunkt.[3]

Für die Unverwechselbarkeit einer Stadt stellen jene drei Größen allerdings keine Garanten dar, da sich durch einige Faktoren die Städte eher aneinander angleichen. Die globale Ausweitung der von großen Unternehmen bestimmten Wertschöpfungsketten hat einerseits eine Konsolidierung der produktionsorientierten Dienstleistungen in Städten an der Spitze der urbanen Hierarchie zur Folge, andererseits aber eine Unterminierung traditioneller Tätigkeiten im produzierenden Gewerbe, was wiederum dazu führt, dass die „productive distinctiveness" jener Städte schwindet. Das Expandieren global agierender Einzelhändler wie Wal-Mart und Ikea bedroht spezielle lokale Konsummuster und ersetzt regionale Vielfalt durch globale Einförmigkeit. Und dass sich sowohl Unternehmen als auch Bürger zugunsten eines Weltbürgerdaseins zunehmend aus lokalen Bindungen lösen, deutet auf eine Schwächung der „identity distinctiveness" der Städte hin.

Wieder andere Impulse steigern die Unverwechselbarkeit einer Stadt. Die Ballung von qualifizierter Arbeit und anderen einzigartigen ortspezifischen Vorzügen und Institutionen verstärkt die unverwechselbare Produktionskapazität und kann wie ein Magnet auf Unternehmen und Arbeitnehmer wirken. So bauen Neugründungen von Unternehmen und Spin-offs ebenfalls auf den besonderen Produktionsbedingungen einer Stadt auf und bereichern diese damit. Arbeitnehmer bevorzugen Städte mit zahlreichen Annehmlichkeiten. Indem sie sich für eine Stadt mit einer bestimmten Kombination von Vorzügen in Bezug auf Klima, Topografie, Kultur und Bevölkerungsdichte entscheiden, können sie das spezifische Konsummuster der Stadt verstärken. Schließlich legen manche Unternehmen und Haushalte Wert auf ein spezielles historisch gewachsenes Umfeld oder auf eine natürliche Umgebung und spornen damit die Stadt an, Aspekte ihrer historischen oder kulturellen Identität zu erhalten (zum Beispiel durch die Umnutzung industrieller Räume).

Wir haben uns weitgehend auf Unternehmen und Haushalte als Schlüsselakteure bei der Gestaltung oder Beseitigung von Unverwechselbarkeit konzentriert, aber die kommunalen Akteure sind ebenfalls eng in diesen Prozess eingebunden. Regierungsstellen auf unterschiedlichen Ebenen (Kommune, Bundesland, Staat), Universitäten und kommunale Organisationen treffen Entscheidungen, die den unverwechselbaren Charakter einer Stadt weiterentwickeln oder aushöhlen können. Bemühungen um wirtschaftliche Entwicklung können zum einen auf den Erhalt und die Wiederbelebung alter Industriezweige mithilfe von Technologietransfer, Unternehmensförderung, Ausbildung und Umschulung von Arbeitskräften abzielen; oder man stellt auf der Suche nach der „nächsten großen Sache" alternativ neuen und aufstrebenden Gebieten wie der Biotechnologie Ressourcen zur Verfügung. Durch Investitionen der öffentlichen Hand in kulturelle Initiativen, die natürliche Umgebung und Denkmalschutz wird die Stadt attraktiver für Facharbeiter und Manager und kann diese an sich binden; auf der anderen Seite kann man die Suburbanisierung fördern, was typischerweise eine Stadt wie die andere wirken lässt. In der Realität sind die Entscheidungen der kommunalen Akteure in ihren Auswirkungen auf die Unverwechselbarkeit einer Stadt selten kohärent, sie verstärken eher das Hin und Her der Kräfte, die Einfluss auf das Potenzial einer „distinctive city" nehmen.

Werden Städte zunehmend unverwechselbar? Belege zur beruflichen Spezialisierung in amerikanischen Großstädten

In welchem Ausmaß unterscheiden sich urbane Ökonomien zunehmend voneinander? Dieser Frage möchten wir hier nachgehen, indem wir Veränderungen in den Beschäftigungsprofilen der 50 größten Ballungsgebiete der USA zwischen 1980 und 2000 untersuchen.[4] Berufe bieten ein immer brauchbareres Instrument zur Analyse regionaler Ökonomien; dabei konzentriert man sich stärker auf die Frage, was Menschen *tun*, als darauf, was sie *herstellen* – Letzteres war für industrielle Kategorien entscheidend.[5] Tatsächlich können Beschäftigungsprofile die Fachkräftestruktur in einer Stadt besser illustrieren, was mit dem wachsenden Interesse an Humankapital als einem wichtigen Faktor der regionalen Produktionsstruktur in Einklang steht.[6]

Wir beurteilen den Grad der „occupational distinctiveness" einer Stadt aus zwei unterschiedlichen, aber miteinander in Beziehung stehenden Richtungen. Erstens: In welchem Maß wird die Verteilung der Beschäftigung nach Berufen in einzelnen Orten zunehmend ungleichmäßiger? Welche Berufe treten seltener in Erscheinung, welche häufiger und welche verteilen sich gleichmäßiger? Zweitens: Weichen die Beschäftigungsprofile von Ballungsgebieten im Lauf der Zeit voneinander ab? Hier gilt zu bedenken, dass diese Größen äußerst nützlich sind, um die „productive distinctiveness" und – in geringerem Maß – die „consumptive distinctiveness" von Städten zu messen. Leider helfen sie bei der Beurteilung von Veränderungen der unverwechselbaren Identität nicht weiter.

Bezüglich Punkt 1 weisen unsere Belege deutlich auf divergierende Tendenzen bei der Verteilung der Berufe hin. Eine große Diskrepanz findet sich zwischen global ausgerichteten Berufen und solchen, die sich an der Region orientieren (Tabelle 1). Am ungleichmäßigsten verteilen sich Berufe im Bereich von Wissenschaft und Technologie (Natur- und Sozialwissenschaftler, Biowissenschaftler, Architekten und Ingenieure, Informatiker und Mathematiker), Juristen, Künstler und Entertainer sowie Arbeiter im produzierenden Gewerbe und Berufe in Fischerei, Land- und Forstwirtschaft. Die genannten Berufe können als „ökonomische Basis" der Stadt gelten. Mit Ausnahme der juristischen Berufe verstärkte sich bei allen Beschäftigungen die ungleichmäßige Verteilung zwischen den Städten in den Jahren von 1980 bis 2000. Während einige in diesem Zeitraum ein starkes Wachstum verzeichneten – so stieg die Beschäftigung in den Bereichen Mathematik und Informatik um mehr als das Dreifache –, wuchs die ökonomische Basis im Vergleich mit der Gesamtwirtschaft nur langsam.

Andererseits erlebten auf den lokalen Konsum ausgerichtete Berufe ein viel stärkeres Wachstum und traten vielfach in ähnlicher Verteilung in den größten amerikanischen Städten auf. Lokal orientierte Bereiche wie Einzelhandel, Gastronomie und Bildung verteilten sich in diesem Zeitraum zunehmend gleichmäßiger über die Städte. Eine interessante Ausnahme bei diesem Trend bilden Berufe im rasch wachsenden Gesundheitssektor, der sich in einzelnen Städten stärker entwickelte als in anderen. Dies spiegelt eventuell die wachsende Nachfrage in Kommunen im Süden und Westen der USA, in denen vorwiegend Rentner leben. Generell haben aber die schnell wachsenden, mittlerweile allgegenwärtigen Berufe, die am lokalen Bedarf ausgerichtet sind, das langsame Wachstum der immer ungleichmäßiger in Erscheinung tretenden Berufe der ökonomischen Basis überholt. So weisen die Gesamtzahlen der beruflichen Ungleichverteilung in Städten in den Jahren von 1980 bis 2000 wenig oder gar keine Veränderungen auf. Dieser Rückschluss würde unserer Meinung nach jedoch den Grad, in dem sich die Verteilung ökonomischer Aktivitäten in den Städten verändert hat, erheblich unterschätzen.

Dieses uneinheitliche Bild spiegelt sich in den Konvergenz- und Divergenzmustern der Beschäftigungsprofile aller Städte wider. Wir konnten keinen klaren Trend zu stärkerer Unverwechselbarkeit innerhalb der oben genannten Berufe der ökonomischen Basis feststellen (Tabelle 2). Zu den „unverwechselbarsten" Produktionszentren gehören die Hightech-Standorte San José (Kalifornien) und Washington, D. C., sowie Zentren der herstellenden Industrie, etwa Grand Rapids, Detroit (beide Michigan) und Greensboro (North Carolina), während diversifizierte Städte, wie Kansas City (Missouri), Columbus (Ohio) und Minneapolis-St. Paul (Minnesota), im Jahr 2000 den geringsten Grad an Unverwechselbarkeit in Bezug auf das Beschäftigungsprofil aufwiesen.

Für ein besseres Verständnis der Entwicklung, die diesen Trends zugrunde liegt, müssen wir die Zeiträume von 1980 bis 1990 und von 1990 bis 2000 getrennt betrachten. In den 1980er Jahren wurden viele amerikanische Städte von erheblichen Umbrüchen innerhalb ihrer industriellen Basis erschüttert, wobei Arbeitsplätze des produzierenden Gewerbes in veralteten Industrien, etwa in Chicago, Milwaukee (Wisconsin) und Cleveland (Ohio), verloren gingen. Dieser Deindustrialisierungsprozess führte in Städten des so genannten Rostgürtels zu einem signifikanten Schwinden ihrer „productive distinctiveness". In den 1990er Jahren dagegen erlebte die „productive distinctiveness" generell einen Aufschwung, der von zügig wachsenden Städten wie Raleigh-Durham (North Carolina), Seattle (Washington) und Portland (Oregon) angeführt wurde. Zahlreiche jener „distinctive cities" etablierten sich als Zentren für Hightech, aber auch für Kunst, Medien und weitere kreative Berufszweige. Wichtig ist auch, dass bestimmte langsam wachsende Städte wie Cleveland und Detroit ihre „productive distinctiveness" in den 1990er Jahren erhöhten, indem sie ihre Spezialisierung auf Berufe im produzierenden Gewerbe neu aufbauten. Dies zeigt anschaulich, welche unterschiedlichen Wege Städte bei der Entwicklung zur „distinctive city" beschreiten.

Tabelle 1. Koeffizient der beruflichen Lokalisierung in den 50 größten
städtischen Regionen der USA und Daten zur nationalen Beschäftigung, 1980-2000

	Koeffizient der beruflichen Lokalisierung (COL)		Beschäftigung USA	
	Durchschnitt 1980–2000	Veränderungen (in %) 1980–2000	Wachstum (in %) 1980–2000	Absolut (in 1000) 2000
Berufe der ökonomischen Basis			10	22890
Land- und Forstwirtschaft, Fischerei	3,3	23	-37	955
Biowissenschaften, Natur- und Sozialwissenschaften	2,4	20	36	1204
Informatik und Mathematik	2,3	20	316	3163
Juristische Berufe	2,0	-12	112	1423
Kunst, Design, Entertainment, Sport, Medien	1,9	3	61	2477
Produzierendes Gewerbe	1,9	20	-17	11004
Ingenieurwesen und Architektur	1,9	10	15	2665
Berufe ohne überregionale Bedeutung/lokal orientierte Berufe			40	106827
Dienstleistungen im Gesundheitswesen	1,5	41	66	2580
Dienstleistungen im Sicherheitsbereich	1,5	2	64	2553
Bauwesen und Bergbau	1,3	-28	26	7151
Kommunale und soziale Dienstleistungen	1,1	-9	81	1946
Installation, Wartung und Reparatur	0,9	1	21	5110
Mediziner und Medizintechniker	0,9	42	69	5985
Gastronomie und Lebensmittelbranche	0,9	-10	33	6263
Handel und Banken	0,9	-2	95	5551
Reinigung und Wartung von Gebäuden und Grundstücken	0,9	44	25	4250
Transportdienstleistungen	0,9	4	14	7.959
Personenpflege und damit verbundene Dienstleistungen	0,9	-11	66	3631
Management	0,7	20	69	11885
Bildung, Ausbildung und Büchereien	0,7	-5	53	7332
Einzelhandel	0,6	-29	56	14605
Dienstleistungen für Büro und Verwaltung	0,4	-38	13	20026
Gesamt, alle Berufe			33	129717

Anmerkung: Der Koeffizient der beruflichen Lokalisierung (COL) misst den Grad, in dem die Verteilung eines Berufs in Großstadtregionen unerwartet bzw. ungleichmäßig ist. Ein hoher COL entspricht einer sehr schiefen (unsymmetrischen) Verteilung, ein niedriger COL einer gleichmäßigeren Verteilung der Berufe. Vgl. zur Diskussion von Datenquellen und Methoden Markusen und Schrock (2006).

Wir müssen auf einige Einschränkungen der hier präsentierten Analyse hinweisen. Erstens umfasst unsere Datenerhebung nur relativ große Ballungsgebiete, im Allgemeinen Städte mit etwa einer Million Einwohner oder mehr. Wir gehen davon aus, dass die hier behandelten Trends – eine kampfbereite und zunehmend umstrittene ökonomische Basis neben rasch wachsenden, lokal orientierten Beschäftigungen – auch auf Städte weiter unten in der urbanen Hierarchie übertragbar sind. Insbesondere für kleinere Städte, deren Portfolio weniger Aktivitäten aufweist, ist die Spannung zwischen Spezialisierung und Diversifizierung innerhalb ihrer ökonomischen Basis sehr bedeutend. Außerdem steht zur Debatte, ob die Schlüsselfaktoren, welche die städtische Unverwechselbarkeit beeinflussen, nämlich die Mobilität von Kapital und Arbeit, im europäischen Kontext ebenso ausgeprägt sind wie in den USA. Diese Dynamik stellt sich in den USA wahrscheinlich dramatischer dar, aber wir vermuten, dass sie auch in Europa immer wichtiger werden wird, vor allem angesichts der Erweiterung der Europäischen Union.

Folgerungen für die Stadtentwicklungspolitik

Wir behaupten, dass sich die meisten Städte auf die eine oder andere Art der Herausforderung der „distinctiveness" stellen müssen und dass Unverwechselbarkeit ein Schlüssel zur städtischen Wiederbelebung ist. Abgesehen davon ist jedoch eine „distinctive city" nicht notwendigerweise eine „gute" Stadt im Sinn von Wachstum, Stabilität, Gerechtigkeit und Lebensqualität. Städte wie San José haben als Hightech-Standorte ein hohes Maß an Unverwechselbarkeit erreicht, stehen aber in den Bereichen Einkommensungleichheit, hohe Lebenshaltungskosten und Überlastung des Stadtgebiets vor großen Aufgaben. Das Steigern der Unverwechselbarkeit mag für eine alte Industriestadt eine Überlebensstrategie sein, die beim Ausgleich von Arbeitsplatzverlusten und dem Schwinden der industriellen Konkurrenzfähigkeit hilft. Für eine hoch spezialisierte Stadt bringt die optimale Wachstumsstrategie unter Umständen ein weniger scharfes Profil mit sich. Zu einem bevorzugten Wohnort für Rentner zu werden, kann eine gute Wachstums- und Stabilitätsstrategie für eine kleine Stadt sein, auch wenn sie dadurch verstärkt zur Wohnstadt wird und in anderen Bereichen an Unverwechselbarkeit einbüßt. Einige „distinctive cities" rufen den Neid anderer hervor, aber dies gilt auch für manche stark diversifizierte Stadt mit einer völlig durchschnittlichen Beschäftigungsstruktur. Die „distinctive city" sollte kein Selbstzweck sein.

Städte sind gut darin beraten, ihre vorhandenen Stärken auszuspielen und aktiv neue Kompetenzen zu entwickeln. Diese sollten berufliche Stärken einschließen – Bildungsinstitutionen (Schulen, Ausbildungsstätten) und Organisationen, die Netzwerke für Beschäftigte vertreten oder aufbauen (Berufsverbände, Gewerkschaften)[7] –, dazu kann aber auch das Fördern von Unternehmertum gehören, insbesondere indem vorhandenes technologisches und industrielles Wissen für neue Bereiche genutzt wird. Das kann besonders wichtig sein für Städte mit veralteten Industrien, in denen arbeitslos gewordene Manager und Arbeitnehmer eine entscheidende Ressource für das Regenerieren und Ankurbeln der lokalen ökonomischen Basis darstellen. Ein Beispiel dafür war Seattle in den frühen 1970er Jahren, als die Beschäftigung bei Boeing zurückging und viele Ingenieure und Arbeiter neue Unternehmen gründeten, die sich auf dem Sektor medizinischer Instrumente und Software behaupteten.[8]

Tabelle 2. Trends in der regionalen Unterschiedlichkeit bei Berufen der ökonomischen Basis und Wachstumsraten der Beschäftigung, ausgewählte Großstadtregionen, 1980–2000

	Regionaler Unterschiedlichkeitsindex (RDI)			Veränderung des RDI (in %)	Beschäftigungs- wachstum (in %)	Gesamt- beschäftigung (in 1000)
Großstadtregion	1980	1990	2000	1980–2000	1980–2000	2000
San Jose (Kalifornien)	4,0	4,6	6,3	57	27	844
Grand Rapids (Michigan)	5,6	5,4	6,0	8	46	541
Washington (D. C., Maryland, Virginia, West Virginia)	7,6	6,1	6,0	-21	47	2 549
Detroit (Michigan)	3,3	3,1	4,1	23	15	2 046
Las Vegas (Nevada-Arizona)	5,4	3,9	4,0	-26	177	710
Raleigh-Durham (North Carolina)	2,4	3,6	3,3	40	91	628
Los Angeles (Kalifornien)	1,9	2,5	3,2	64	14	3 953
Cleveland (Ohio)	3,2	2,9	3,2	-1	6	1 058
Middlesex-Somerset (New Jersey)	1,9	2,3	3,2	63	36	588
Boston (Massachusetts, New Hampshire)	1,7	2,8	3,0	77	15	1 746
Austin (Texas)	3,6	2,9	2,9	-20	133	661
New York (New York, New Jersey)	2,2	2,5	2,9	30	11	4 545
Orlando (Florida)	3,5	2,2	2,5	-27	117	802
Seattle (Washington)	2,0	1,7	2,3	13	56	1 258
Phoenix (Arizona)	1,8	1,4	1,6	-13	112	1 489
Portland (Oregon, Washington)	0,9	1,4	1,4	62	56	967
Hartford (Connecticut)	3,5	1,4	1,3	-62	9	583
Atlanta (Georgia)	1,9	1,6	1,3	-33	98	2 093
Chicago (Illinois)	1,6	1,4	1,2	-24	17	3 879
Minneapolis-St. Paul (Minnesota, Wisconsin)	0,6	0,7	1,0	55	46	1 619

Anmerkung: Der Regionale Unterschiedlichkeitsindex (RDI) misst den Grad, in dem das Beschäftigungsprofil einer Großstadtregion vom Durchschnitt der 50 größten Großstadtregionen der USA abweicht. Diese Tabelle zeigt den RDI für die sieben Berufsgruppen, die in Tabelle 1 als ökonomische Basis definiert wurden. Ein hoher RDI weist darauf hin, dass sich das Beschäftigungsprofil der Region deutlich vom durchschnittlichen Profil unterscheidet, während ein niedriger RDI ein durchschnittlicheres Profil anzeigt. Vgl. zur Diskussion von Datenquellen und Methoden Markusen und Schrock (2006).

Bemühungen, aus Städten Marken zu machen oder sie aufgrund ihrer unverwechselbaren lokalen Identität anders zu vermarkten, erweisen sich manchmal als hilfreich, aber nur dort, wo sie von glaubwürdigen und langfristig ausgerichteten Anstrengungen getragen werden, die sich an der zugrunde liegenden Vision ausrichten. Indianapolis (Indiana) versuchte beispielsweise angesichts des Zerfalls der Innenstadt in den 1970er Jahren, sich das Image der „US-Hauptstadt des Amateursports" zu geben, hat das aber nur dank umfangreicher Investitionen aus öffentlichen, privaten und philanthropischen Quellen erreicht, die dieses Ziel unterstützten.[9] In vielen Fällen – wenn nicht sogar den meisten – werden Branding und Stadtmarketing von Stadtentwicklern als schnelles Heilmittel eingesetzt, ohne dass sie selbst wesentliche Anstrengungen einbringen.[10]

Für die Städte wäre es wohl am wichtigsten, sich auf die Steigerung ihrer Bewohnbarkeit und Lebensqualität zu konzentrieren. Das bedeutet, in die unverwechselbaren Vorzüge – seien es Kunst und Kultur, Naturumgebung oder bauliches Umfeld – zu investieren, um die Verbundenheit der Bewohner mit der Stadt zu stärken und neue Bewohner und Unternehmen anzuziehen, die nach einem angenehmen Umfeld suchen.

Zusammenfassend lässt sich sagen, dass es kein Patentrezept für die Entwicklung zu einer „distinctive city" gibt. Ermutigt werden wir durch lokale Bestrebungen wie die der IBA Stadtumbau 2010 in Sachsen-Anhalt, wo Planungsprozesse gefördert werden, die es Lokalpolitikern und Bewohnern erlauben, bei der Regeneration ihrer Stadt eigene Wege zu finden und zu verfolgen. In einem wirtschaftlichen Entwicklungsbereich, in dem der gedankenlose Griff nach der „best practice" allzu oft der Normalfall ist, sind solche Initiativen höchst willkommen.

1 Dieser Aufsatz bezieht sich auf theoretische Argumente und empirische Belege zur „distinctive city", die an anderem Ort detaillierter dargestellt sind. Siehe Markusen, Ann und Schrock, Greg (2006): The Distinctive City: Divergent Patterns in Growth, Hierarchy and Specialization. In: *Urban Studies*, Bd. 43, Nr 8 (im Erscheinen).

2 Siehe Cortright, Joe (2002): The Economic Importance of Being Different: Regional Variations in Tastes, Increasing Returns, and the Dynamics of Development. In: *Economic Development Quarterly*, Bd. 16, Nr. 1, S. 3–16. Cortright zeigt, dass die „distinctive consumption" der Einwohner von Portland (Oregon) eng mit der industriellen Spezialisierung der Region verbunden ist, etwa Freizeitausrüstungen, Getränke, Technologien und umweltfreundliche Produkte. Es ist allerdings schwierig zu belegen, in welcher Richtung dabei die Kausalität verläuft, das heißt: Haben die speziellen lokalen Vorlieben die örtliche Spezialisierung beeinflusst oder umgekehrt?

3 Siehe Granovetter, Mark (1985): Economic Action and Social Structure: The Problem of Embeddedness. In: *American Journal of Sociology*, Bd. 91, Nr. 3, S. 481–510.

4 Eine vollständige Diskussion der Daten, Methoden und Ergebnisse, die in diesem Abschnitt beschrieben werden, findet sich bei Markusen und Schrock (2006).

5 Siehe Markusen, Ann (2004): Targeting Occupations in Regional and Community Economic Development. In: *Journal of the American Planning Association*, Bd. 70, Nr. 3, S. 253–268; Thompson, Wilbur und Thompson, Philip (1985): From Industries to Occupations: Rethinking Local Economic Development. In: *Economic Development Commentary*, Bd. 9, S. 12–18; Feser, Edward (2003): What Regions Do Rather than Make: A Proposed Set of Knowledge-based Occupation Clusters. In: *Urban Studies*, Bd. 40, Nr. 10, S. 1937–1958; und Stein, Rolf (2002): Producer Services, Transaction Activities, and Cities: Rethinking Occupational Categories in Economic Geography. In: *European Planning Studies*, Bd. 10, Nr. 6, S. 723–743.

6 Siehe Mather, Vijay (1999): Human Capital-Based Strategy for Regional Economic Development. In: *Economic Development Quarterly*, Bd. 13, Nr. 3, S. 203–216; Clarke, Susan E. und Gaile, Gary L. (1998): *The Work of Cities*. University of Minnesota Press, Minneapolis.

7   An anderem Ort haben wir generische Instrumente zur Beurteilung von Beschäftigung und verwandte Zielstrategien für städtische und staatliche Verwaltungen beschrieben, die das bestehende industriebezogene Instrumentarium ergänzen. Siehe Markusen (2004).

8   Siehe Gray, Mia, Golob, Elyse und Markusen, Ann (1996): Big Firms, Long Arms, Wide Shoulders: the 'Hub-and-Spoke' Industrial District in the Seattle Region. In: *Regional Studies*, Bd. 30, Nr. 7, S. 651–666.

9   Rosentraub, Mark S. (2003): Indianapolis, a Sports Strategy, and the Redefinition of Downtown Redevelopment. In: Judd, Dennis R. (ed), *The Infrastructure of Play: Building the Tourist City*, ME Sharpe, Armonk, NY, S. 104–124.

10   Siehe Peck, Jamie (2005): Struggling With the Creative Class. In: *International Journal of Urban and Regional Research*, Bd. 29, Nr. 4, S. 740–770; Rantisi, Norma und Leslie, Deborah (2006): Branding the Design Metropole: The Case of Montréal, Canada. In: *Area* (im Erscheinen).

"The Distinctive City": Urban Occupational Specialization and Implications for Development Policy*

Greg Schrock, Ann Markusen

* Adapted from a presentation at the IBA Congress, "Specialization and Branding as Strategies for Urban (Re-)Development," Magdeburg, Germany, October 2005. This chapter summarizes, with permission, portions of the paper, "The Distinctive City: Divergent Patterns in Growth, Hierarchy and Specialization." *Urban Studies*, Volume 43, No. 8, Summer 2006 (forthcoming).

Global market integration has posed significant challenges for cities of all sizes and types, from world cities and second-tier cities, to regional centers and small towns. They are increasingly in competition with one another as sites of production and consumption, seeking to attract mobile firms and households. Clearly some are faring better than others, as patterns of uneven development within and across nations suggest. From an urban development policy perspective, it is critical for us to ask: why are some cities succeeding and others not? And what can (and should) be done to improve the odds for cities that are currently falling behind?

We argue that one important way of thinking about urban development is in terms of *distinctiveness*. Specifically, we suggest that city leaders, understanding that their positions in urban hierarchies are not assured and that their traditional industrial strong suits are under attack, increasingly seek to distinguish themselves from other cities, domestic and international, with whom they see themselves competing for firms, workers and residents. The result is a rise in what we call "distinctive cities." We suggest that these may be better positioned to promote economic development in a global economy where economic actors have growing mobility and locational flexibility.

In this paper, we explore this idea of the "distinctive city."[1] We begin by discussing the three dimensions of urban distinctiveness, namely in terms of productive structure, consumption mix and identity. We explore the factors affecting urban distinctiveness, conceptualizing how decisions by firms, workers and households exert contradictory pressures on distinctiveness within all three dimensions, structured and mediated by decisions on the part of the public sector and other community actors. After that, we offer some evidence of urban distinctiveness from occupational profiles of large metropolitan regions in the United States, which illustrate the divergent trends impacting urban distinctiveness within the production sphere. We conclude by discussing the implications of these trends for urban development policies and planning efforts. We argue that becoming a "distinctive city" is not an end in itself, but nonetheless may represent an important opportunity for cities struggling to establish a new niche for themselves within the global economy.

What is the "distinctive city"?
Cities can be thought of as distinctive along three dimensions – production, consumption, and identity – that encompass the contexts faced and decisions made on the part of firms, households, and community actors. *Productive distinctiveness* relates to the unique nature of the production factors that embody the regional economy – land, labor, capital, and technology. This is most often measured in terms of a city's industrial and occupational structure and trade specializations (i. e., its economic base). The discrete but interactive decisions made by firms and households are the drivers of productive distinctiveness. Firms make decisions about where to locate based on a number of factors related to its potential for generating profitability, including proximity to markets, suppliers and other resource inputs, infrastructure (e. g., transportation, communications), and importantly, the quality, availability and the cost of labor. Households – and workers within them – make decisions about where to live and work based in part on labor market considerations, as well as a variety of market (e. g., cost of living) and non-market (e. g., proximity to family) factors. The key point here is that the locational choices of firms and workers are highly interrelated and feed back on one another to generate distinctiveness within the production sphere.
Consumptive distinctiveness relates to the unique patterns of consumption on the part of residents within in a city. Households and their workers are key actors here, through their choices regarding what to buy at what price, and whether non-pecuniary factors such as environment, culture and networks trump purely economic considerations. It can be measured in terms of the employment associated with different consumption activities, although this metric generally cannot capture qualitative differences in the nature of what is consumed (e. g., whether restaurants are fast-food chains or upscale bistros). Distinctive local consumption patterns can sometimes be directly associated with distinctive local production activity, where unique local "tastes" can actually support the development of specialized local products that eventually become part of the region's economic base[2].
Finally, *identity distinctiveness* relates to the extent to which a city is recognized by residents and non-residents as being culturally unique. A city's historical economic

base can often shape its cultural identity (e. g., Detroit's legacy as the "Motor City" based on automobile production), as can distinctive consumptive offerings (e. g., gambling in Las Vegas). But urban identities can also relate to other aspects that affect a distinctive "sense of place", such as local architecture, historical context, or natural environment. Although identity distinctiveness is extremely hard to measure, we suspect that it is an important, if underappreciated, dimension of how firms and households make choices about where to live, work, and invest. A unique urban identity may help to promote residents' (and firms') sense of local citizenship, or the degree to which they identify themselves as stakeholders in a particular place. Such "embeddedness" within local networks and cultures could represent an important asset for cities and regions as locational flexibility for firms and workers continues to grow[3].

Urban distinctiveness along these three dimensions is not assured, as a number of factors are tending to make cities less distinctive. The global extension of corporate value chains has led, on the one hand, to a consolidation of producer service functions in cities toward the top of urban hierarchies, and on the other to an undermining of established specializations of craft and assembly jobs, making those cities less distinctive productively. The expansion of global retailers like Wal-Mart and Ikea threaten localized patterns of consumption, replacing local diversity with global sameness. And growing detachment from local in favor of global citizenship on the part of firms and residents suggests a weakening of distinctiveness based on urban identity.

Yet other impulses tend toward increased urban distinctiveness. Agglomerations of skilled labor and other unique, place-specific assets and institutions can serve as a magnet for firms and workers, rendering them more distinctive in their productive capacity. Similarly, entrepreneurial business start-ups and spin-offs build upon and enrich the distinctive productive assets in a place. Workers' preference for amenity-rich cities can deepen patterns of consumptive distinctiveness as they choose to locate in cities with certain amenity mixes, such as climate, topography, culture, and density. And finally, certain firms and households may exhibit a preference for historically-specific built environments or natural settings, spurring efforts (e. g., adaptive re-use of industrial spaces) to preserve aspects of a city's historical or cultural identity.

We have focused largely on firms and households as key actors in the (un)making of urban distinctiveness, yet community actors are deeply implicated in this process as well. Governments at different scales (local, state, national), universities, and community organizations make decisions that can alternatively enhance or erode the distinctive character of cities. Economic development efforts can focus on retaining and revitalizing existing industrial specializations through technology transfer, workforce (re)training, and entrepreneurial assistance; alternatively, they can devote resources to new and emerging fields such as biotechnology, in search of the "next big thing." Public investments in cultural initiatives, natural amenities, and historical preservation can enhance a city's attraction (and retention) of skilled workers and managers;

alternatively, they can facilitate the expansion of suburban development that typically serves to make cities less distinctive. In reality, the choices made by community actors are rarely coherent in terms of their impact on urban distinctiveness, adding to the push and pull of forces affecting the potential for "distinctive cities."

Are cities becoming more distinctive? Evidence from occupational specialization in U.S. metros

To what extent are urban economies becoming more distinctive from one another? In this section we address this question by examining changes in the occupational employment profiles of the fifty largest metropolitan regions in the United States from 1980 to 2000.[4] Occupations represent an increasingly useful lens for analyzing regional economies, by focusing on "what they do" rather than "what they make," as depicted in industrial categories.[5] Indeed, occupational profiles better illustrate the nature of a city's skill base, which is consistent with the growing interest in human capital as a major factor in regional productive structure.[6]

We assess the degree of urban occupational distinctiveness from two different but related directions. First, to what extent is the distribution of employment by occupation becoming more skewed and uneven across places? Which occupations are becoming more skewed, and which are becoming more ubiquitous in their distribution? Second, are the occupational profiles of metropolitan regions diverging from one another over time? It should be noted that these measures are most conducive to examining the degree of productive distinctiveness, and to a lesser extent the consumptive distinctiveness, of cities. Unfortunately they do not help us to assess changes in identity-related distinctiveness in cities.

On the first point, our evidence strongly suggests divergent trends in the extent of skewness across occupations. A major divide is found between occupations that tend to be globally-oriented, and those that tend to be locally-oriented (Table 1). Among the most highly skewed occupations are those related to science and technology (life, physical, and social scientists, architects and engineers, and computer and math scientists), legal professions, arts and entertainment, as well as blue-collar craft and assembly production occupations and farming, fishing and forestry occupations. These occupations can be thought of as comprising the urban "economic base". With the sole exception of legal occupations, all of these professions became more skewed in their distribution across cities between 1980 and 2000. And while some of them grew quite rapidly during that period – for example, employment in computer and math occupations more than tripled – these economic base ones grew slowly relative to the overall economy.

On the other hand, occupations oriented toward local consumption experienced much faster growth, and in many cases became less skewed (more similar) in their distribution across the largest U.S. cities. Locally-oriented activities such as retail sales, food preparation, and education all became more evenly distributed across cities during this period. One interesting exception to this trend are fast-growing health care occupations, which became more localized during this period, perhaps reflecting the growth of demand within retirement communities in the American South and West. In general, though, the fast growth of increasingly ubiquitous, local-serving occupations has overwhelmed the slower growth of increasingly skewed economic base ones. As a result, aggregate measures of urban occupational skewness tend to show little or no change from 1980 to 2000; however, we feel that this conclusion would greatly underestimate the degree of change taking place within the distribution of economic activity across cities.

Table 1. Coefficient of Occupational Localization for 50 largest
US Metropolitan Areas and Data for National Employment, 1980-2000

	Coefficient of Occupational Localization (COL)		Employment United States	
	Average 1980-2000	Change in % 1980-2000	Growth in % 1980-2000	Absolute (1000) 2000
Economic base occupations			10	22,890
Farming, Fishing, and Forestry	3.3	23	-37	955
Life, Physical, and Social Science	2.4	20	36	1,204
Computer and Mathematical	2.3	20	316	3,163
Legal	2.0	-12	112	1,423
Arts, Design, Entertainment, Sports, Media	1.9	3	61	2,477
Craft and Assembly Production	1.9	20	-17	11,004
Engineering and Architecture	1.9	10	15	2,665
Non-basic/residentiary			40	106,827
Healthcare Support	1.5	41	66	2,580
Protective Service	1.5	2	64	2,553
Construction and Extraction	1.3	-28	26	7,151
Community and Social Services	1.1	-9	81	1,946
Installation, Maintenance, and Repair	0.9	1	21	5,110
Healthcare Practitioners and Technical	0.9	42	69	5,985
Food Preparation and Serving	0.9	-10	33	6,263
Business and Financial Operations	0.9	-2	95	5,551
Building and Grounds Cleaning and Maintenance	0.9	44	25	4,250
Transportation and Material Moving	0.9	4	14	7,959
Personal Care and Service	0.9	-11	66	3,631
Management	0.7	20	69	11,885
Education, Training, and Library	0.7	-5	53	7,332
Sales and Related	0.6	-29	56	14,605
Office and Administrative Support	0.4	-38	13	20,026
Total, all occupations			33	129,717

Note: COL measures the extent to which an occupation is highly skewed in its distribution across metropolitan regions. A high COL corresponds to a highly skewed occupation; a low COL corresponds to a more evenly distributed occupation. See Markusen and Schrock (2006) for discussion of data sources and methods used.

This mixed picture is reflected in patterns of convergence and divergence in occupational profiles across cities. We find no clear-cut trend toward increasing distinctiveness within the set of "economic base" occupations identified above (Table 2). Among the most "distinctive" production centers are the high-tech havens of San Jose (California) and Washington, DC, and manufacturing centers Grand Rapids and Detroit (both in Michigan) and Greensboro (North Carolina), while diversified mid-continent cities like Kansas City (Missouri), Columbus (Ohio) and Minneapolis-Saint Paul (Minnesota) showed the least distinctive occupational profiles as of 2000.

Table 2. Regional Distinctiveness Trends of Economic Base Occupations and Employment Growth Rates, Selected Metropolitan Areas, 1980-2000

	Regional Distinctiveness Index (RDI)			Change RDI in %	Employment Growth in %	Total employment (1000)
Metropolitan region	1980	1990	2000	1980-2000	1980-2000	2000
San Jose, CA	4.0	4.6	6.3	57	27	844
Grand Rapids, MI	5.6	5.4	6.0	8	46	541
Washington, DC-MD-VA-WV	7.6	6.1	6.0	-21	47	2,549
Detroit, MI	3.3	3.1	4.1	23	15	2,046
Las Vegas, NV-AZ	5.4	3.9	4.0	-26	177	710
Raleigh-Durham, NC	2.4	3.6	3.3	40	91	628
Los Angeles, CA	1.9	2.5	3.2	64	14	3,953
Cleveland, OH	3.2	2.9	3.2	-1	6	1,058
Middlesex-Somerset, NJ	1.9	2.3	3.2	63	36	588
Boston, MA-NH	1.7	2.8	3.0	77	15	1,746
Austin, TX	3.6	2.9	2.9	-20	133	661
New York, NY-NJ	2.2	2.5	2.9	30	11	4,545
Orlando, FL	3.5	2.2	2.5	-27	117	802
Seattle, WA	2.0	1.7	2.3	13	56	1,258
Phoenix, AZ	1.8	1.4	1.6	-13	112	1,489
Portland, OR-WA	0.9	1.4	1.4	62	56	967
Hartford, CT	3.5	1.4	1.3	-62	9	583
Atlanta, GA	1.9	1.6	1.3	-33	98	2,093
Chicago, IL	1.6	1.4	1.2	-24	17	3,879
Minneapolis-St Paul, MN-WI	0.6	0.7	1.0	55	46	1,619

Note: RDI measures the extent to which a metropolitan region's occupational profile differs from the average for the 50 largest metropolitan regions in the United States. This table shows the RDI for the seven occupational groups identified as »economic base« occupations in Table 1. A high RDI indicates that the region has a highly distinctive occupational profile, while a low RDI indicates a less distinctive occupational profile. See Markusen and Schrock (2006) for discussion of data sources and methods used.

To get a better appreciation of the underlying trends, we must examine separately the periods from 1980 to 1990 and 1990 to 2000. During the 1980s many American cities experienced significant turmoil within their industrial base, as craft and assembly production jobs were lost in maturing manufacturing sectors in places like Chicago, Milwaukee (Wisconsin), and Cleveland (Ohio). This process of deindustrialization caused so-called "Rustbelt" cities to experience substantial declines in productive distinctiveness. In the 1990s, however, productive distinctiveness was generally on the upswing, led by fast-growing cities like Raleigh-Durham (North Carolina), Seattle, and Portland (Oregon). Many of these distinctive cities were becoming established centers of "high tech," but also of arts, media and other creative occupations. But importantly, certain slower-growing cities like Cleveland and Detroit boosted their productive distinctiveness during the 1990s by rebuilding their specializations within craft and assembly production occupations. Indeed, this illustrates the diversity of paths taken by cities toward becoming "distinctive cities."

We must note some of the limitations of the analysis presented here. First, our dataset only includes relatively large metropolitan regions – in general, with population levels of approximately one million or more. We suspect that the trends identified here, of an embattled and increasingly contested economic base along side fast-growing locally-oriented occupations, also hold for cities further down the urban hierarchy. Especially for smaller cities with fewer activities in their "portfolio," the tension between specializing and diversifying within their economic base is quite significant. Also, it is open to debate whether the key factors affecting urban distinctiveness, namely capital and labor mobility, are as pronounced within the European context as within the United States. While these dynamics have likely been more dramatic in the United States, we suspect that they will become increasingly important within Europe as well, especially with the recent expansion of the European Union.

Implications for Development Policy

We contend that most cities face challenges of distinctiveness in one way or another, and that distinctiveness is a key to urban resurgence. That said, a highly distinctive city is not necessarily a "good" city in the sense of growth, stability, equity or quality of life. Cities like San Jose have become highly distinctive occupationally within high-tech fields, but face significant challenges of earnings inequality, high cost of living, and congestion. Becoming more distinctive may be a survival strategy for an older industrial city, helping to offset losses in occupations and industries losing competitive share. For highly specialized cities, an optimal growth strategy might actually entail becoming less distinctive. Becoming a favored destination for retirees – which might entail becoming even more residential and less distinctive in other ways – may be a growth and stability strategy for smaller cities. Some highly distinctive cities are the envy of others, but some remarkably diversified cities, quite "average" in their occupational composition, are as well. Being a "distinctive city" should not be an end in itself.

Cities are well-advised to play to their strengths and work actively to develop new ones. These should include their occupational strengths – the institutions that create and nurture human skill (schools, training centers) and organizations that represent and provide networking opportunities among members of occupations (professional associations, labor unions).[7] But this can also involve efforts to promote entrepreneurship, especially in ways that leverage existing technological or industrial knowledge toward new sectors. This can be particularly important in cities specialized in mature industries, where displaced managers and workers can represent a critical resource for regenerating and catalyzing the local economic base. This happened in Seattle in the early 1970s when Boeing employment plunged; many engineers and blue collar workers started new businesses that grew into strengths in medical instruments and software.[8]

Efforts to brand cities or otherwise market them on the basis of distinctive local identities can sometimes help, but only where they are supported by credible, long-term efforts to fulfill the vision embodied through those efforts. For example, the city of Indianapolis (Indiana) attempted to brand itself as the "amateur sports capital" of the United States amid downtown decay in the 1970s, but has largely succeeded in its efforts as a result of significant public, private and philanthropic investments targeted at that goal.[9] In many (if not most) cases, though, branding and place-marketing become a source of "fast policy" for economic development officials, detached from substantive efforts on their part.[10]

But perhaps most importantly, cities should focus on ways to enhance urban livability and quality of life. This means investing in a place's distinctive amenities – whether they are related to arts and culture, the natural or built environment – that foster attachments on the part of existing residents, and help to attract new residents and firms seeking amenity-rich environments.

Having said all of this, there is no recipe to become a "distinctive city." We are encouraged by local efforts, such as those of the IBA 2010 in Saxony-Anhalt, to foster deliberative planning exercises that allow local citizens and policy makers to develop and follow their own paths toward urban regeneration. In an economic development field where mindless groping for "best practice" is too often the norm, such initiatives are to be welcomed.

---

1 This paper draws substantially on theoretical arguments and empirical evidence on the "distinctive city" presented in more detailed form elsewhere. See Markusen, Ann and Schrock, Greg (2006): The Distinctive City: Divergent Patterns in Growth, Hierarchy and Specialization. In: *Urban Studies*, Vol. 43, No. 8 (forthcoming).

2 See Cortright, Joe (2002): The Economic Importance of Being Different: Regional Variations in Tastes, Increasing Returns, and the Dynamics of Development. In: *Economic Development Quarterly*, Vol. 16, No. 1, pp. 3–16. Cortright shows that the distinctive consumption behavior of residents of Portland, Oregon, is closely related to the region's specializations in industries such as recreational equipment, beverages, technology, and environmental products. It is difficult, however, to say which direction the causality actually runs – that is, whether the distinctive local "tastes" actually generated the local specializations, or the other way around.

3 See Granovetter, Mark (1985): Economic Action and Social Structure: The Problem of Embeddedness. In: *American Journal of Sociology*, Vol. 91, No. 3, pp. 481–510.

4 See Markusen and Schrock (2006) for a complete discussion of the data, methods, and findings described in this section.

5 See Markusen, Ann (2004): Targeting Occupations in Regional and Community Economic Development. In: *Journal of the American Planning Association*, Vol. 70, No. 3, pp. 253–268; Thompson, Wilbur and Thompson, Philip (1985): From Industries to Occupations: Rethinking Local Economic Development. In: *Economic Development Commentary*, Vol. 9, pp. 12–18; Feser, Edward (2003): What Regions Do Rather than Make: A Proposed Set of Knowledge-based Occupation Clusters. In: *Urban Studies*, Vol. 40, No. 10, pp. 1937–1958; and Stein, Rolf (2002): Producer Services, Transaction Activities, and Cities:

Rethinking Occupational Categories in Economic Geography. In: *European Planning Studies*, Vol. 10, No. 6, pp. 723–743.

6 See Mather, Vijay (1999): Human Capital-Based Strategy for Regional Economic Development. In: *Economic Development Quarterly*, Vol. 13, No. 3, pp. 203–216; Clarke, Susan E. and Gaile, Gary L. (1998): *The Work of Cities.* University of Minnesota Press, Minneapolis.

7 Elsewhere we have laid out generic occupational assessment tools and related targeting strategies for city and state governments that complement the existing industry-targeting toolkit. See Markusen (2004).

8 See Gray, Mia, Golob, Elyse and Markusen, Ann (1996): Big Firms, Long Arms, Wide Shoulders: the 'Hub-and-Spoke' Industrial District in the Seattle Region. In: *Regional Studies*, Vol. 30, No. 7, pp. 651–666.

9 Rosentraub, Mark S. (2003): Indianapolis, a Sports Strategy, and the Redefinition of Downtown Redevelopment. In: Judd, Dennis R. (ed), *The Infrastructure of Play: Building the Tourist City*, ME Sharpe, Armonk, NY, S. 104–124.

10 See Peck, Jamie (2005): Struggling With the Creative Class. In: *International Journal of Urban and Regional Research*, Vol. 29, No. 4, pp. 740–770; Rantisi, Norma and Leslie, Deborah (2006): Branding the Design Metropole: The Case of Montréal, Canada. In: *Area* (forthcoming).

Kleine und mittelgroße Städte in der wissensbasierten Ökonomie: Herausforderungen und Optionen der Politik

Willem van Winden

Einleitung

Seit längerer Zeit zeigen sich führende Köpfe in Europa besorgt über die vergleichsweise schlechte ökonomische Leistungsfähigkeit des Kontinents hinsichtlich Wachstum und Beschäftigung. Man ist der Überzeugung, Europa solle den Übergang zu einer wissensbasierten Ökonomie beschleunigen, um die Wachstumsraten der USA und der aufstrebenden Länder Asiens zu erreichen. Unter dem Dach der „Agenda von Lissabon" haben sich die europäischen Regierungen zur Erhöhung ihrer Forschungs-, Entwicklungs- und Bildungsausgaben, zur Förderung der wirtschaftlichen Verwertung von Forschung und Innovation und zu verstärktem Investieren in Informations- und Kommunikationstechnologien verpflichtet. Untermauert werden diese Initiativen und Bemühungen der Politik durch den nachgewiesenen Zusammenhang zwischen Produktivitätssteigerung und Forschungs-, Entwicklungs- und Bildungsinvestitionen.[1] Debatten über den Wandlungsprozess hin zu einer wissensbasierten Ökonomie tendieren dazu, sich auf die nationale Wirtschaft und die Reaktionen der nationalen Politik zu konzentrieren. Innerhalb der Länder bestehen jedoch zwischen den urbanen Regionen signifikante Unterschiede in der Leistungsfähigkeit. Am begünstigten Ende des Spektrums befinden sich urbane Regionen, die von der erhöhten Wissensintensität ökonomischer Prozesse profitieren: Sie ziehen erfolgreich Humanressourcen und Investitionen an, schaffen hoch bezahlte Arbeitsplätze und weisen hohe Wachstumsraten und Innovationsniveaus auf. Am anderen Ende finden sich Städte wieder, deren Ökonomien weit von der Entwicklung zu größerer Wissensintensität entfernt sind. Vielmehr sehen sie sich mit Wirtschaftsabschwung und Schrumpfung konfrontiert und verlieren wichtige Humanressourcen.

Zwei Sichtweisen auf die Wissensökonomie

Es existiert keine eindeutige und allgemein akzeptierte Definition der Wissensökonomie. Mindestens zwei Auffassungen koexistieren. Die eine setzt die Wissensökonomie mit Technologie und Innovation gleich. Zentrale Akteure sind hier Hochschulen und Forschungseinrichtungen, die Grundlagen- oder angewandte Forschung leisten. Sie erzeugen Wissen, das letztendlich neue Produkte und Produktionsverfahren sowie Produktivitätssteigerungen herbeiführt. Die Leistung von Nationen oder Regionen lässt sich messen anhand von Patenten, Innovationen und den Ausgaben für Forschung und Entwicklung. Einige Städte – insbesondere jene mit guten Hochschulen und Forschungsinstitutionen – können aus ihrer besonderen Befähigung, neues Wissen hervorzubringen, Nutzen ziehen. Zahlreichen anderen Städten fehlt es jedoch an dieser Gabe und sie müssen sich den Nachteilen stellen: Sie werden Fertigung und einfache Dienstleistungen an andere Länder verlieren und haben wenig Chancen, diese Verluste zu kompensieren. In politischen Kreisen herrscht diese Vorstellung einer „Champions' League" noch vor.

Die zweite Auffassung von wissensbasierter Ökonomie hat eher inklusiven Charakter. Dahlman und Andersson[2] definieren die Wissensökonomie als „eine [Ökonomie], die ihre Organisationen und Menschen dazu ermutigt, kodifiziertes wie stillschweigendes Wissen zu erwerben, zu erzeugen, zu verbreiten und effektiver zugunsten einer stärkeren wirtschaftlichen und sozialen Entwicklung einzusetzen". Ein wesentlicher Unterschied zu der ersten Vorstellung liegt darin, dass nicht nur die Produktion neuen Wissens als Wachstumsstimulus gilt, sondern auch der Erwerb von Fertigkeiten sowie der Einsatz und die Aufwertung von Wissen in ökonomischen Prozessen.

Aus dieser Perspektive betrachtet, stellen sich keineswegs nur Städte mit einer stark formalen Wissensbasis als erfolgreiche Wissensstädte dar, sondern auch jene, die auf fortgeschrittene Dienstleistungen, kreative Industrien oder innovative Fertigungssektoren spezialisiert sind. In unserer Studie orientieren wir uns an diesem eher inklusiven Blickwinkel auf die Wissensökonomie.

Analyserahmen

Wir haben einen Analyserahmen entwickelt, der für das Analysieren und Bewerten der Position urbaner Regionen in der Wissensökonomie hilfreich ist. Er beinhaltet mehrere für die wissensbasierte Stadtentwicklung relevante Elemente. Der Rahmen besteht aus einem „Haus" mit sieben Fundamenten (siehe Abb. 1). Gemeinsam bilden diese den allgemeinen Ausgangspunkt für die Stadt in der Wissensökonomie.

▶ 1. Die Wissensbasis. Die Wissensbasis einer Stadt setzt sich zusammen aus dem Bildungsstand der Bevölkerung und der Qualität von Hochschulen, Bildungsinstitutionen, Forschungs- sowie Entwicklungsaktivitäten (F&E). Die Wissensbasis umfasst jedoch nicht nur das Wissenschaftswissen, sondern ebenfalls Managementwissen, Finanzwissen und Kreativität. Florida[3] verweist diesbezüglich auf die Präsenz einer Klasse von kreativen Menschen, die Software entwickeln, Songs und Geschichten schreiben, Designs entwerfen und neue Wege finden, solche Elemente miteinander zu verbinden.

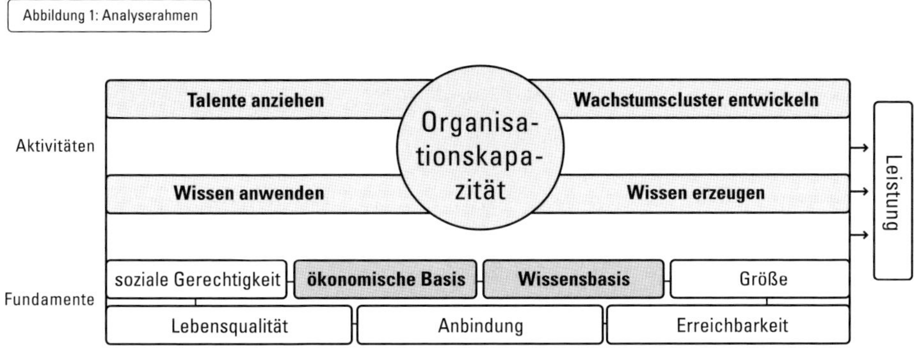

Abbildung 1: Analyserahmen

▶ 2. Die ökonomische Basis. Urbane Regionen mit einer stark von Dienstleistungs-aktivitäten geprägten Ökonomie besitzen oftmals eine bessere Ausgangsposition in der Wissensökonomie als Regionen, die sich auf traditionelle Fertigungs- und Hafenin-dustrien spezialisiert haben. Darüber hinaus sind Städte mit einer diversifizierten Wirt-schaftsstruktur weniger verwundbar bei einem raschen Wandel der ökonomischen Ver-hältnisse. Städte, die von einem einzigen Wirtschaftssekor abhängig sind, können vor gewaltigen sozioökonomischen Problemen stehen, wenn sich ihre Wettbewerbsposi-tion verschlechtert.

▶ 3. Lebensqualität. Sie bildet den Schlüssel für das Anwerben und Halten von Wis-sensarbeitern. Sie umfasst das gebaute Umfeld, das Wohnungsangebot, attraktive Stadtparks, Naturumgebung, Kulturinstitutionen, die Qualität der Gesundheitseinrich-tungen, internationale Schulen und außerdem eine hohe Umweltqualität. Wie wir spä-ter noch sehen werden, bieten unterschiedliche Stadttypen unterschiedliche Aspekte von Lebensqualität, was sich auf ihr Entwicklungspotenzial auswirkt.

▶ 4. Erreichbarkeit. Die Wissensökonomie ist eine vernetzte Ökonomie. Eine gute Erreichbarkeit spielt daher für erfolgreiche Wissensstädte eine entscheidende Rolle. Aspekte hierbei sind der Zugang zu internationalen Flughäfen und Hochgeschwindig-keitszügen (HGZ) sowie ein leistungsstarkes lokales Transportnetz.

▶ 5. Vielfalt. Dies bezieht sich darauf, dass unterschiedliche Kulturen wie auch un-terschiedliche ökonomische Funktionsarten präsent sind. Vielfalt fördert die Kreati-vität. Mehrere Studien belegen, dass urbane Vielfalt Wachstum und Innovation in Städten beflügelt. Sie verstärkt die Öffnung der Stadt für Fremde und trägt dazu bei, Talente von auswärts anzuziehen: Kreativarbeiter bevorzugen inspirierende Städte mit blühendem Kulturleben, internationaler Ausrichtung und einem hohen Maß an Vielfalt.

▶ 6. Größe. Aus mehreren Gründen kommen große urbane Regionen in den Genuss von Skaleneffekten (Größenvorteilen): Dort gibt es einen größeren Markt für spezia-lisierte Dienstleistungen, einen größeren gemeinsamen Pool von Wissensarbeitern und ihre Größe reicht aus für hoch spezialisierte Einrichtungen, wie etwa internatio-nale Schulen, die helfen, Leute aus dem Ausland anzuziehen.

▶ 7. Soziale Gerechtigkeit. Ein hohes Maß an Armut und Ungleichheit ist nicht nur aus einer gesellschaftlichen Perspektive unerwünscht, sondern kann für Städte ebenfalls eine Hürde bei der Entwicklung zur Wissensökonomie darstellen. Ein hohes Maß an Ausgrenzung hat unter Umständen höhere Kriminalitätsraten und größere Unsicher-heit mit vielen negativen Auswirkungen für die Ökonomie zur Folge. Wenn große Tei-le der Bevölkerung vom Wirtschaftsleben ausgeschlossen sind, wird außerdem viel Humankapital vergeudet.

Die sieben Fundamente haben nicht alle dieselbe Wichtigkeit. Als grundlegend kön-nen Wissensbasis und ökonomische Basis gelten: Für Städte ohne solides Niveau in beiden Bereichen wird es schwierig sein, in der Wissensökonomie vorzurücken. Die restlichen fünf Faktoren wirken als Unterstützung der Grundlagen.

Aktivitäten

Was können Politiker in Städten tun, um im Bereich der Wissensökonomie stärker zu werden? Wir unterscheiden vier Typen von Wissensaktivitäten.

▶ 1. Das Erzeugen von neuem Wissen in der Stadt. Dabei kann es sich um reines Wissenschaftswissen ebenso wie andere Wissensformen handeln.

▶ 2. Das Anwenden von Wissen. Dies bezieht sich zum einen auf die Intensität und Qualität der Zusammenarbeit zwischen Wissensinfrastruktur und Unternehmenssektor, was sich in vielen Städten als problematisch erweist, und zum anderen auf den Grad, in dem Unternehmen in der Stadt neues Wissen und neue Konzepte zur Steigerung ihrer Wettbewerbsfähigkeit nutzen können. Kommunalpolitik kann einen Beitrag zu beidem leisten.

▶ 3. Die Anziehungskraft auf Talente. Einige Städte ziehen qualifizierte Kräfte an, während andere einen „brain drain" erleiden.

▶ 4. Das Schaffen neuer Wachstumscluster und Industrien. Dies spiegelt die Fähigkeit der Stadt, ihre ökonomische Basis zu verbreitern oder die Wissensintensität der bestehenden Basis zu steigern. Auch hier bieten sich diverse Instrumente an, um diesen Prozess zu fördern.

Letztes Element des Rahmens ist die Organisationskapazität. Diese bezieht sich auf die Fähigkeit von Kommunalpolitikern, gemeinsam mit relevanten Interessengruppen (Unternehmen, Hochschulen etc.) die Bedingungen für das „Wissenshaus" zu optimieren und geeignete Investitionen vorzunehmen.

Alle Bedingungen zusammengenommen erzeugen etwas, was sich als Leistung bezeichnen lässt. Unsere Hypothese lautet, dass Städte, die in allen „Räumen des Hauses" gut abschneiden, eine vergleichsweise starke ökonomische Leistung aufweisen – in Bezug auf das Wachstum des BIP ebenso wie auf das von Beschäftigung und Produktivität.

Stadttypen

Unterschiedliche Stadttypen spielen unterschiedliche Rollen in der wissensbasierten Ökonomie. Henderson[4] erkennt große Unterschiede in der ökonomischen Funktion und dem Profil von Städten mittlerer Größe einerseits und Großstädten andererseits. In den USA konzentriert sich die standardisierte Produktion vermehrt in mittelgroßen Städten. Dies trifft ebenfalls auf andere Länder zu. Spezialisierte mittelgroße Städte diversifizieren sich im Lauf der Zeit nicht und entwickeln keine weiteren Spezialisierungen, weil Wachstum und Diversifizierung Agglomerationsnachteile (zum Beispiel längere Fahrzeiten für Pendler, mehr Stau und Umweltverschmutzung) mit sich bringen würden, ohne dass zusätzliche Vorteile entstünden. „Wenn wir zwei Städte nehmen – die eine ist spezialisiert auf Nahrungsmittelproduktion, die andere auf Eisen und Stahl – und sie miteinander kombinieren, verlieren beide: Da die Produktionsprozesse nicht zusammenhängen, entsteht kein Produktivitätszuwachs."[5] Größere Städte sind weniger spezialisiert und vermehrt dienstleistungsorientiert, sie besitzen weniger Fertigungsindustrien und haben sich nicht auf einen bestimmten Industriezweig spezialisiert. In diesen Städten machen die Bereiche Finanzwesen, Versicherungen, Immobilien, Verlagswesen, Kunst, Mode, Forschung und Entwicklung einen hohen Anteil aus. Diese Funktionen setzen einen vielfältigen lokalen Arbeitsmarkt voraus, um „die richtigen Leute für den richtigen Job" zu finden, und kennen signifikante Skaleneffekte, die mit der Stadtgröße in Zusammenhang stehen, nicht nur mit der Größe eines Wirtschaftszweiges.[6] Für F&E-Funktionen sind große Stadtgebiete attraktiv, weil sie ein fruchtbares Umfeld für den Austausch von Ideen und einen großen lokalen Testmarkt bieten.

Verfeinerung der Typologie

In unserer Studie haben wir einen Versuch unternommen, Hendersons Dichotomie der Großstädte und Mittelstädte zu verfeinern und eine differenziertere Städtetypologie zu entwickeln. Grundlage sind mehrere Modellstädte unter Verwendung des oben vorgestellten Bezugsrahmens. Die Erarbeitung der Typologie ist hier vorläufig, soll aber helfen, unsere Vorstellungen von den Entwicklungswegen unterschiedlicher Typen von Orten zu strukturieren. In unserer Typologie weist jeder Typus ihm eigene Charakteristika hinsichtlich des oben vorgestellten Bezugsrahmens auf. Die Typen lassen sich in zwei große Kategorien unterteilen: Städte mit Metropolencharakter und Städte ohne Metropolencharakter.

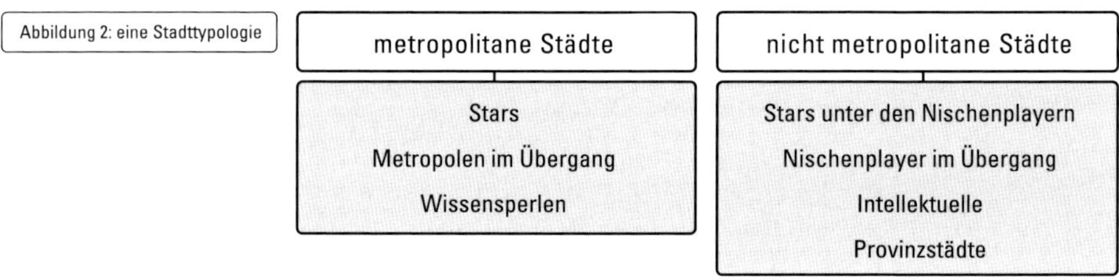

Metropolen können häufig einen hohen Punktestand bei mehreren der für die Wissensökonomie relevanten Grundlagen vorweisen. Sie verfügen über eine hervorragende Anbindung (internationaler Flughafen, HGZ-Bahnhof), eine breite, diversifizierte Wissensbasis, einen großen, differenzierten Arbeitsmarkt und ein hohes Maß an Vielfalt: Sie weisen zahlreiche kulturelle Vorzüge und eine internationale Infrastruktur (Schulen, Clubs etc.) auf, was die Anziehungskraft auf Talente von auswärts steigert.
Innerhalb dieser Gruppe unterscheiden wir drei Untertypen:
▶ „Stars". Beispiele dafür sind Amsterdam, München und Helsinki. Hierbei handelt es sich um Großstädte mit hohem Punktestand in allen „Fundamenten". Ausgestattet mit einer starken, diversifizierten Ökonomie und einer mächtigen Wissensbasis, agieren sie schon lange als intellektuelles Zentrum. Wichtig ist hier, dass sie nicht vom Erbe der Schwerindustrie oder anderer absteigender Sektoren belastet werden.
▶ „Metropolen im Übergang". Beispiele hierfür sind große Industriestädte wie Dortmund, Manchester und Rotterdam. Sie bieten eine städtische Atmosphäre mit vielen

urbanen Vorzügen und sind gut an das internationale Transportsystem angebunden. Gemeinsam ist ihnen das Problem, dass sie von traditionellen Fertigungssektoren dominiert werden, die sich derzeit im Niedergang befinden oder in den letzten Jahrzehnten einen erheblichen Niedergang erlitten haben. Diese Städte sehen sich mit Problemen wie relativ hoher Arbeitslosigkeit und sozialer Ausgrenzung ebenso wie mit relativ großen, wenig ausgebildeten Migrantengemeinschaften konfrontiert. Das Anziehen und Halten von (hoch qualifizierten) Talenten stellt sich für diese Städte als schwierig dar.

▶ „Wissensperlen". Beispiele sind Löwen (bei Brüssel), Oxford und Cambridge (bei London) und vielleicht Heidelberg. Diese Städte sind „großstädtisch" in dem Sinn, dass sie nahe bei einer Großstadt liegen und deren zahlreiche Vorteile nutzen können (kulturelle Einrichtungen, internationaler Flughafen, großer Arbeitsmarkt), ohne aber mit deren Problemen belastet zu sein (Verkehrsstaus, Umweltverschmutzung, Kriminalität). Typischerweise besitzen diese Städte renommierte Hochschulen, die als Magnet auf Studenten, Akademiker und wissensintensive Unternehmen wirken. Traditionell ziehen sie von überall Spitzenwissenschaftler und Studenten an und bilden häufig wissenschaftliche Exzellenzzentren von Weltgeltung mit bedeutenden ökonomischen Spin-offs.

Die nicht-metropolitanen urbanen Regionen (Abb. 2, rechte Spalte) sind klein und nicht in der Nähe einer Großstadt gelegen. Vielfach fungieren sie als Provinzzentrum oder regionale Hauptstadt. Hinsichtlich unserer Fundamente kann sie das benachteiligen: Es mangelt ihnen an schnellen internationalen Anbindungen; sie weisen einen relativ kleinen Arbeitsmarkt sowie mangelnden Zugang zu großstädtischen Annehmlichkeiten und internationalen Infrastrukturen auf. Andererseits bieten diese Städte typischerweise eine ruhige Atmosphäre und viel Grün, während die Belastung des Stadtgebiets und die Kriminalitätsraten niedrig sind, auch die Lebenshaltungskosten fallen dort relativ niedrig aus. Weiterhin zeichnen sie sich durch eine starke örtliche Gemeinschaft mit Identitätsempfinden aus. Charakteristisch für diese Regionen ist eine hohe Organisationskapazität. Die führenden Köpfe in Unternehmen, Akademien und Kommunalverwaltung kennen einander meist gut und sind in der Lage und willens, gemeinsam zum Nutzen der Region zu handeln.

Innerhalb dieser Kategorie unterschieden wir vier Untertypen:

▶ „Stars unter den Nischenplayern": Dies sind Städte, die sich auf eine oder wenige erfolgreiche wissensbasierte Industrien stark spezialisiert haben. Als Beispiele lassen sich Eindhoven (Niederlande) oder Oulu (Finnland) anführen. Typisch ist eine ausgezeichnete Zusammenarbeit zwischen Unternehmen, Hochschulen und Kommunalverwaltung. Unsere Befragung ergab, dass persönliche und institutionelle Netzwerke sehr dicht sind. In diesen Städten gibt es einen gemeinsamen Stolz auf die Stadt und ein Gefühl lokaler Identität. Auch sind die Schlüsselakteure willens, zum Wohl der Stadt Projekte in Angriff zu nehmen. Große multinationale Unternehmen spielen eine wichtige Rolle, zum Beispiel Philips in Eindhoven oder Nokia in Oulu.

▶ „Nischenplayer im Übergang": In vielerlei Hinsicht ähneln sie den „Stars unter den

Nischenplayern". Ein entscheidender Unterschied ist ihre viel schwächere industrielle Struktur, entweder aufgrund des Erbes niedergehender Industrien oder weil ein Unternehmen fehlt, das als treibende Kraft auf die Ökonomie wirkt. Beispiele sind Enschede (Niederlande) und Aachen (Deutschland). Diese Städte tendieren zu vergleichsweise hoher Arbeitslosigkeit und einem hohen Grad an sozialer Ausgrenzung. Zwar ziehen sie mit ihren Hochschulen Studenten an, haben aber aufgrund ihrer schwachen industriellen Struktur Schwierigkeiten, Talente zu binden. Für diese Städte stellt die (technische) Hochschule den Schlüssel für die Stadtentwicklung dar.

▶ „Intellektuelle". Als Beispiele lassen sich Münster (Deutschland) und Groningen (Niederlande) nennen. Typisch für diese Städte sind ihre relativ geringe Größe und die Dominanz einer großen „allgemeinen" Hochschule. Einen großen Teil der Stadtbevölkerung machen die Studenten aus, an deren Bedürfnissen und Vorlieben sich die Einrichtungen in diesen Städten sehr stark ausrichten. Eines ihrer Probleme liegt darin, wie sie aus ihrer Wissensbasis Kapital schlagen können. Der Interaktionsgrad von universitären Forscherteams und lokalen Unternehmen ist aufgrund der schmalen industriellen Basis der Stadt vergleichsweise niedrig.

▶ „Provinzstädte". Diese Kategorie umfasst eine große Bandbreite kleiner und mittelgroßer Städte ohne ausgesprochene ökonomische Spezialisierung oder spezialisierte Wissensbasis. Einige von ihnen haben sich spezialisiert, etwa auf den Tourismus, doch viele dienen eigentlich als zentraler Marktort für die ländlichen Gebiete der Umgebung. Die Vitalität einiger jener Städte ist durch den wachsenden Trend zur Mega-Urbanisierung bedroht: Der Niedergang von Landwirtschaft und Fertigung sowie der Trend hin zur Wissensökonomie ziehen immer mehr junge Leute ab, die in größere Städte abwandern.

Die hier vorgeschlagene Typologie ist eine vorläufige und bedarf natürlich weiterer Ausarbeitung. Sie stellt einen ersten Schritt dar, um einige entscheidende Unterschiede bezüglich der Situation und Betrachtungsweise von verschiedenen Stadttypen in der Wissensökonomie hervorzuheben. Beabsichtigt war ebenso wenig eine statische Bestandsaufnahme: Mit der Zeit können Städte zu einem anderen Typus überwechseln, entweder infolge starker, konsequenter Interventionen der Politik oder aber durch Veränderungen der Technologie- und Wirtschaftsstruktur. Dabei liegen manche Verschiebungen näher und sind wahrscheinlicher als andere. Provinzstädte werden sich kurzfristig wohl kaum in Großstädte verwandeln. „Metropolen im Übergang" können in den Rang der „Stars" aufsteigen, wenn es ihnen gelingt, ihr Defizit an Lebensqualität zu beheben und mit ihrem ökonomischen Erbe effektiv umzugehen. Einige Städte haben hier bereits einen weiten Weg zurückgelegt: Gut dokumentierte Beispiele in Europa sind Glasgow (Großbritannien), Antwerpen (Belgien), Lille (Frankreich) und Manchester (Großbritannien). Ein ähnlicher Weg ist für „Nischenplayer im Übergang" möglich, wenn sie ihre Industriestruktur erfolgreich verbessern und sie auf ihre Wissensbasis ausrichten. Für kleinere Städte bietet sich außerdem eine strategische Zusammenarbeit mit anderen Städten an, beispielsweise indem sie sich Einrichtungen teilen, gemeinsam Lobbyarbeit betreiben oder indem sie die Forschungs- und

Bildungsprogramme ihrer Hochschulen aufeinander abstimmen. Dies können erste Schritte zur Überwindung ihrer Größennachteile sein.

Einige wichtige Aspekte für die Politik

Für die Politik weist diese Vielfalt darauf hin, dass Ansätze von unten nach oben wirksamer sein können als nationale Maßnahmen, die von oben nach unten arbeiten. Regionale und städtische Akteure kennen die jeweiligen Chancen und Gefahren am besten. Ihr Wissen, ihre Energie und ihre Netzwerke sollten nationale Regierungen vermehrt nutzen und daraus Kapital schlagen. Sie können Städte zum Entwickeln regionaler Public-Private-Partnership-Strategien ermutigen und diese Strategien in vielfältiger Weise unterstützen. Die französische und die niederländische Regierung haben sich diesen Ansatz kürzlich zu Eigen gemacht.

Unsere Studie lässt darauf schließen, dass der Übergang hin zur Wissensökonomie Verschiebungen im urbanen System Europas auslöst. International eingebundene Großstadtgebiete mit einer diversifizierten Ökonomie, einer starken Wissensbasis und hohen Lebensqualität scheinen die beste Position zu haben. Abbildung 3 untermauert das Argument, dass die wissensbasierte Ökonomie eine starke Verbindung zu Großstädten hat: Sie zeigt, dass große Städte erheblich schneller gewachsen sind als durchschnittliche Städte des jeweiligen Landes.

Abbildung 3: Stadtwachstum und nationales Wachstum: BWS-Wachstum 1995–2001 in den 40 größten Städten Europas

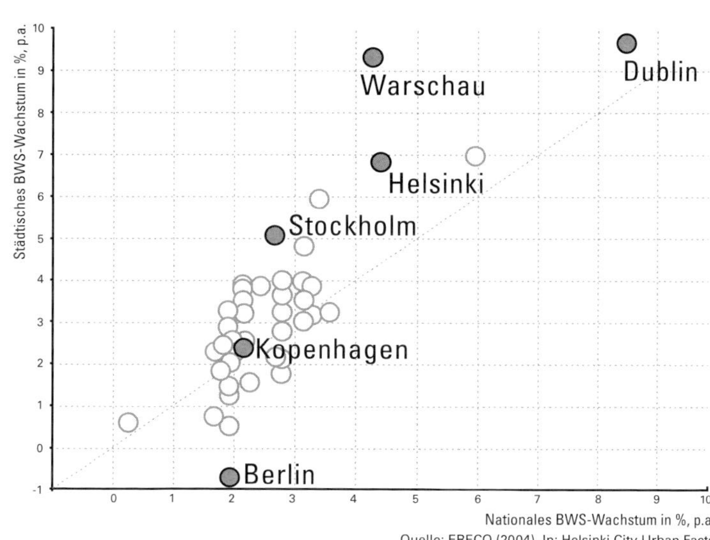

Quelle: ERECO (2004). In: Helsinki City Urban Facts

In den kommenden Jahren wird sich die relative Situation großer Städte vermutlich weiter verbessern: Im Zuge der zunehmenden Internationalisierung von Forschung und Business stellen ihre kulturelle Vielfalt und ihre Erreichbarkeit eindeutig Pluspunkte dar, die Unternehmen und Menschen von auswärts anlocken. Zudem werden sie vom Trend zur verstärkten Kooperation von Hochschulen und Unternehmen profitieren, denn sie sind auf beiden Seiten stark. Wenn dies zutrifft, lautet eine Schlüsselfrage für die nationalen Regierungen, ob sie die Gewinner weiter fördern – diese Strategie scheint an Boden zu gewinnen – oder ob sie die Verlierer unterstützen sollen, anders ausgedrückt, ob sie in bereits kräftig prosperierende Orte oder in schwächere Gebiete investieren sollen.

Eine Förderung der Gewinner würde die Konzentration von Humankapital und wissensintensiven Unternehmen in bereits erfolgreichen Ballungsgebieten beschleunigen. Sie würden noch attraktiver für Investoren aus dem Ausland. Diese Art von Konzentration hat allerdings ihren Preis, der sich in Überlastung und Überbeanspruchung zeigt. Außerdem würde die Wissensbasis von Provinzstädten weiter erodieren und die räumliche Ausgewogenheit gestört werden.

Die Situation der nicht-metropolitanen urbanen Regionen braucht die gezielte Aufmerksamkeit der Politik. Sie sind ein sehr wichtiger Bestandteil des urbanen Systems in Europa und haben typischerweise eine wichtige Funktion für das ausgedehnte Hinterland. Um die Lebenskraft jener Städte zu schützen, müssen Maßnahmen zur Verstärkung ihrer Spezialisierung erarbeitet werden.

Spezialisierung und Networking

Um räumliche Ausgewogenheit aufrecht zu erhalten, können Regierungen kleinere Städte dazu ermutigen, bestimmte Nischen und Spezialisierungen kreativ zu entwickeln und strategische Partnerschaften mit anderen Städten einzugehen. Oder sie können direkt in jenen Bereichen investieren, in denen die Region Potenzial aufweist. Dadurch können sie in einigen spezifischen Bereichen die für die Wissensökonomie vermehrt notwendige „kritische Masse" erzeugen.

Städte sollten gezielt Nischen oder Cluster identifizieren und die Ausrichtung von Forschung und Bildung an den Stärken des lokalen Unternehmenssektors fördern, so dass beide sich durch Rückkopplung gegenseitig stärken. Sie können mit Stadtmarketing und modernen Brandingtechniken die Stadt unter Berücksichtigung ihrer Einzigartigkeit und Identität promoten. Dafür bedarf es eines kooperativen Ansatzes, wobei die relevanten Interessengruppen auszumachen und in die Maßnahmenerstellung und -durchführung einzubinden sind.

Das Vernetzen mit anderen Städten stellt eine weitere Möglichkeit für kleinere Städte dar, um in der wissensbasierten Ökonomie voranzukommen. Statt Raum in Bezug auf Einzelstädte oder einzelne Stadtregionen zu definieren, lassen sich Regionen durchaus auch im Hinblick auf ihren Zugang zu spezialisierten Wissensressourcen begreifen. Aus dieser Perspektive betrachtet, weist das urbane System Europas umfassende Wissensnetzwerke mit enormen Wissensressourcen und großem Wissenspotenzial auf. Würden diese Ressourcen besser aufeinander abgestimmt, ließe sich das Potenzial vollständig ausschöpfen. Eine der großen Aufgaben der Städte, vor allem unmittelbar nebeneinander liegender, besteht darin, ihr Vorgehen zu optimieren und die sinnlose Nullsummenkonkurrenz aufzugeben.

Die kommunalen Entscheidungsträger werden nun schon von einigen Unternehmen dazu gedrängt, ihre Stärken aufeinander abzustimmen, um ein günstigeres Forschungsumfeld zu schaffen: So ermutigte der Elektronikkonzern Philips kürzlich die Städte Eindhoven, Aachen und Löwen dazu, die Speerspitzen ihrer F&E- und Bildungsaktivitäten aufeinander abzustimmen.

1   Ark, B. van (2000): Measuring Productivity in the New Economy: Towards a European Perspective. In: *Economist*, Bd. 148, Nr. 1, S. 87–105.
2   Dahlman, Carl und Andersson, Thomas (2000): *The Korean Knowledge Economy*, IBRD, Weltbank, OECD.
3   Florida, Richard (2002): *The Rise of the Creative Class:* Basic Books, New York.
4   Henderson, V. (1997): Medium Sized Cities. In: *Regional Science and Urban. Economics*, Bd. 27, S. 583–612.
5   Henderson, *Medium Sized Cities*, S. 594.
6   Henderson, *Medium Sized Cities*, S. 600.

Small and Medium-Sized Cities in the Knowledge-Based Economy: Challenges and Policy Options

Willem van Winden

Introduction

For some time now European leaders have been concerned about the continent's relatively poor economic performance in terms of growth and employment. It is believed that Europe should speed up its transition towards a "knowledge-based economy" in order to match the growth levels of the US and emerging Asian countries. Under the umbrella of the "Lisbon Agenda", Europe's governments are committed to increasing their spending on R&D and education, to promoting the commercialization of research and innovation, and to investing more in information and communication technologies. These initiatives and policy efforts are underpinned by evidence of the relation between productivity growth and investments in R&D and education[1].

Debates about the transition process towards a knowledge-based economy tend to focus on national economies and national policy responses. Within countries, however, there are significant differences in performance between urban regions. At the sunny end of the spectrum we find urban regions that benefit from the increased knowledge-intensity of economic processes: they manage to attract human resources and investments, create high-level jobs and show high growth rates and innovation levels. At the other end, we find cities whose economies are far from becoming more knowledge-intensive: rather, they face economic decline and degradation and are losing vital human resources.

Two perspectives on the knowledge economy

There is not a single and widely accepted definition of what a knowledge economy is. At least two perspectives co-exist. In one, the knowledge economy is equaled with technology and innovation. Central actors are universities and research establishments that conduct fundamental or applied research. They produce the knowledge that, in the end, leads to new products, production methods and growth of productivity. The performance of nations and regions can be measured in terms of patents, R&D spending and innovations. Some cities – in particular those with good universities and research institutions – may benefit from their particular ability to produce new knowledge. Many other cities however lack such endowments and have to face the negative side: they will lose manufacturing and lower level services to other countries and have few opportunities to compensate for this loss. In policy circles, this "champion's league" perspective is still dominant.

A second perspective on the knowledge-based economy is more inclusive. Dahlman and Andersson[2] define the knowledge economy as "one that encourages its organizations and people to acquire, create, disseminate and use (codified and tacit) knowledge more effectively for greater economic and social development." An essential difference to the first perspective is that not only the production of new knowledge is regarded as a stimulus of growth, but also the use and valorization of it in economic processes and the acquisition of skills.

From this point of view, not necessarily only cities with a strong "formal" knowledge base but also those specialized in advanced services, creative industries or innovative manufacturing sectors may emerge as successful "knowledge cities." In our study, we adhere to this more inclusive perspective on the knowledge economy.

Frame of analysis

We have developed a framework of analysis that helps to evaluate and judge the position of urban regions in the knowledge economy. It contains a number of elements that are relevant for knowledge-based development in cities. The frame consists of a house with seven foundations (see figure 1). Together, they constitute the overall point of departure for a city in the knowledge economy.

Figure 1: Frame of analysis

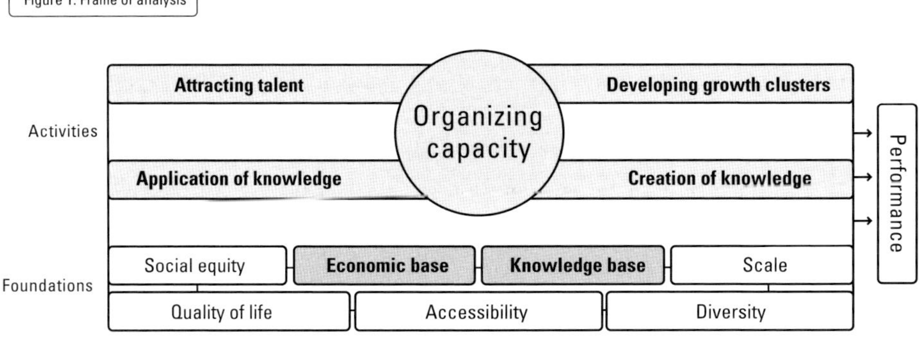

▶ 1. The knowledge base. Elements of a city's knowledge base are the level of education of the population, the quality of the universities and educational institutions and R&D activities. However, the knowledge base not only comprises scientific knowledge but also managerial, financial knowledge and creativity. Florida[3] refers in this respect to the presence of a class of creative people who write software, songs and stories, create designs and discover new ways to combine elements like these.

▶ 2. The economic base. Urban regions with an economy dominated by service activities often have a better starting position in the knowledge economy than those specialized in traditional manufacturing and port industries. Moreover, cities with a diversified economy are less vulnerable under rapidly changing economic circumstances. Cities depending on a single economic sector can be confronted with huge socio-economic problems when its competitive position is weakening.

▶ 3. Quality of life. This is the key to attracting and retaining knowledge workers. It comprises the built environment, the housing stock, attractive city parks, natural surroundings, cultural institutions, the quality of health care facilities, international schools, but also a high environmental calibre. As we will see later on, different types of cities offer different aspects of quality of life; this has an impact on their development potential.

▶ 4. Accessibility. The knowledge economy is a networked economy. A high level of accessibility is therefore crucial for successful knowledge cities. Aspects of accessibility are access to international airports and high-speed-train (HST) connections as well as efficient local transportation networks.

▶ 5. Diversity. This refers to the presence of different cultures and also different types of economic functions. Diversity promotes creativity. Several studies found that urban diversity fosters growth and innovation in cities. It increases the openness of the city for foreigners and helps to attract talented people from abroad: creative workers prefer inspiring cities with a thriving cultural life, an international orientation and high levels of diversity.

▶ 6. Scale. For several reasons, larger urban regions enjoy scale economies: there is a larger market for specialised services, a larger common pool of knowledge workers, and they have sufficient scale to support highly specialized amenities, such as international schools which help to attract people from abroad.

▶ 7. Social equity. High levels of poverty and inequality are not only undesirable from a societal perspective, but they can also be a barrier for cities to develop in a knowledge economy. High levels of exclusion may bring on more crime and a higher level of insecurity, with many negative economic implications; also, if large parts of the population are excluded from economic life, a lot of human capital is wasted.

The seven foundations do not all have the same importance. The knowledge base and economic base can be considered fundamentals: cities without sound scores in these fields will find it very difficult to thrive in the knowledge economy. The other five factors can be characterized as supportive: they add extra strength to the fundamentals.

Activities

What can policy makers in cities do to become stronger in the knowledge economy? We discern four types of "knowledge activities".

▶ 1. The creation of new knowledge in the city. This may be pure scientific knowledge, but also other types of knowledge.

▶ 2. The application of knowledge. This refers to the intensity and quality of cooperation between the knowledge infrastructure and the business sector, which is a problem in many cities, and also to the degree to which companies in the city manage to apply new knowledge and concepts to improve their competitiveness. City policy can contribute to both.

▶ 3. The attraction of skilled people. Some cities attract talent, whereas others face a "brain drain".

▶ 4. The creation of new growth clusters and industries. This reflects the ability to broaden the urban economic base or to increase the knowledge-intensity of the existing base. Also here, various policy instruments are available to promote this process.

The final element of the framework is the "organizing capacity". This refers to the ability of urban policy makers, together with relevant stakeholders (firms, universities etc.), to optimize the conditions of the "knowledge house" and to make the appropriate investments.

In the end, all conditions taken together produce something that can be called "performance". Our hypothesis is that cities that score high on all "chambers of the house" will show a relatively strong economic performance – in terms of GDP growth as well as employment and productivity growth.

City types

Different types of cities play a different role in the knowledge-based economy. Henderson[4] finds big differences in the economic function and profile of medium sized cities on the one hand and large cities on the other. In the US, standardized production is more heavily concentrated in medium sized cities. This holds true for other countries, too. Over time, specialized medium sized cities do not diversify and develop more specializations, because growth and diversification would bring diseconomies of agglomeration (for instance increasing commuting times, congestion and pollution) without bringing extra advantages. "If we take two cities, one specialized in food production and the other in iron and steel and combine them, everybody loses: since the production processes are unrelated, there are no productivity gains."[5] Larger cities are less specialized and more service oriented, they have less manufacturing industries and they are not specialized in one specific industry; these cities have relatively high shares in finance, insurance, real estate, publishing, the arts, fashion and R&D. These functions require a diverse local labor market to hire the "right people for the right job" and experience significant scale economies related to urban size, not just industry size.[6] For R&D functions, large urban areas are attractive because they offer a fruitful environment for the exchange of ideas, and because they provide a large local "test market".

Refining the typology

In our study, we have made an attempt to refine Henderson's dichotomy of large cities and medium sized cities and develop a more elaborate typology of cities. It is based on a number of case-cities using the framework of reference discussed above. Making a typology is tentative but also helpful to structure our thinking about development paths of different sorts of places. In our typology each type has typical characteristics in terms of the frame of reference discussed above. The types are separated into two broad categories: Metropolitan and non-metropolitan cities.

Metropolitan cities tend to have a high score concerning a number of "foundations" relevant for the knowledge economy. They have a high level of accessibility (international airport, HST connections), a large and diversified knowledge base, a big and diverse labor market, and high levels of diversity: They have many cultural amenities and an international infrastructure (schools, clubs, etc.) which makes it easier to attract talent from abroad.

Within this group, we discern three subtypes:

▶ Stars. Examples are Amsterdam, Munich and Helsinki. These are large cities with a high score on all the "foundations". They are endowed with a strong and diversified economy, a strong knowledge base and have a long-standing role as an intellectual center. Importantly, they do not suffer from a legacy of heavy industries or other declining sectors.

▶ "Metropolises in transition". Examples are big industrial cities such as Dortmund, Manchester and Rotterdam. They offer an urban atmosphere with many urban amenities, and they are well accessible and connected to international transport systems. They share the problem of being dominated by traditional manufacturing sectors that are in decline or that strongly declined during the last decades. Those cities face problems like relatively high rates of unemployment and social exclusion as well as relatively large low-skilled migrant communities. Attracting or keeping "talent" (the highly skilled) is a problem for these cities.

▶ Knowledge pearls. Examples are Leuven (near Brussels); Oxford and Cambridge (close to London) and perhaps Heidelberg. These cities are "metropolitan" in the sense that they are located near a major city and enjoy many of its benefits (its amenities, an international airport, a big labor market) without having its problems (congestion, pollution, crime). Typically, these cities have renowned universities, which are magnets for students, academics and knowledge-intensive businesses. Historically, they attract top scientists and students from everywhere and often develop scientific centers of excellence of world reputation, with significant economic spin-offs.

The *non-metropolitan* urban regions (on the right hand side of figure 2) are small and not located close to a major city. In many cases, they function as a provincial center or regional capital. In terms of our foundations, this can put them at a disadvantage: they lack fast international connections; they have a relatively small labor market, a lack of access to metropolitan amenities and international infrastructures. On the other hand, these cities typically offer a quiet and green atmosphere, they have low levels of congestion and crime, and relatively low costs of living. Also, there is a strong local community and a sense of identity. Typically, the organizing capacity of these regions is strong. Leaders from business, academia and local government tend to know one another well and they are able and ready to act jointly for the benefit of the region.
Within this category, we discern four subtypes:
▶ "Star niche players": cities that are strongly specialized in one or a few successful knowledge-based industries. Examples are Eindhoven (Netherlands) or Oulu (Finland). Typical for these cities is the excellent cooperation between businesses, university and local government. Our interviews revealed that personal and institutional networks are very dense, there is a shared feeling of local pride and identity, and key actors are willing to embark on projects for the benefit of the city. Big multinationals play an important role (Philips in Eindhoven, Nokia in Oulu)
▶ "Niche players in transition": those cities are similar in many respects to the "star niche players". One crucial difference is their much weaker industrial structure, either because of a legacy of declining industries or because of the absence of a company that works as a driving force for the economy. Examples are Enschede (Netherlands) and Aachen (Germany). These cities tend to have relatively high unemployment rates and high levels of social exclusion. They attract students to their universities, but have difficulties in retaining talent because of the weaker industrial structure. For these cities, the (technical) university is the key asset for urban development.
▶ "Intellectuals". Examples are Münster (Germany) and Groningen (Netherlands). It is typical for these towns that they are relatively small, and dominated by a big "general" university. The student population makes up a large part of the city, and the amenities in these cities are highly geared towards their needs and preferences. One problem for these cities is how to capitalize on their knowledge base. Levels of interaction between university research teams and local businesses are comparatively weak because of the small industrial basis in the city.
▶ Provincial towns. This category includes a wide variety of small and medium sized cities without an outspoken economic specialization or a specialized knowledge base. Some of them are specialized (for instance in tourism), but many of them rather serve as a central market place for the surrounding rural area. The vitality of some of those

cities is threatened by the increasing trend of mega-urbanization: the decline of agriculture and manufacturing and the tendency towards the knowledge economy increasingly draws young people away to the larger cities.

The typology proposed here is preliminary and certainly needs further elaboration. It is a first step to highlight some crucial differences in the position and perspective of different types of cities in the knowledge economy. It is not meant to be a static account either: over time, cities may move from one type to the other, either because of strong and consistent policy interventions or because of structural technological and economic changes. Some shifts are more likely and probable than others, however. Evidently, provincial towns cannot hope to become metropolitan areas at short notice. "Metropolises in transition" may shift towards a "star" status when they manage to repair their quality of life deficit and deal effectively with their economic legacy. Some cities have already moved far along this road: Well-documented European examples are Glasgow, Antwerp, Lille and Manchester. Likewise, "niche players in transition" may take a similar path, when they manage to upgrade their industrial structure and align it with their knowledge base. Also, smaller cities may engage in strategic cooperations with other cities, for instance by sharing facilities, joint lobbying, or by aligning the research and education programmes of their universities. These may be first steps to overcoming their scale disadvantages.

Some policy issues

For policy, this diversity suggests that approaches from bottom to top may be more effective than national policies, which work from top to bottom. Regional/urban actors know best what the specific opportunities and threats are. To capitalize on this, national governments could make more use of their knowledge, energy and networks; they could encourage cities to develop regional strategies in public private partnerships, and support these strategies in different ways. The governments of the Netherlands and France have recently adopted this approach.

Our study suggests that the transition towards a knowledge economy is causing shifts in Europe's urban system. The internationally connected metropolitan areas with a diversified economy, a strong knowledge base and a high quality of life seem to be in the best position. Figure 3 supports the argument that the knowledge-based economy has a big city bias: It shows that larger cities have grown substantially faster than the average cities in their respective countries.

In the coming years, these cities' relative position is likely to improve further: with increasing internationalization of research and business, their cultural diversity and accessibility are clear assets to attract (foreign) firms and people. Also, they will benefit from the trend of the improving cooperation between universities and businesses, because they are strong on both sides. If this is true, a key policy question for national governments is whether to back the winners (a strategy that seems to be gaining ground) or help the losers, or, in other words, whether to invest in the already thriving places or in the weaker areas.

"Backing the winners" would speed up the concentration of human capital and knowledge-intensive businesses in already thriving metropolitan areas; these regions could become even more attractive for investments from abroad. This kind of concentration comes at a price, too, which shows in the form of congestion and crowding out effects. Additionally, it may further erode the knowledge base of provincial cities and disrupt the spatial balance.

The position of non-metropolitan urban regions needs specific policy attention. They are a vital part of Europe's urban system and typically have an important function for large hinterlands. To safeguard the vitality of these cities, policies need to be formed that strengthen their specialization.

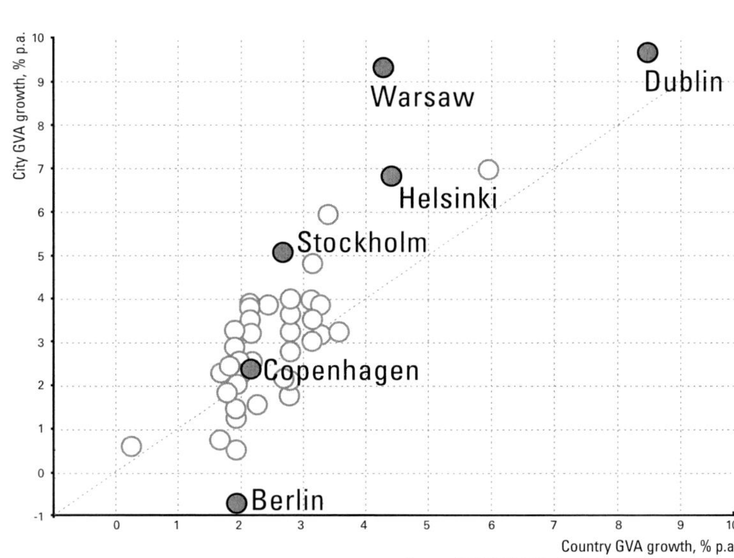

Figure 3: City growth and national growth: GVA growth 1995-2001 in the 40 largest European cities

Source: ERECO (2004). In: Helsinki City Urban Facts

Specialization and networking

In order to maintain a spatial balance, governments could encourage smaller, non-metropolitan cities to develop specific niches and specializations in a creative way, and to engage in strategic partnerships with other cities. Or, they could directly invest in facilities in fields where the region shows potential. By doing this, they may create critical mass in some specific fields, which is increasingly needed in the knowledge economy.

Cities should identify specific niches or clusters and promote the alignment of research and education with the strengths of the local business sector, so that the two can reinforce each other. They can use modern city marketing and branding techniques to promote the city, taking into account the cities' uniqueness and identities. For this, a cooperative approach is needed and the relevant stakeholders should be identified and involved in policymaking and implementation.

City networking is another way for smaller cities to thrive in the knowledge-based economy. Rather than defining space in terms of individual cities or city regions, it is possible to conceive of regions in terms of access to specialized knowledge resources. Looking at Europe's urban system in this way, Europe has large knowledge networks with enormous knowledge resources and potential. If these resources were better aligned with each other, the potential could be fully reaped. One of the great tasks for the cities, especially if located close to each other, is to streamline their actions and give up their futile zero-sum competition.

Some companies are starting to push local authorities to align their strengths in order to create a more favorable research environment: The electronics company Philips recently encouraged the cities of Eindhoven, Aachen and Leuven to align their R&D and education spearheads.

1   Ark, B. van (2000): Measuring Productivity in the New Economy: Towards a European Perspective. In: *Economist*, Vol. 148, No. 1, pp. 87–105.

2   Dahlman. Carl and Andersen, Thomas (2000): *The Korean Knowledge Economy*, IBRD, Worldbank, OECD.

3   Florida, Richard (2002): *The Rise of the Creative Class*: Basic Books, New York.

4   Henderson, V. (1997): Medium Sized Cities, In: *Regional Science and Urban. Economics*, Vol. 27, pp. 583–612.

5   Henderson, *Medium Sized Cities*, p. 594.

6   Henderson, *Medium Sized Cities*, p. 600.

Urban Branding, Imagebildung und regionales Wachstum

Ole B. Jensen

In Zusammenhang mit der Berliner Gewerbeausstellung schrieb Georg Simmel bereits 1896: „Wo die Concurrenz inbezug auf Zweckmäßigkeit und innere Eigenschaften zu Ende ist – und oft genug schon vorher – muss man versuchen, durch den äußeren Reiz der Objecte, ja sogar durch die Art ihres Arrangements das Interesse der Käufer zu erregen."[1] Dies weist eindeutig eine Affinität zur gegenwärtigen Situation auf, in der dem Image der Stadt die gleiche Bedeutung zuzukommen scheint wie den physischen Merkmalen des Ortes. Der vorliegende Text behandelt Urban Branding (städtische Markenbildung) als Instrument zur Gestaltung urbaner Unverwechselbarkeit.

Anmerkungen zur gegenwärtigen urbanen Situation

Die Welt ändert sich rasant. Mindestens während der letzten drei Jahrzehnte hat sich die Gesellschaft in einer neuartigen Weise gewandelt, für die es kaum historische Präzedenzfälle gibt. Harvey spricht von einem Übergang vom Fordismus zur „flexiblen Akkumulation", um die Veränderungen des organisatorischen und räumlichen Rahmens des Kapitalismus zu erfassen.[2] Die Weise, in der Kapital in seiner veränderten Beziehung zwischen dem Materiellen und dem Immateriellen funktioniert, verlangt ebenfalls nach neuen Begrifflichkeiten, wenn beispielsweise Lash und Urry eine neue Herrschaft der „reflexiven Akkumulation"[3] ausmachen. Im Bemühen, die Beziehung zwischen Städten und ihrer ökonomischen Wettbewerbsfähigkeit zu erfassen, haben sich Theoretiker verschiedentlich für ein erneuertes Verständnis der „wissensbasierten Ökonomie"[4] und des „Informationsmodus" des Kapitalismus[5] ausgesprochen.

„Schau, keine Fabriken mehr!" – Freizeit und Event-Städte in der Erlebnisökonomie

Trotz massiver Ungleichheit und sozialen Problemen hat der globale Wandel den sozialen Akteuren gänzlich neue „Werkzeuge" für das Ausbilden von Identitäten und deren Verknüpfung an die Hand gegeben. So leben wir in der „Erlebnisgesellschaft", in der sich das Grundanliegen von der Subsistenz hin zur „Sinnstiftung" mittels der Suche nach immer stimulierenderen Erlebnissen verlagert.[6] In dem Ausruf „Schau, keine Fabriken mehr!"[7] identifiziert Short ein beherrschendes Thema für die urbane Umstrukturierung und das Branding von Städten in den USA. Laut Pine und Gilmore[8] kennzeichnet unsere Ökonomie, dass sie eine „Erlebnisökonomie" darstellt. Durch Hinzufügen der symbolischen Dimension einer angenehmen Caféatmosphäre multipliziert sich das Umsatzpotenzial einer gewöhnlichen Tasse Kaffee.[9] Mit den Worten von Lash und Urry: „…viele Städte werden gegenwärtig nicht in erster Linie als Produktionszentren, sondern als Konsumzentren neu strukturiert."[10] Außerdem stellen die innovativen Wege, ehemals getrennte Konsum- und Freizeitorte zu neuen „fun scapes“ (Vergnügungslandschaften) zu verschmelzen, die Vorstellung von Urbanität infrage, eröffnen jedoch auch neue Branding-Möglichkeiten.

Wissensstadt, lernende Region und unternehmerische Stadt

In den 1990er Jahren erhielt jene akademische Literatur Auftrieb, die Regionalentwicklung mit den Themenkomplexen Innovation und Lernen verknüpfte.[11] Teilweise greift dieses Einordnen der Stadt in eine neue globale wissensbasierte Ökonomie auf Theorien der „Innovationscluster“ zurück.[12] Eine solche Vorstellung betont, dass eine verstärkt informelle und räumlich orientierte Form von Marktorganisation an Wichtigkeit gewonnen hat. Die Vielzahl der Initiativen und strategischen Reaktionen auf die Situation eines intensivierten globalen Wettbewerbs der Städte hat den Begriff der unternehmerischen Stadt[13] entstehen lassen. Nach dem Vorbild von Joseph Schumpeter[14], dem Unternehmenstheoretiker par excellence, treten Hall und Hubbard für eine Verständigung darüber ein, wie diese „wirtschaftsorientierte“ Form urbaner Governance mit einer breiteren kulturellen Komponente zusammenhängt und somit Ökonomie, Verwaltung und Kultur mit einem neuen Typus von „policy narrative“ (politischer Erzählung) verbindet.[15] In ihrer Auseinandersetzung mit dem „Verkaufen der unternehmerisch denkenden Stadt“ machen Hall und Hubbard einen Prozess sozialer Ausgrenzung aus, der tendenziell einseitig die beherrschenden sozialen Schichten begünstigt – in Westeuropa und Nordamerika vorwiegend wohlhabende Weiße.[16]

Kulturstädte, Kreativstädte und der Aufstieg der neuen „kreativen Klasse“

Als Folge der globalen Verschiebungen und Transformationen existiert ein Diskurs um die „Kreative Stadt“, der durch die Debatten unter Stadtvätern, Entwicklern, Politikern, Planern und weiteren urbanen Interessengruppen an Wert gewinnt. Neue Planungsrahmen für die „Kulturplanung“[17] und ein gesteigertes Bewusstsein für die Bedeutung von Innovation, Kunst und kreativen Kapazitäten in der Stadt sind auf breiter Basis festzustellen.[18] Die Forschung zeigt somit die Wichtigkeit der Kultur für das erfolgreiche Gestalten der urbanen Ökonomie von heute auf.[19] Ebenfalls existiert ein gesteigertes Bewusstsein dafür, dass Kunst und Business in der neuen urbanen Wettbewerbsökonomie zusammen gehören.[20] Dieses Einverständnis verläuft parallel zu der Entwicklung und dem Marketing eines der weithin bekanntesten Konzepte in diesem Bereich, nämlich jenem der neuen „kreativen Klasse“.[21]

Diese gegenwärtigen Transformationsprozesse bilden gemeinsam den Hintergrund für das Verständnis von Urban Branding als einem Instrument zur Gestaltung urbaner Unverwechselbarkeit.

Urban Branding und das „Verkaufen“ der Stadt

Die Literatur über städtische Markenbildung ist umfangreich, als Ausgangspunkt lässt sich aber festhalten, dass Urban Branding selektives „Geschichtenerzählen“ ist oder der Versuch, die Stadt zu re-imaginieren. Bei Urban Branding geht es somit um das Prägen von Konzepten und das Artikulieren von Unterschieden. In diesem Licht betrachtet, ist Urban Branding eine Art evokatives Geschichtenerzählen, das darauf abzielt, seine Rezipienten zu „lehren", die Stadt auf eine bestimmte Weise zu sehen. Das Branding zur Identitätskonstruktion meint aber auch Branding für das, was Czarniawska „alterity construction" (Konstruktion von Andersartigkeit) nennt.[22] Mit Czarniawska gesprochen, gibt es keinerlei Grund anzunehmen, die Frage „Wem ähnele ich nicht?" sei weniger interessant und wichtig als die Frage „Wem ähnele ich?". In den Bereich des Urban Branding übertragen, bedeutet dies zu verstehen, wie die Stadtmanager ihre Stadt nicht nur im Hinblick auf jene Städte repräsentieren, mit denen sie gerne verglichen würden, sondern – ebenso wichtig – auch auf jene, in deren Gesellschaft sie sich nicht wieder finden möchten! Beim Urban Branding geht es um das Gestalten des „urban imaginary" (Imaginationen der Stadt, Vorstellungen von der Stadt), wobei höchstwahrscheinlich mehrere solcher Imaginationen nebeneinander bestehen, die häufig um die Vorherrschaft konkurrieren.[23]

Urban Branding, in den 1990er Jahren als Standortmarketing bezeichnet, ist eine Antwort auf den intensivierten interurbanen Wettbewerb. Dieser Trend führt die Stadtverwaltungen zu stärker unternehmens- und marktorientierten Formen des kommunalen Managements. In der Stadtlandschaft haben industrielle Altflächen den Blick urbaner Interessengruppen und Entwickler auf sich gezogen. Gleiches gilt für die Hafenviertel der alten Transporthäfen, die sich im Zuge der Zentralisierung des Massen- und Warentransports über den Wasserweg in Großhäfen verwandeln – was das Branding-Potenzial der Hafenränder enorm steigert. Der Versuch, Städte in einer Marktwirtschaft attraktiv zu machen, ist keineswegs neu, doch existiert nun ein gesteigertes Bewusstsein für die strategische und professionalisierte Dimension solcher Urban-Branding-Aktivitäten. Abgesehen von einem „Produkt, das sich verkaufen lässt" müssen Stadtmanager und -politiker beim Institutionalisieren neuer Branding-Praktiken die „Organisationskapazität" berücksichtigen.[24] Solch strategisches Denken erweitert sich gegenwärtig und schließt neben den „harten" ökonomischen Fakten und Infrastrukturen die „weichen" Dimensionen urbaner Lebensqualität mit ein.[25]

Auf komplexe Weise gibt die Branding-Strategie somit Zeugnis davon, wie die „Stadt aus Worten" die „gebaute Stadt" überlagert.[26] In diesem Sinn sind Urban Branding und das Gestalten und Umgestalten des „urban imaginary" als „Stadt als Text" wie auch als „Text als Stadt" aufzufassen. In einem dynamischen Prozess sozio-räumlicher Dialektik wird die Stadt zum Gerüst, auf dessen physische Oberfläche neue Formen des globalen Wettbewerbsspiels einbeschrieben werden, während zugleich die Stadt in Bildern, Texten und Logos artikuliert und repräsentiert wird und somit in eine gegenständliche Logik urbaner Intervention eingebettet ist.

Es gibt mehrere Unterschiede zwischen dem Branding eines Standorts oder einer Stadt und jenem „einfacher" Industrieartefakte oder -erzeugnisse. Zum einen ist da die Anzahl der Interessengruppen und ihrer Belange.[27] Zweitens gibt es die herausfordernde Aufgabe, lokale Werte dergestalt auszuhandeln, dass in ihrem Brennpunkt eine vor Ort legitimierte Wertebasis steht – eine Aufgabe, mit der man beim Branding marktgängiger Industrieprodukte schwerlich konfrontiert wird, selbst angesichts der Ansprüche des „grünen" oder des „politischen Verbrauchers". Drittens muss das Branding von Standorten zwangsläufig auf bestehende Bilder des Ortes und die historischen ortsbezogenen Identitäten „aufsetzen", die im Standort verankert sind. Ein

Industrieprodukt lässt sich durchaus am Markt einführen, ohne dass die Verbraucher vorher irgendwelche Kenntnisse darüber besitzen. Viertens existiert eine differenziertere „Verbraucher"-Segmentierung, da Urban Branding so unterschiedliche Gruppen wie potenzielle Investoren, Bewohner und Touristen bedienen muss. Wolff Olins, „Meister" des Urban und Regional Branding, beschreibt den Unterschied zwischen dem Branding eines Produkts und dem einer Region so:

„Es ist ein großer Unterschied, ob man eine Region als Marke entwickelt oder ein Unternehmen oder Produkt. Produktmarken müssen nur einer Zielgruppe gefallen, den Verbrauchern. Die Bohnen in der Dose braucht man nicht fragen, was sie von dem Label halten. Unternehmensmarken müssen schon mehreren Zielgruppen gefallen, wie etwa Eigentümern, Managern, Angestellten und Kunden. Noch komplexer ist das Branding einer geografischen Einheit, insbesondere wenn dabei nationale Charakteristika und Bindungen berücksichtigt werden. Marken, die eine ganze Bevölkerung einbeziehen, benötigen deren Zustimmung."[28]

Das Branding von Städten ist, wie bereits erwähnt, nicht nur eine Frage von ökonomischen Wachstumschancen. Erheblich mehr steht auf dem Spiel, da das Gestalten des Standorts und das Erzählen der Marke die Frage aufwerfen, für wen diese eigentlich bestimmt sind. Geht es beim Urban Branding um das Imaginieren einer urbanen Zukunft, steht die Frage im Raum, wer diese leben wird und welche Wertebasis ihr zugrunde liegt. Darüber hinaus ist das „Leben der Marke" eine Frage des Rechtes, urbane Identitäten zu definieren.[29]

Dieses Verständnis städtischer Marken als einheitliche Drehbücher, die urbanes Leben regeln, macht die Frage danach, wer das Skript schreibt und wer die „Helden" und die „Schurken" in der aufgeführten Alltagsgeschichte sind, aus der Perspektive von Macht und sozialer Ausgrenzung bedeutsam. Überflüssig ist hier zu erwähnen, dass es keinen Automatismus gibt, der die Bewohner einer bestimmten Stadt oder Region nach den zugrunde liegenden Prinzipien der Markenvision handeln lässt. Andererseits kommt van Hams Drehbuch-Metapher dem Punkt nahe, dass „urbane Erzählungen" im Allgemeinen und Marken im Besonderen dergestalt funktionieren, dass sie die Imaginationen der Stadt antreiben und damit ebenfalls das mehr oder weniger bewusste Übereinkommen darüber, was es bedeutet, in ihr zu leben. Schließlich gibt es auch noch den eher instrumentellen Weg, bei dem Marken und „Erzählungen" das „legitime Vokabular" bilden, an dem man sich orientieren muss, um politische Vergünstigungen oder ökonomische Unterstützung zu erlangen.

Krantz & Schätzl verweisen darauf, dass Stadtmarketingstrategien und Urban Branding als eine Facette der Neuorientierung des öffentlichen Sektors hin zum Markt aufzufassen sind.[30] Somit lässt sich Urban Branding wahrnehmen als Bestandteil der Umsteuerung der Verwaltungen hin zu flexibleren Marktprinzipien in der Kommunalpolitik bzw. zum New Urban Management. Short formuliert die Problematik von Urban Branding und Stadtmarketing neu, indem er die grundsätzliche Frage stellt: „Wie verstehen wir Städte?"[31] Hier lautet das Argument, dass die Begriffe, in denen wir Städte fassen, die Visionen und Marken definieren. Somit haben wir über unser „räumliches Vokabular" nachzudenken.

Schlussbemerkungen

Wie aus diesem Kapitel hervorgeht, sollte das Branding eine Bestandsaufnahme der maßgeblichen lokalen Identitäten leisten. Zudem lohnt sich in einem europäischen Kontext neoliberaler Deregulierung der Hinweis, dass die „welfare city" – die „sozialstaatliche Stadt" – sich durchaus als Aktivposten, statt als Bürde begreifen lässt, denn: „Die sozialstaatliche Stadt funktioniert!"[32] Ebenso wichtig ist, dass die sozialstaatliche Stadt einige der urbanen Qualitäten repräsentiert, zugunsten derer Branding-Experten argumentieren. Nach dem Branding-Kritiker Joel Kotkin stehen Städte vor zwei Optionen: Entweder arbeiten sie daran, in Bezug auf Arbeitsplätze wettbewerbsfähiger zu werden, oder sie richten alternativ ihre Anstrengungen darauf, „Laufställchen für reiche Faulenzer, eine rastlose Jugend und Touristen" bereitzustellen.[33] Letzteres wird als „Brot-und-Spiele"-Strategie aufgefasst, die Touristen- und Kulturstädte beim Branding gern befolgen, indem sie sich ähnelnde urbane Landschaften oder „Potemkin'sche Dörfer" schaffen, das heißt Fassaden von städtischem Flair ohne echtes Leben dahinter. Gestützt auf die kritische Betrachtung von Erfahrungen mit Urban Branding in Amerika tritt Kotkin stattdessen dafür ein, dass Städte „mit ihren Basics arbeiten", wie öffentliche Sicherheit, Verordnungen, Steuern und Stadtreinigung und Gesundheit. Anders ausgedrückt: eine Strategie mit weniger Branding und dafür größerer Konzentration auf die grundlegenden städtischen Qualitäten. Dieses Kapitel ist nicht gegen Urban Branding gerichtet, sondern setzt sich für eine Branding-Praxis ein, die an ein sinnvolles Ausgabenniveau angepasst ist, so dass öffentliche Mittel für den Alltagsbedarf der Stadt verbleiben. Dies impliziert ein Denken, das die Möglichkeiten, nicht die Bürden der „sozialstaatlichen Stadt" sieht. Sie ist sozial integrierend und strategisch klug! Außerdem ergaben Forschungen aus dem kanadischen Kontext, dass ein Branding in Bezug auf „harte" Standortfaktoren wie Infrastruktur oder Vorteile wie Steuervorschriften nicht ausreicht, ein deutlicher zusätzlicher Wert wird nämlich durch Gesundheit, soziale Stabilität und Bildungseinrichtungen geschaffen – Schlüsselcharakteristika der „sozialstaatlichen Stadt" also.[34]

Das Verknüpfen von Branding und „welfare city" ist eine Strategie, Branding hat jedoch auch mit dem Vermitteln zwischen einer Markenbildung „von oben" und einer Markenbildung „von unten" zu tun. Es besteht die reale Gefahr der „Markenentfremdung" statt der Entwicklung populärer „Erzählungen" von sozio-räumlicher Identifikation. Dies bedeutet, dass Urban Branding und Kulturplanung die örtlichen Gegebenheiten berücksichtigen müssen. Es existiert keinerlei mechanischer Zusammenhang zwischen Hochglanzmarken und den gelebten Realitäten des städtischen Alltags. In Wirklichkeit führen viele Urban-Branding-Konzepte zu nichts anderem als teurem Wunschdenken. In diesem Zusammenhang sollte unbedingt die Tatsache beachtet werden, dass Stadtbewohner die diversen Repräsentationen und Bilder ihrer Stadt wirklich „ausleben" – nicht auf eine einfache abgeleitete Weise, sondern in einem komplexen Ausdruck der Bedeutung der zirkulierenden Ideen und Marken für das Alltagsverständnis. Sie tragen positiv oder negativ zur lokalen und regionalen Identitätswahrnehmung bei. Somit besteht die Notwendigkeit, Urban Branding aus den Firmenquartieren heraus- und in die lokale und regionale Öffentlichkeit hineinzutragen. Wir müssen Beteiligung der Bürger, öffentliche Stimme und Toleranz gegenüber Verschiedenheit als die neue

Grundlage und Wertebasis für Branding als regionale Wachstumsagenda begreifen. Diese Aspekte bilden die Kernpunkte der „good urban governance" und sind sorgfältig zu erwägen, wenn städtische Markenbildung im Bemühen um die Herausbildung urbaner Unverwechselbarkeit in den Werkzeugkasten regionaler Wachstumsagendas und -strategien hineingepackt werden soll.

Anmerkung des Verfassers
Dieses Kapitel basiert auf dem Plenarreferat „Branding the Contemporary City – Urban Branding as Regional Growth Agenda?", das bei der Regional Studies Associations Conference „Regional Growth Agendas" vom 28. bis 31. Mai 2005 in Aalborg in Dänemark gehalten wurde.

1   Simmel, Georg: Die Berliner Gewerbeausstellung. In: *Die Zeit* (1896). Zitiert nach: Rammstedt, Otthein (Hrsg.), *Georg Simmel Gesamtausgabe*. Suhrkamp Frankfurt 2005. Bd. 17, S. 37.

2   Harvey, David (1990): *The Condition of Postmodernity. An Inquiry into the Origins of Cultural Change*. Backwell, Oxford, S. 41.

3   Lash, Scott und Urry, John (1994): *Economies of Signs and Space*. Sage Publications, London, S. 60.

4   Jessop, Bob (2004): Recent Societal Change: Principles of Periodization and Their Application on the Current Period. In: Nielsen, T., N. Albertsen und Hemmersham, P. (Hrsg.) (2004), *Urban Mutations. Periodization, Scale, Mobility*, Arkitektskolens Forlag, Aarhus, S. 49.

5   Siehe Castells, Manuel (1996): The Information Age: Economy, Society and Culture. In: Castells, Manuel (Hrsg.), *The Rise of the Network Society*. Blackwell, Bd. 1, Blackwell, Oxford.

6   Schulze, Gerhard (1992): *Die Erlebnisgesellschaft. Kultursoziologie der Gegenwart*. Campus Verlag, Frankfurt/Main.

7   Short, John R. (1999): Urban Imagineers: Boosterism and the Representation of Cities. In: Jonas, Andrew E. G. und David Wilson (Hrsg.), *The Urban Growth Machine. Critical Perspectives, Two Decades Later*, State University of New York Press, New York, S. 45.

8   Pine, Joseph B. und Gilmore, James H. (1999): *The Experience Economy. Work Is Theater & Every Business Is a Stage*. Harvard Business School Press, Boston, S. 6–14.

9   Pine, Gilmore, *The Experience Economy*.

10 Lash, Urry, *Economies of Signs and Space*, S. 216.

11 Lorenzen, Mark (1999): *Regional Competitiveness, Localised Learning and Policy*. Dept. of Industrial Economics and Strategy, Arbeitspapier Nr.: 99–13, Kopenhagen, S. 3.

12 Maskell, Peter und Lorenzen, Mark (2004): The Cluster as Market Organisation. In: *Urban Studies*, Bd. 41, Nr. 5/6, S. 991–1009.

13 Hall, Tim und Hubbard, Phil (1998): The Entrepreneurial City and the „New Urban Politics". In: Hall, Tim und Hubbard, Phil (Hrsg.), *The Entrepreneurial City. Geographies of Politics, Regime and Representation*. John Wiley & Sons, Chichester, S. 1–27.

14 Siehe Schumpeter, Joseph A. (1943/1996): *Capitalism, Socialism and Democracy*. Routledge, London.

15 Siehe Hall, Hubbard, *The Entrepreneurial City*.

16 Hall, Hubbard, *The Entrepreneurial City*, S. 28.

17 Kunzmann, K. (2004): Culture, Creativity and Spatial Planning. In: *Town Planning Review*, Bd. 75, Nr. 4, S. 383–404.

18 Siehe Landry, Charles (2000): *The Creative City. A Toolkit for Urban Innovators*. Earthscan, London.

19 Siehe Stevenson, Deborah (2003): *Cities and Urban Cultures*. Open University Press, Maidenhead; Thorsby, David (2001): *Economics and Culture*. Cambridge University Press, Cambridge.

20 Siehe Caves, Richard (2000): *Creative Industries: Contracts between art and commerce*, Harvard University Press, Harvard.

21 Florida, Richard (2002): *The Rise of the Creative Class – and How It's Transforming Work, Leisure, Community and Everyday Life*. Basic Books, New York, S. 11.

22 Czarniawska-Joerges, Barbara (2002): *A Tale of Three Cities. Or the Glocalization of City Management*. Oxford University Press, Oxford.

23   Greenberg, M. (2000): Branding Cities. A Social History of the Urban Lifestyle Magazine. In: *Urban Affairs Review*, Bd. 36, Nr. 2, November 2002, S. 228.

24   van den Berg, L. und Braun, E. (1999): Urban Competitiveness, Marketing and the Need for Organising Capacity. In: *Urban Studies*, Bd. 36, Nr. 5/6, S. 988.

25   Greenberg, *Branding Cities*, S. 250.

26   Greenberg, *Branding Cities*, S. 230.

27   Therkelsen, Anette und Halkier, Henrik (2004): Umbrella Place Branding. A Study of Friendly Exoticism and Exotic Friendliness in Coordinated National Tourism and Investment Promotion, SPIRIT Diskussionspapier Nr. 26/2004, Center for International Studies, Aalborg, S. 4–6.

28   Olins, Wolff (2005): *Øresund. The Human Capital*, www.wolff-olins.com/oresund.htm.

29   van Ham, P. (2002): Branding Territory: Inside the Wonderful Worlds of PR and IR Theory. In: *Journal of International Studies*, Bd. 31, Nr. 2, S. 266.

30   Krantz, M. und Schätzl, L. (1997): Marketing the City. In: Jensen-Butler, C. Shacher, A. und Weesep, J. v. (Hrsg.), *European Cities in Competition*. Avebury, Aldershot, S. 469.

31   Short, *Urban Imagineers*, S. 38.

32   Kiib, H. (2004): The Consumption Landscapes of the Welfare City. In: Bech-Danielsen, C., Jensen, O. M., Kiib, H. und Marling, G. (Hrsg.), *Urban Lifescape. Space, Lifestyle, Consumption*. Aalborg University Press, Aalborg, S. 14–33.

33   Siehe Kotkin, J. (2005): The Rise of the Ephemeral City. In: Metropolis Magazine, 18. April 2005, www.metropolismag.com.

34   Gertler, M. S. (2004): *Creative Cities: What Are They For, How Do They Work and How Do We Build Them?* Canadian Policy Research Network Inc. (CPRN), Hintergrundpapier F/48, Ottawa, S. 7.

Urban Branding, Image Formation and Regional Growth

Ole B. Jensen

In relation to the Berlin Trade Exhibition Georg Simmel wrote as early as 1896 – "where competition no longer operates in matters of usefulness and intrinsic properties, the interest of the buyer has to be aroused by the external stimulus of the object, even in the manner of its presentation."[1] Clearly this has an affinity to the contemporary situation where the image of the city seems to be as important as the physical attributes of the place. This text explores urban branding as an instrument for shaping urban distinctiveness.

Notes on the contemporary urban situation

The world is changing rapidly. At least during the last three decades society has changed in novel ways that do not seem to have much historical precedence. Harvey speaks of a transformation from Fordism to "flexible accumulation" as a way of understanding the transformations of the organizational and spatial frame of capitalism.[2] But also the way capital works in its changed relationship between the material and the immaterial has called for new terminologies, as for example when Lash and Urry identify a new regime of "reflexive accumulation."[3] Several theorists have argued for a renewed understanding of the "knowledge-based economy,"[4] and the "informational mode" of capitalism[5] trying to capture the relationship between cities and their economic competitiveness.

"Look, no more factories!" – Leisure and event cities in the experience economy
Despite massive inequalities and welfare problems, the global shift has given social
agents completely new "tools" for constructing identities and relating to one another.
Thus we are living in the *Erlebnisgesellschaft* where the primary concern shifts from
subsistence to "making sense" through seeking ever more stimulating experiences.[6]
Short identifies a predominant theme in the urban re-structuring and the branding of
US cities as "Look, no more factories!"[7] According to Pine & Gilmore[8] the hallmark of
our economy is that it is an "experience economy". Adding the symbolic dimension of a
nice café atmosphere makes the ordinary cup of coffee multiply the revenue potential.[9]
In the words of Lash and Urry: "… many towns and cities are being reconstructed not
primarily as centers of production but consumption."[10] Furthermore, the new ways of
merging former separated spaces of consumption and leisure into new "fun scapes"
challenges the notion of urbanity but also offers new branding opportunities.

Knowledge city, the learning region and the entrepreneurial city
There has been an upsurge in the academic literature linking regional development
to issues of innovation and learning during the 1990's.[11] Part of this framing of the
city in a new global knowledge-based economy draws upon theories of "clusters of
innovation."[12] Such a notion stresses the increased importance of understanding a
more informal and territorially based form of market organization. The number of strategic and proactive responses to the situation of increased global urban competition
has given rise to the notion of the "entrepreneurial city."[13] Taking their cue from the
entrepreneurial theorist par excellence, Joseph Schumpeter,[14] Hall & Hubbard argue
for an understanding of how this "business-oriented" form of urban governance relates to a wider cultural component and, thus, links economy, governance, and culture with a new type of policy narrative.[15] In their discussion of "selling the entrepreneurial city", Hall & Hubbard identify a process of social exclusion that tends to be
biased in favour of the social groups in power – in Western Europe and North America predominantly the white and wealthy.[16]

Culture cities, creative cities and the rise of the new "creative class"
As a consequence of the global shifts and transformations there is a discourse of
the "creative city" which gains currency by means of articulation and re-articulation
amongst city fathers, developers, politicians, planners and other urban stakeholders.
New planning frames for "cultural planning"[17] and an increased awareness of the importance of innovation, art and creative capacities in cities is widely noticed.[18] Research
thus indicates the importance of culture in the making of successful contemporary
urban economies.[19] Also, there is an increased awareness of the notion that art and
business are joining forces in the new urban competitive economy.[20] These understandings go alongside the development (and marketing) of one of the most widely
known concepts in this field, namely that of the new "creative class."[21]
These contemporary transformation processes all make the backcloth for understanding urban branding as an instrument for shaping urban distinctiveness.

Urban branding and selling the city

The literature on urban branding is extensive, but as a point of departure it can be postulated that urban branding is selective "story-telling" or attempts to reimagine the city. Urban branding has thus to do with coining concepts and articulating differences. Seen in this light, urban branding is a sort of evocative story-telling aimed at "teaching" its recipients to see the city in a particular way. However, branding for identity construction also means branding for what Czarniawska calls "alterity construction".[22] In Czarniawska's words; there is no reason to believe that the question "Who am I unlike?" should be less interesting and important than the question "Who am I like?" Translated to the field of urban branding this means understanding how city managers represent their cities with an eye not only on the cities they would like to be compared to but, equally important, to the ones they would like not to be in the company of! Urban branding has to do with shaping the "urban imaginary", where there most likely will be a number of coexisting urban imaginaries – often competing against each other for hegemony.[23]

Urban branding or place marketing (as it was labelled in the 1990's) is a response to increased interurban competition. A tendency that leads urban governments towards more entrepreneurial and market oriented forms of urban management. In the urban landscape industrial brown-field sites have captured the eyes of the urban stakeholders and developers. But also the waterfronts of the old transport harbors are transforming into larger harbors as a result of the centralization of bulk and goods water transport – making the branding potential of harbor fronts immense. There is nothing new in the attempt to make cities attractive in a market economy, but there is now an increased awareness of the strategic and professionalized dimension to such urban branding activities. Hence, apart from a "product that can be sold", urban managers and politicians also need to be considering the "organizing capacity" for institutionalizing new branding practices.[24] Such strategic thinking is furthermore being broadened out from the hard economic figures and infrastructures to also include the "softer" dimensions of urban liveability.[25]

In a complex manner the branding strategy thus bears witness to the way in which the "word city" is overlaying the "built city".[26] In this sense urban branding and the shaping and reshaping of the urban imaginary must be understood as "cities-as-texts" as well as "texts-as-cities". In a dynamic process of socio-spatial dialectics, the city becomes the frame upon which its physical surface is inscribed by new ways of "playing" the global competitive game at the same time as the city is articulated and represented in images, texts and logos and, thus, embedded in a representational logic of urban intervention.

There are a number of differences when the branding object is a location or a city, and not a "simple" industrial artefact or product. One thing is the number of stakeholders and their related interests.[27] Secondly, there is the challenging task of negotiating local values in such fashion as to focus on a locally legitimate value base. A task one hardly faces when branding marketable industrial products, even in the context of "green consumer demands" or "political consumers." Thirdly, branding places inevitably has to "write on top" of existing notions of place and the historical place-based identities anchored in the location. An industrial product might be introduced to the market without any prior knowledge of it amongst the consumers. Fourthly, there is a more diverse segmentation of "consumers" as urban branding has to serve diverse groups of potential investors, residents, and tourists. The "master" of urban and regional branding, Wolff Olins, describes the difference between branding a product and a region as follows: "There's a big difference between branding a region and a company or a product. Product brands only have to please one audience, consumers. You don't have to ask the beans in the can how they feel about the label. Corporate brands have more audiences to please, such as owners, managers, workers and customers. Branding a geographical entity is still more complex, especially when it involves national characteristics and loyalties. Brands that involve whole populations need popular permission."[28]

The branding of cities is, as has already been noted, not just a question of economic growth opportunity. Much more is at stake as the framing of places and the narration of the brand begs for the question of who will actually "live the brand"? If urban branding is about imagining an urban future there is an issue of who will perform this and in accordance with which value base. Furthermore "living the brand" is a question of the right to define urban identities.[29]

Clearly this understanding of urban brands as uniform scripts regulating urban living makes the question of who writes the script, and who are the "heroes" and "villains" in the performed everyday story important from the perspective of power and social exclusion. Needless to say, there is no automation in making inhabitants of a particular city or region perform according to the funding rationale of the brand vision. On the other hand, van Ham's "script" metaphor is getting close to the point that urban narratives in general and brands in particular work in the way that they are fuelling the urban imaginary and thus also the more or less self-conscious understanding of what it means to live in the city. Finally, there is also the more instrumental way where brands and narratives can operate as the "legitimate vocabulary" that one must adhere to in order to get political favours or economic subsidiary.

Krantz & Schätzl point to the fact that city marketing strategies and urban branding must be understood as a facet of the new orientation from the public sector towards the market.[30] Thus urban branding can be seen as part of the urban government's reorientation towards more flexible forms of market principles in public policy, or New Urban Management. Short reframes the question of urban branding and city marketing by asking the profound question, "How do we understand cities?"[31] The argument here is that the way we conceptualize cities determines how we might articulate visions and brands. We thus need to think about our "spatial vocabulary".

Concluding remarks

As argued throughout the chapter, branding should take stock of prevailing local identities. Furthermore, in a European context of neo-liberal deregulation it is worth stressing that the "welfare city" might be seen as an asset rather than a burden. One point is that the "Welfare city works!"[32] But it is just as important that the "welfare city" epitomizes some of the urban qualities that the branding experts are arguing in favor of. According to branding critic Joel Kotkin, cities face two options; either to work to become more competitive in terms of jobs or alternatively to refocus their efforts on providing "playpens for the idle rich, the restless young and tourists."[33] This latter strategy is perceived as a "bread and circus" strategy that tourist and culture branding cities often follow when creating similar urban landscapes or "potemkin cities" – that is facades of flashy urbanism without real life behind them. Based on a critical reading of the American urban branding experience, Kotkin instead argues in favour of cities to "work on their basics", like public safety, regulations, taxes and sanitation. In other words a strategy of less branding and more focus on the standard urban amenities. This Chapter argues – not against urban branding – but for a branding exercise that is scaled to a sensible level of expenditure, leaving public funds for the everyday needs of the city. This implies thinking about the "welfare city" in terms of potential rather than as a burden. It is socially inclusive and strategically smart! Furthermore, research from the Canadian context shows that branding in relation to "hard" assets such as infrastructure or technical assets such as tax regulation do not suffice, as there is a clear added value in referring to health, social stability and education facilities.[34] Key markers of the "welfare city" one might add.

Linking branding to the "welfare city" is one strategy. However, branding also has to do with mediating between branding "from above" and branding "from below". Here there is a real risk of producing "brand alienation" instead of stories of socio-spatial identification with a broader appeal. This means that urban branding and cultural planning must face the local. There is no such thing as a mechanic relationship between the glossy brands and the lived realities of urban everyday life. In fact, much urban branding leads to no more than expensive wishful thinking. However, having said that it is important to take notice of the fact that urban dwellers actually "live out" the various representations and images of their cities. Not in a simple deduced manner, but in a complex expression of the importance of circulating ideas and brands to everyday life understandings. They contribute (positively or negatively) to the local and regional perception of identity. Thus, there is a need to take urban branding out of the corporate quarters and into the local and regional publics. We need to think in terms of public participation, voice, tolerance of difference as the new rationale and value base for branding as a regional growth agenda. These issues are at the crux of "good urban governance" and should be considered carefully if urban branding is to be added to the toolbox of regional growth agendas and strategies in attempt to shape urban distinctiveness.

Authors note

This chapter is based on the plenary paper „Branding the Contemporary City – Urban Branding as Regional Growth Agenda?" given at the Regional Studies Associations Conference "Regional Growth Agendas", Aalborg 28–31 May 2005

1   Simmel, Georg (1991): *The Berlin Trade Exhibition, Theory, Culture & Society*, Vol. 8, No. 8, p. 122.
2   Harvey, David (1990): *The Condition of Postmodernity. An Inquiry into the Origins of Cultural Change*. Backwell, Oxford, p. 41.

3   Lash, Scott, Urry, John (1994): *Economies of Signs and Space*. Sage Publications, London, p. 60.

4   Jessop, Bob (2004): Recent Societal Change: Principles of Periodization and Their Application on the Current Period. In: Nielsen, T., Albertsen, N. and Hemmersham, P. (ed.) (2004) *Urban Mutations. Periodization, Scale, Mobility*, Arkitektskolens Forlag, Aarhus, p. 49.

5   Castells, Manuel (1996): The Information Age: Economy, Society and Culture. In: Castells, Manuel (ed.), *The Rise of the Network Society*. Blackwell, Vol. 1, Blackwell, Oxford.

6   Schulze, Gerhard (1992): *Die Erlebnisgesellschaft. Kultursoziologie der Gegenwart*. Campus Verlag, Frankfurt/Main.

7   Short, John R. (1999): Urban Imagineers: Boosterism and the Representation of Cities. In: Jonas, Andrew E. G., Wilson, David (ed..), *The Urban Growth Machine. Critical Perspectives, Two Decades Later*, State University of New York Press, New York, p. 45.

8   Pine, Joseph B., Gilmore, James H. (1999): *The Experience Economy. Work Is Theater & Every Business Is a Stage*. Harvard Business School Press, Boston, pp. 6–14.

9   Pine, Gilmore, *The Experience Economy*.

10   Lash, Urry, *Economies of Signs and Space*, p. 216.

11   Lorenzen, Mark (1999): *Regional Competitiveness, Localised Learning and Policy*. Dept. of Industrial Economics and Strategy, Working Paper No.: 99–13, Copenhagen, p. 3.

12   Maskell, Peter, Lorenzen, Mark (2004): The Cluster as Market Organisation. In: *Urban Studies*, Vol. 41, Nos. 5/6, pp. 991–1009.

13   Hall, Tim, Hubbard, Phil (1998): The Entrepreneurial City and the "New Urban Politics". In: Hall, Tim, Hubbard, Phil (ed.), *The Entrepreneurial City. Geographies of Politics, Regime and Representation*. John Wiley & Sons, Chichester, pp. 1–27.

14   Schumpeter, Joseph A. (1943/1996): *Capitalism, Socialism and Democracy*. Routledge, London.

15   Hall, Hubbard, *The Entrepreneurial City*.

16   Hall, Hubbard, *The Entrepreneurial City*, p. 28.

17   Kunzmann, K. (2004): Culture, Creativity and Spatial Planning. In: *Town Planning Review*, Vol. 75, No. 4, pp. 383–404.

18   Landry, Charles (2000): *The Creative City. A Toolkit for Urban Innovators*. Earthscan, London.

19   Stevenson, Deborah (2003): *Cities and Urban Cultures*. Open University Press, Maidenhead; Thorsby, David (2001): *Economics and Culture*. Cambridge University Press, Cambridge.

20   Caves, Richard (2000): *Creative Industries: Contracts between art and commerce*, Harvard University Press, Harvard.

21   Florida, Richard (2002): *The Rise of the Creative Class – and How It's Transforming Work, Leisure, Community and Everyday Life*. Basic Books, New York, p. 11.

22   Czarniawska-Joerges, Barbara (2002): *A Tale of Three Cities. Or the Glocalization of City Management*. Oxford University Press, Oxford.

23   Greenberg, M. (2000): Branding Cities. A Social History of the Urban Lifestyle Magazine. In: *Urban Affairs Review*, Vol. 36, No. 2, November 2002, p. 228.

24   van den Berg, L., Braun, E. (1999): Urban Competitiveness, Marketing and the Need for Organising Capacity. In: *Urban Studies*, Vol. 36, Nos. 5/6, p. 988.

25   Greenberg, *Branding Cities*, p. 250.

26   Greenberg, *Branding Cities*, p. 230.

27   Therkelsen, Anette, Halkier, Henrik (2004): *Umbrella Place Branding. A Study of Friendly Exoticism and Exotic Friendliness in Coordinated National Tourism and Investment Promotion*, SPIRIT Discussion paper No. 26/2004, Center for International Studies, Aalborg, pp. 4–6.

28   Wolff Olins (2005): *Øresund. The Human Capital*, http://www.wolff-olins.com/oresund.htm.

29   van Ham, P. (2002): *Branding Territory:* Inside the Wonderful Worlds of PR and IR Theory. In: *Journal of International Studies*, Vol. 31, No. 2, p. 266.

30   Krantz, M., Schätzl, L. (1997): Marketing the City. In: Jensen-Butler, C., Shacher, A., van Weesep, J. (ed.), *European Cities in Competition*. Avebury, Aldershot, p. 469.

31   Short, *Urban Imagineers*, p. 38.

32   Kiib, H. (2004): The Consumption Landscapes of the Welfare City. In: Bech-Danielsen, C., Jensen, O. M., Kiib, H. and Marling, G. (ed.), *Urban Lifescape. Space, Lifestyle, Consumption*. Aalborg University Press, Aalborg, pp. 14–33.

33   Kotkin, J. (2005): The Rise of the Ephemeral City. In: *Metropolis Magazine*, April 18th 2005, www.metropolismag.com.

34   Gertler, M. S. (2004): *Creative Cities: What Are They For, How Do They Work and How Do We Build Them?* Canadian Policy Research Network Inc. (CPRN), Background Paper F/48, Ottawa, p. 7.

Konzentrations- und Spezialisierungstrends in Deutschland – eine Analyse unter besonderer Berücksichtigung Sachsen-Anhalts

Jens Südekum

Die letzten Jahrzehnte waren durch eine sich beschleunigende wirtschaftliche und politische Integration in Europa gekennzeichnet. Ereignisse wie die Einführung des Euro oder die Osterweiterung der EU haben die Bedeutung von Handelsbarrieren in Europa erheblich reduziert. In der Volkswirtschaftslehre geht man davon aus, dass sich solche Integrationstrends auf die räumliche Verteilung der Wirtschaftstätigkeit innerhalb eines integrierten Wirtschaftsraums auswirken. So sagte etwa der berühmte US-Ökonom Paul Krugman[1] vorher, dass sich die Vertiefung der europäischen Integration in einer stärkeren räumlichen Konzentration von Industrien und in einer stärkeren Spezialisierung der Regionen manifestieren werde.

Die Substanz dieser „Krugman-Hypothese" lässt sich auch auf die regionale Wirtschaftsstruktur Deutschlands anwenden. Handelsbarrieren etwa gegenüber Osteuropa werden rapide abgebaut und die deutschen Regionen können dem internationalen Konkurrenzdruck durch verstärkte räumliche Konzentration und Spezialisierung begegnen. Auf der anderen Seite gibt es gute Argumente, warum die räumliche Wirtschaftsstruktur insbesondere auf kleinräumiger Ebene eher durch gegenteilige Tendenzen, also Dekonzentration und Despezialisierung, gekennzeichnet sein könnte. Immerhin waren die 1990er Jahre auch durch tiefgreifende technologische Entwicklungen geprägt. Das Internet hat die Möglichkeiten der persönlichen Interaktion über weite Distanzen hinweg erheblich erleichtert. Gleichermaßen hat der Ausbau der Infrastruktur insbesondere in der Zeit nach der Wiedervereinigung zu geringeren Transport- und Pendelkosten innerhalb Deutschlands geführt. Die klassischen Argumente für die Konzentration der Wirtschaftstätigkeit im Raum – persönliche Interaktion und die Ersparnis von Transportkosten – scheinen also aufgrund der jüngsten Entwicklungen auf dem Telekommunikations- und Infrastruktursektor nur noch in abgeschwächter Form zu gelten.

In diesem Beitrag sollen die deskriptiven Trends der räumlichen Konzentration von Industrien und der Spezialisierung von Regionen nachgezeichnet werden. Das Ziel ist es, herauszufinden, welche der beiden theoretischen Vorhersagen – mehr oder weniger Konzentration und Spezialisierung – sich tatsächlich durch die Daten belegen lässt. Besonderes Augenmerk wird dabei auf die Entwicklung in Sachsen-Anhalt gelegt.

Zur Theorie der räumlichen Wirtschaftsstruktur

Wirtschaftstätigkeit ist in aller Regel ungleichmäßig im Raum verteilt. Selbst in einer hypothetischen Welt mit vollständigem Wettbewerb und vollständiger Mobilität aller Produktionsfaktoren können sich regionale Unterschiede dadurch ergeben, dass bestimmte Regionen komparative Vorteile bei der Produktion bestimmter Güter haben. Dies kann durch die geografische Lage oder durch unterschiedliche klimatische oder sonstige exogene landschaftliche Gegebenheiten begründet sein. Diese Art der regionalen Disparitäten wird noch verschärft, wenn man davon ausgeht, dass es auch endogene, sich selbst ergebende und verstärkende Mechanismen zur Konzentration im Raum gibt.

Alfred Marshall, einer der Urväter der modernen Volkswirtschaftslehre, hat bereits 1890 in seinem klassischen Werk *Principles of Economics* drei solche Mechanismen beschrieben. In moderner Terminologie unterscheidet man so genannte Marktgrößeneffekte, lokalisierte Externalitäten und steigende Skalenerträge auf den Faktormärkten. Jedoch gibt es auch Kräfte, die gegen die räumliche Konzentration wirken. Insbesondere Wohnraumknappheit in Städten und sonstige urbane Kosten wie Verkehrsstaus, erhöhte Umweltbelastung etc. sind hier zu nennen. Die räumliche Gleichgewichtsstruktur einer Volkswirtschaft ergibt sich aus dem Widerstreit dieser agglomerativen und dispersiven Kräfte. Exogene Einflüsse, wie etwa der fortdauernde Abbau von Handelsbarrieren oder die verbesserte Infrastruktur, beeinflussen den Widerstreit dieser Kräfte und damit die räumliche Gleichgewichtsstruktur einer Volkswirtschaft.

Gemäß der „Krugman-Hypothese" führen diese exogenen Entwicklungen zu einer erhöhten Konzentration und Spezialisierung. Diese Vorhersage lässt sich bereits auf die klassische Außenhandelslehre stützen. Von jeher hat diese darauf hingewiesen, dass internationale Arbeitsteilung die Möglichkeit zur Ausschöpfung von Spezialisierungspotenzialen bereitstellt. Neuere Ansatze wie die „ökonomische Geografie" von Krugman[2] kommen zu noch radikaleren Schlussfolgerungen. Hiernach kann das Absinken von Handelsbarrieren in einen kumulativen Prozess münden, an dessen Ende eine Zentrum-Peripherie-Struktur steht. Im „Zentrum" sind die mobilen Wirtschaftssektoren konzentriert, während die Peripherie durch Exporte versorgt wird – was bei gesunkenen Transportkosten nun kostengünstiger möglich ist.

Jedoch können dieselben exogenen Einflüsse auch zu einer gegenteiligen Entwicklung führen, nämlich zu einer Dekonzentration der Wirtschaftstätigkeit. Fallende räumliche Transportkosten implizieren geradezu eine zunehmende Irrelevanz des Produktionsstandortes. Wenn urbane Kosten hoch sind, können Firmen die sinkenden Transportkosten zum Anlass nehmen, vom Zentrum in die Peripherie umzusiedeln, da hier geringere Kosten für Boden und Wohnraum anfallen.

Auch das Internet kann zu räumlicher Dekonzentration führen. Gemäß der traditionellen Ansätze der Stadtökonomik[3] gibt es Städte überhaupt nur deswegen, weil die persönliche Interaktion von Menschen auf engem Raum Vorteile bietet, die die Nachteile der hohen Lebenshaltungskosten kompensieren. Die urbanen Vorteile sind die so genannten Externalitäten, die sich etwa durch die höhere Dichte an Kommunikation und Information in Städten umschreiben lassen. Wenn nun aber Personen auch über weite Distanzen hinweg miteinander interagieren können, ohne dass sie die Nachteile von Städten in Kauf nehmen müssen, dann ist im Lauf der Zeit eine gleichmäßigere Verteilung der Produktion im Raum zu erwarten.[4]

Zusammenfassend kann man sagen, dass es gute Gründe gibt, warum wir in Zukunft mehr Konzentration und Spezialisierung erwarten können. Aber es gibt ebenso gute Gründe, die für das Gegenteil sprechen. Somit bleibt als Ausweg nur, auf die tatsächliche Entwicklung zu schauen. Im Folgenden werde ich dies anhand räumlich und sektoral aggregierter deutscher Arbeitsmarktdaten tun.

Zur Messung von Konzentration und Spezialisierung

Es ist in der Literatur umstritten, wie Konzentration und Spezialisierung gemessen werden sollten. Eine Reihe unterschiedlicher Maßzahlen wurde vorgeschlagen[5], die jede mit spezifischen Vor- und Nachteilen behaftet ist. In diesem Beitrag beschränke ich mich auf die Anwendung zweier häufig verwendeter Standardmaße.

Regionale Spezialisierung wird durch den so genannten Krugman-Spezialisierungsindex (KSI) gemessen. Die Voraussetzung für dessen Errechnung sind konsistent klassifizierte und umfassende Beschäftigungsdaten, die nach einzelnen Branchen und Regionen aufgegliedert sind. Der KSI für eine Region (zum Beispiel einen deutschen Landkreis) errechnet sich dann wie folgt: Man bestimmt für jedes beobachtete Jahr t und für jede Industrie i (etwa die Automobilindustrie) den Beschäftigungsanteil innerhalb jeder Region r (abgekürzt durch x_{irt}). Gleichermaßen errechnet man den durchschnittlichen nationalen Beschäftigungsanteil jeder Branche i im Jahr t (abgekürzt $\overline{x}_{it}$). Der KSI für Region r und Jahr t ist dann der Absolutbetrag der Summe der Differenzen von lokalen und nationalen Beschäftigungsanteilen über alle Branchen hinweg: $KSI_{rt} = \sum_i |x_{irt} - \overline{x}_{it}|$.

Eine Region, deren Branchenstruktur exakt den nationalen Durchschnitt widerspiegelt, weist einen KSI mit dem Wert null auf. Je stärker die Branchenstruktur einer Region vom nationalen Durchschnitt abweicht – also je stärker eine Region spezialisiert ist – desto höher ist der Wert des KSI, der einen theoretischen Maximalwert von zwei hat.

Das Standardmaß für die räumliche Konzentration von Industrien ist der so genannte räumliche GINI-Koeffizient. Er basiert auf dem Verhältnis $s_{irt} = x_{irt}/\overline{x}_{it}$, also dem relativen Beschäftigungsanteil von Branche i in Region r. Für jede Branche i ordnet man die einzelnen Regionen in aufsteigender Reihenfolge gemäß s_{irt} an und trägt die kumulierten Beschäftigungsanteile in einer so genannten Lorenz-Kurve ab. Hieraus errechnet sich dann der GINI-Koeffizient, der einen Wert zwischen null und eins annimmt (für eine detaillierte Beschreibung der Errechnung sei auf Standardlehrbücher der deskriptiven Statistik verwiesen). Ein GINI von null zeigt an, dass eine Branche überhaupt nicht räumlich konzentriert ist, da jede Region quasi nur eine Miniaturausgabe der durchschnittlichen nationalen Wirtschaftsstruktur darstellt. Ein GINI von eins würde bedeuten, dass eine bestimmte Branche ausschließlich in einer einzigen Region vorzufinden ist, was die größtmögliche räumliche Konzentration wäre.

Empirische Ergebnisse für Deutschland

Die Datenbasis, die dieser Studie zugrunde liegt, ist die Beschäftigtenstatistik der Bundesagentur für Arbeit. Diese beinhaltet die Gesamtpopulation der sozialversicherungspflichtig Vollzeitbeschäftigten in Deutschland von 1977 bis 2002 (Ostdeutschland ab 1993). Als Beobachtungseinheit dienen lokale Industrien. Es können 28 verschiedene Branchen innerhalb jedes der 326 west- und der 113 ostdeutschen Landkreise (bzw. kreisfreien Städte) unterschieden werden. So lässt sich zum Beispiel genau nachvollziehen, wie sich der Beschäftigungsstand in der Branche „Lebensmittel und Tabak" in jedem deutschen Landkreis über den gesamten Beobachtungszeitraum hinweg entwickelt hat. Zusätzlich sind diverse Strukturmerkmale der lokalen Industrien bekannt, zum Beispiel die Qualifikations-, Alters- und Betriebsgrößenstruktur. Eine genauere Darstellung des Datensatzes findet sich bei Südekum (2006), der auch empirische Ergebnisse zur Konzentration und Spezialisierung für Ost- und Westdeutschland (1993–2001) präsentiert.

Zunächst einmal sollte konstatiert werden, dass es innerhalb Deutschlands extreme räumliche Disparitäten in den Beschäftigungsstrukturen und hinsichtlich des Beschäftigungswachstums gibt. Dies bezieht sich nicht nur auf die wohlbekannten Unterschiede zwischen, sondern gilt auch für Differenzen innerhalb Ost- und Westdeutschlands. Legt man einmal den Zeitraum von 1993 bis 2001 zugrunde, so lässt sich im Westen eine Bandbreite der langfristigen Beschäftigungswachstumsraten von +2,38 Prozent in München bis –3,47 Prozent in Gelsenkirchen feststellen. Im Osten liegt Bad Doberan mit +2,66 Prozent an der Spitze, wohingegen Bitterfeld mit –6,43 Prozent das Schlusslicht bildet. Ähnlich große Unterschiede lassen sich bei praktisch allen regionalen Indikatoren ausmachen, etwa dem regionalen Durchschnittslohn oder dem Anteil der Hochqualifizierten. Auch die verschiedenen Branchen weisen starke Unterschiede hinsichtlich des Niveaus, der Strukturen und des Wachstums von Beschäftigung auf. Doch wenden wir uns der zentralen Frage zu, wie sich die räumliche Branchenkonzentration in Deutschland im Durchschnitt entwickelt hat. Um eine möglichst langfristige zeitliche Perspektive einnehmen zu können, ist in Figur 1 der durchschnittliche GINI-Koeffizient für Westdeutschland (1977–2002) abgetragen. Es zeigt sich ein beinahe stetiger und nur mit leichten Schwankungen versehener Rückgang der durchschnittlichen Branchenkonzentration, der aber seit Mitte der 1990er Jahre eine abflachende Tendenz aufweist. Hinter diesem Durchschnitt verbergen sich natürlich differenzierte Entwicklungen einzelner Industrien. So sind Sektoren wie der Bergbau oder die chemische Industrie viel stärker räumlich konzentriert als etwa der Handel oder viele Dienstleistungen. Auch bei der Entwicklung über die Zeit hinweg weisen einige Branchen einen Konzentrationsprozess auf. Hier ist allerdings zu beachten, dass diese räumliche Verdichtung in einigen Fällen auch darauf zurückzuführen ist, dass eine sterbende Industrie (wie der Bergbau) aus einigen Regionen schneller verschwindet als aus anderen: Einige Regionen bleiben quasi auf ihren Strukturproblemen sitzen und der GINI-Koeffizient gibt eine verstärkte Konzentration an. Doch abgesehen von diesem Interpretationsproblem legt Figur 1 insgesamt die Schlussfolgerung nahe, dass die Beschäftigungsstruktur in Westdeutschland über einen langen Zeitraum hinweg einem Prozess der Dekonzentration unterliegt.

Ein ähnliches Fazit ergibt sich für den Spezialisierungsgrad der deutschen Landkreise. Natürlich gibt es auf kleinräumiger Ebene erhebliche Niveauunterschiede in der Spezialisierung. Die am stärksten spezialisierten Kreise sind die Automobilmetropolen Wolfsburg und Dingolfing-Landau, gefolgt von der Chemiestadt Ludwigshafen. Einige Landkreise haben sich im Zeitablauf ebenfalls stärker spezialisiert. Im Durchschnitt gilt dies aber nicht. In Figur 2 ist die Entwicklung des durchschnittlichen Spezialisierungsgrads (KSI) für Westdeutschland 1977 bis 2002 abgetragen. Wiederum lässt sich ein beinahe stetiges Absinken feststellen. Das bedeutet, dass sich die regionalen Wirtschaftsstrukturen im Lauf der Zeit tendenziell angeglichen und nicht etwa stärker ausdifferenziert haben.

Figur 1: Branchenkonzentration. GINI-Koeffizient, Westdeutschland, 1977-2002

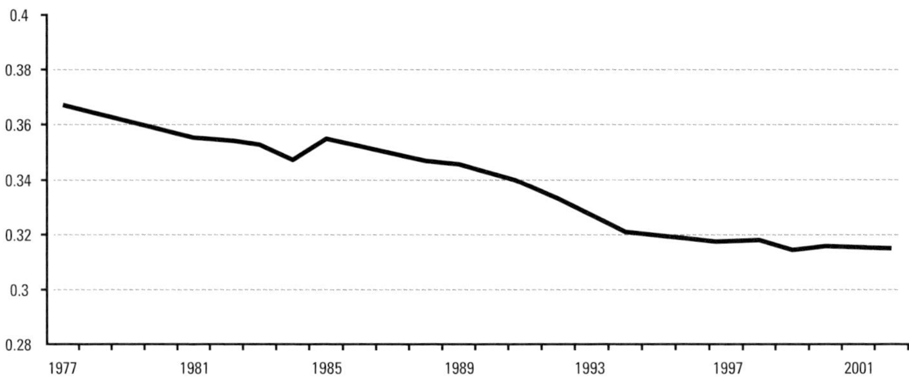

Figur 2: Regionale Spezialisierung, KSI, Westdeutschland, Kreisebene, 1977-2002

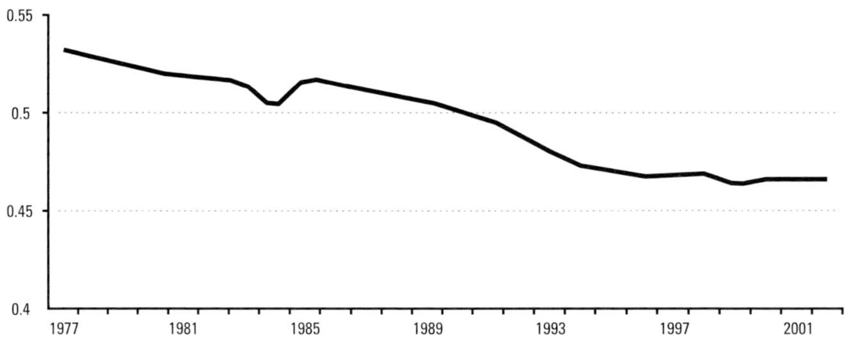

In der Summe ist die Wirtschaftsentwicklung in Westdeutschland also durch Dekonzentration und Despezialisierung der Beschäftigung charakterisiert. Beide empirischen Befunde stehen im Gegensatz zur „Krugman-Hypothese". Es gibt Ausnahmen von diesem Trend – einige Branchen wie etwa die wirtschaftsbezogenen Dienstleistungen haben sich konzentriert, einige Regionen haben sich spezialisiert – aber im Durchschnitt spricht die empirische Evidenz recht deutlich für jene Theorie, die eine räumliche Konvergenz der Wirtschaftsstrukturen postuliert. Als einziges Indiz für die Gültigkeit der „Krugman-Hypothese" lässt sich die Tatsache heranziehen, dass der Abwärtstrend der Konzentration und Spezialisierung seit Mitte der 1990er Jahre abflacht. Dies könnte auf Einflüsse der Globalisierung und der europäischen Integration hindeuten.

Ein differenzierterer Blick auf Ostdeutschland und Sachsen-Anhalt

Lässt sich dieses Fazit auch für das Land Sachsen-Anhalt verallgemeinern? Das Land gehört mit 615 316 Vollzeitbeschäftigten im Jahr 2001 zu den mittelgroßen Bundesländern, findet sich hinsichtlich des Beschäftigungswachstums aber neben Berlin als Schlusslicht wieder. Die Beschäftigungsstruktur weist auch im Vergleich zu den anderen ostdeutschen Bundesländern eher ungünstige Merkmale auf, zum Beispiel ein recht hohes Durchschnittsalter und einen geringen Anteil an hoch qualifizierten Arbeitnehmern.

Der Grad der regionalen Spezialisierung ist in Sachsen-Anhalt aber recht hoch. Im Vergleich aller Bundesländer belegt es Platz fünf, in der Gruppe der fünf ostdeutschen Flächenländer wird der mittlere Platz drei belegt. Hierbei ist zu bedenken, dass die ostdeutschen Länder generell relativ hohe KSI-Werte aufweisen. Dies hängt damit zusammen, dass die Wirtschaftsstruktur zu Zeiten der DDR durch künstlich hohe Konzentrations- und Spezialisierungsniveaus gekennzeichnet war, weil die Zentralplanungswirtschaft zu industriellen Monostrukturen geneigt hat. Diese Strukturmerkmale sind auch über 15 Jahre nach der Wiedervereinigung noch sichtbar. Somit ist es äußerst fraglich, ob ein hohes Spezialisierungsniveau – also eine stark vom Bundesdurchschnitt abweichende regionale Wirtschaftsstruktur – wirklich erstrebenswert ist. Das am wenigsten spezialisierte Bundesland ist das erfolgreiche Bayern!

Aufschlussreicher als ein Niveauvergleich ist eine Betrachtung der zeitlichen Entwicklung der Spezialisierung. In Figur 3 werden der durchschnittliche KSI in Sachsen-Anhalt von 1993 bis 2001 sowie die vergleichbare Entwicklung in Gesamt- und Ostdeutschland abgetragen. Es ist ein ähnlicher zeitlicher Verlauf festzustellen. Der Spezialisierungsgrad nimmt unter einigen Schwankungen zunächst stetig ab. Es gibt auch keine Anzeichen, dass sich dieser Trend der Despezialisierung in Sachsen-Anhalt schneller vollzieht als anderswo. Im Gegenteil, es sind dort seit 1999 sogar eine Konsolidierung und ein leichtes Ansteigen des KSI festzustellen. Dies könnte darauf hindeuten, dass sich einige Clusterbildungen in Sachsen-Anhalt insofern bewährt haben, dass sie zu einem sich selbst tragenden Anwachsen der Beschäftigungsanteile in bestimmten Branchen geführt haben.

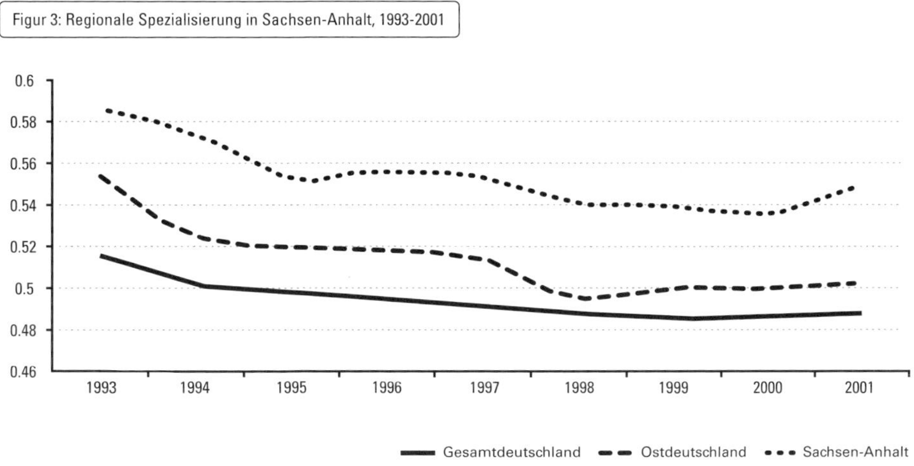

Figur 3: Regionale Spezialisierung in Sachsen-Anhalt, 1993-2001

Innerhalb Sachsen-Anhalts gehören Halle, der Saalkreis und Merseburg-Querfurt zu den am stärksten spezialisierten Kreisen. Letzterer hat vielleicht die dramatischste Entwicklung hinter sich. Der KSI in Merseburg-Querfurt ist von 1993 bis 2001 drastisch gesunken (von 0,83 auf 0,58). Diese Entwicklung ist dadurch zu erklären, dass die chemische Industrie 1993 noch extrem überrepräsentiert war, im Lauf der Zeit aber von über 15000 auf nur noch 4000 Vollzeitstellen geschrumpft ist. Gemessen an Beschäftigungsanteilen spiegelt dies eine Angleichung der regionalen Wirtschaftsstruktur an den bundesdeutschen Durchschnitt wider. Dies verdeutlicht, wie schmerzhaft der Prozess der Despezialisierung im Einzelfall sein kann, da er oft durch eine Schrumpfung der regionalen Leitindustrie verursacht wird.

Allgemein lässt sich aber weder für Sachsen-Anhalt noch für die Bundesrepublik insgesamt ein eindeutiger Zusammenhang zwischen dem regionalen Spezialisierungsniveau bzw. -trend und dem regionalen Wachstum feststellen. Entsprechende statistische Untersuchungen bei Südekum (2006) deuten darauf hin, dass die erfolgreichen Landkreise in Deutschland sich nicht systematisch schneller spezialisieren oder despezialisieren als andere. Eher noch deutet die statistische Evidenz darauf hin, dass regionales Beschäftigungswachstum durch eine diversifizierte Branchenstruktur befördert wird.[6]

Resümee

Betrachtet man die Entwicklung der räumlichen Wirtschaftsstruktur in Deutschland über die Zeit hinweg, dann lassen sich wenige Indizien für die Gültigkeit der „Krugman-Hypothese" finden, die besagt, dass die voranschreitende Handelsintegration in Europa zu einer verstärkten regionalen Konzentration und Spezialisierung führen werde. Vielmehr zeigt sich, dass sich regionale Wirtschaftsstrukturen im Durchschnitt angleichen. Natürlich gibt es von dieser Regel auch Ausnahmen. Es gibt Beispiele für erfolgreiche regionale Cluster, wo sich die lokale Überrepräsentanz einer bestimmten Branche zu einem selbst tragenden Wachstumsprozess ausgeweitet hat. Diese Beispiele sind aber die Ausnahme und sie vollziehen sich vor dem allgemeinen Hintergrund einer sich räumlich dekonzentrierenden Wirtschaft.

1 Krugman, Paul R. (1993): Lessons of Massachusetts for EMU. In: Torres, Francisco S. und Giavazzi, Francesco (Hrsg.), *Adjustment and growth in the European Monetary Union.* Cambridge University Press, Cambridge, S. 241–269.

2 Krugman, ebd.

3 Henderson, J. Vernon (1974): The sizes and types of cities. In: *American Economic Review*, Bd. 64, Nr. 4, S. 640–656.

4 Glaeser, Edward L. (1998): Are cities dying? In: *Journal of Economic Perspectives*, Bd. 12, Nr. 2, S. 139–160.

5 Vgl. Combes, Pierre P. und Overman, Henry G. (2004): The spatial distribution of economic activities in the European Union. In: Henderson, J. Vernon und Thisse, Jacques-François (Hrsg.), *Handbook of Urban and Regional Economics.* Elsevier, Amsterdam, S. 2845–2910.

6 Blien, Uwe, Südekum, Jens und Wolf, Katja (2006): Local Employment Growth in West Germany: A Dynamic Panel Approach. In: *Labour Economics*, Bd. 13 (im Erscheinen).

Concentration and Specialization Trends in Germany – an Analysis with Particular Consideration given to Saxony-Anhalt

Jens Südekum

In Europe the recent decades have been characterized by an accelerating process of economic and political integration. Events such as the introduction of the Euro and the eastward expansion of the EU have significantly reduced the relevance of trade barriers in Europe. Economic theory assumes that such integration trends have an impact on the geographic distribution of economic activity within an integrated economic region. The famous US economist Paul Krugman[1], for example, predicted that the strengthening of European integration will be manifested in a more focused geographic concentration of industries and increased specialization of regions.

The substance of this "Krugman hypothesis" can also be applied to Germany's regional economic structure. Trade barriers against Eastern Europe, for instance, are rapidly being dismantled. This process enables German regions to meet the pressure of international competition through greater regional concentration and specialization. On the other hand, there are good arguments, particularly on a small spatial scale, as to why the regional economic change could instead be characterized by the opposite trends, in other words by de-concentration and de-specialization. After all, the 1990s were also shaped by profound technological changes. The Internet has made personal interaction over large distances significantly easier. At the same time, the expansion of the infrastructure has led to lower transport and commuting costs within Germany, particularly during the period after the reunification. As a result of the latest developments in the telecommunications and infrastructure sector, the classic arguments for the concentration of economic activity in space – personal interaction and savings in transport costs – would consequently seem to lose some of their validity.

The aim of this article is to examine the descriptive trends in the geographic concentration of industries and regional specialization. The objective is to ascertain which of the two theory-based predictions – increased or reduced concentration and specialization – is actually supported by the data. In this context, particular attention will be paid to developments in Saxony-Anhalt.

On the theory of spatial economic structure
As a general rule, economic activity is unevenly distributed in space. Even in a hypothetical world of perfect competition and mobility of all production factors, regional differences may arise due to individual regions having comparative advantages in the production of specific goods. The reason for this may be the geographic location or differing climatic or other exogenous regional circumstances. This type of regional disparity is further heightened if we also assume the existence of endogenous, self-generating and strengthening mechanisms of spatial concentration.

By 1890, Alfred Marshall, one of the founding fathers of modern economics, had already described three such mechanisms in his classic work entitled *Principles of Economics*. In modern terminology, a distinction is drawn between so-called market size effects, localized externalities and increasing returns to scale on the factor markets. There are, however, forces that counteract regional concentration such as the shortage of living accommodation in cities in particular and other urban costs such as traffic jams, increased environmental pollution etc. The structure of a national economy's regional balance is derived from these conflicting, accumulative and dispersive forces. Exogenous factors, e.g. the continued dismantling of trade barriers or improved infrastructure, influence the conflict between these forces and consequently the structure of a national economy's spatial balance.

According to the "Krugman hypothesis", these exogenous developments lead to greater concentration and specialization. This prediction is supported by the classic foreign trade theory, which states that the international division of labor provides the opportunity for exploiting specialization potential. More recent approaches such as Krugman's "economic geography"[2] arrive at even more radical conclusions. According to these, the dismantling of trade barriers can give rise to a cumulative process, the final result of which is a center-periphery structure. The mobile economic sectors are concentrated in the "center" whilst exports cater for the periphery – a situation made possible by lower transport costs.

However, these very same exogenous factors may also lead to a converse development, namely to de-concentration of economic activity. Decreasing transport costs almost imply an increasing irrelevance of the location of production facilities. If urban costs are high, companies can take the opportunity offered by decreasing transport costs to relocate from the center to the periphery since this is where the costs for land and accommodation are lower.

The Internet can also lead to spatial de-concentration. Traditional approaches to urban economics[3] believe that cities only exist at all because close personal interaction between human beings offers advantages that compensate for the disadvantages of high living costs. The urban advantages are the so-called externalities, for example the increased density of communication and information found in cities. However, if individuals are now able to interact over great distances without having to tolerate the disadvantages of cities, then, over a period of time, we can expect to see a more even spatial distribution of production.[4]

To sum up, we can say that there are good reasons why we can expect to see greater concentration and specialization in the future, but there are equally good reasons that point to the opposite. The only answer therefore is to look at the actual trends of spatial change. This is what I intend to do below on the basis of German employment data aggregated by region and sector.

Measuring concentration and specialization
There are differences of opinion in the relevant literature on how concentration and specialization should be measured. A range of different measured values have been

suggested,[5] each of which has specific advantages and disadvantages. In this article I will restrict myself to the use of two frequently used standard measures.

Regional specialization is measured using the so-called Krugman Specialization Index (KSI). This calculation requires comprehensive employment data which is consistently categorized and broken down into individual sectors and regions. The KSI for a region (a German county, for example) is thus calculated as follows: for each year t and each industry i under observation (for example the automobile industry), the employment share is calculated within each region r (abbreviation: x_{irt}). Equally, the average national employment share is calculated for each sector i in year t (abbreviation: $\bar{x}_{it}$). The KSI for region r and year t is thus given by the absolute value of the sum of the differences between local and national employment shares throughout all sectors: $KSI_{rt} = \sum_i |x_{irt} - \bar{x}_{it}|$.

A region with a sector structure that precisely mirrors the national average will show a KSI value of zero. The stronger a region's sector structure deviates from the national average – in other words the greater the degree of specialization in a region – the higher the KSI value. Theoretically KSI can reach a maximum value of two.

The standard measure for determining the degree of spatial concentration of industries is the so-called geographic GINI coefficient. It is based on the ratio $s_{irt} = x_{irt}/\bar{x}_{it}$, in other words the relative employment share of sector i in region r. For each sector i the individual regions are placed in ascending order in accordance with s_{irt} and the accumulated employment shares plotted onto a so-called Lorenz curve. Based on this, the GINI coefficient is then calculated, taking a value between zero and one (for a more detailed description of the calculation see the standard literature about descriptive statistics). A GINI of zero indicates that there is no spatial concentration at all for a specific sector since each region represents, as it were, only a miniature version of the average national economic structure. A GINI of one would mean that a specific sector is localized exclusively within one individual region, a situation that would represent the maximum possible spatial concentration.

Empirical findings for Germany

The database on which this study is based is the employment statistics from the *Bundesagentur für Arbeit* (German Federal Employment Agency). This database records all those in full-time employment and making compulsory social security contributions in Germany between 1977 and 2002 (eastern German figures included as of 1993). Local industries are used as monitoring units. A distinction can be drawn between 28 different sectors within each of the 326 counties (or independent cities) in western Germany and the 113 in eastern Germany. This enables us to show, for example, exactly how the employment in the sector "food and tobacco" developed in each German county throughout the entire study period. Various structural features of the local industries are also given, e.g. the qualification, age and firm size structures. A more detailed presentation of the data set can be found in Südekum (2006) which also sets out empirical findings on the level of concentration and specialization for East and West Germany (1993–2001).

First, it should be pointed out here that within Germany there are extreme regional disparities between employment structures and with regard to growth in employment. This refers not just to the well-known differences between eastern and western Germany, but is equally applicable to internal differences within the two parts of the country. For example, if we take the period from 1993 to 2001 as a basis, we can see long-term employment growth rates in the west ranging from +2.38 percent in Munich to -3.47 percent in Gelsenkirchen. In the east, Bad Doberan tops the list with +2.66 percent and Bitterfeld brings up the rear with –6.43 percent. Such large variations can be identified in virtually all the regional indicators, for example the regional average salary or the proportion of highly-skilled employees. In the various sectors there are also major differences with regard to employment levels, structures and growth.

But let us turn to the central question of how spatial sector concentration in Germany has developed on average. To gain the best possible perspective over the long term, Figure 1 shows the average GINI coefficient for western Germany (1977–2002). This reveals an almost consistent fall in the average sector concentration levels, with slight fluctuations but a flattening trend from the mid 1990s on. Behind this average there are obviously differentiated developments in individual industries. Sectors such as mining or the chemical industry show a much stronger regional concentration than for example retail or many other service industries. Long-term development also reveals a process of concentration in some sectors. However, it must be noted here that in some cases this regional concentration is also attributable to the fact that a dying industry (for example mining) is disappearing from some regions more quickly than from others: some regions fail to deal with their structural problems and the GINI coefficient will indicate greater concentration. But apart from this interpretation problem, Figure 1 leads to the overall conclusion that over a long period of time the employment structure in western Germany has been subject to a process of deconcentration.

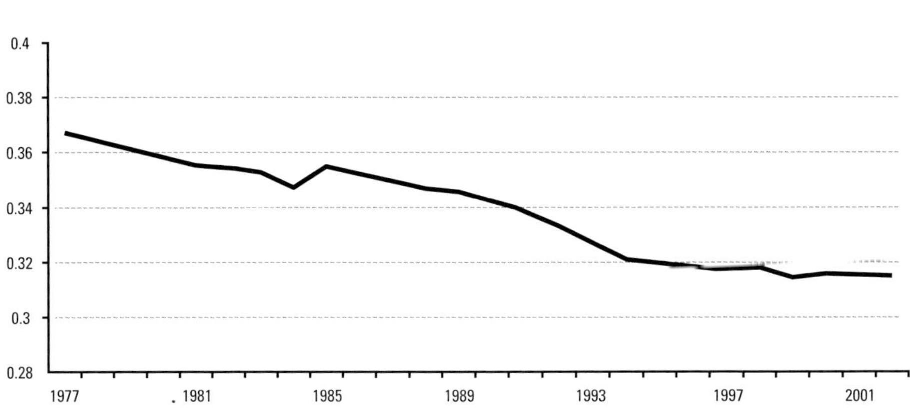

Figure 1: Sector Concentration. GINI Coefficient, Western Germany, 1977–2002

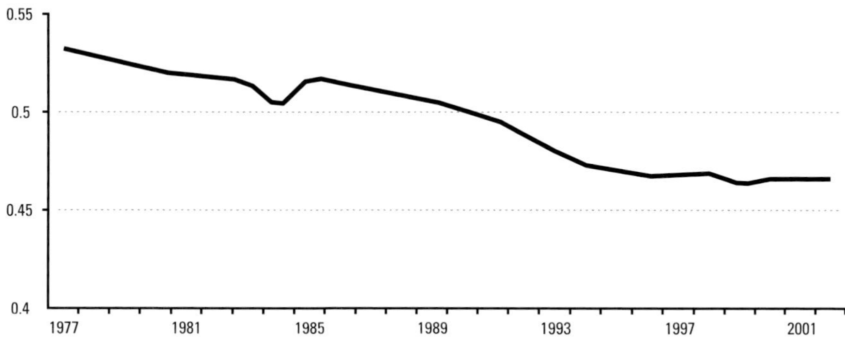

A similar result is shown for the degree of specialization in the German counties. There are of course significant differences in the degree of specialization at a local level. Those districts which show the greatest degree of specialization are the major automotive centers of Wolfsburg and Dingolfing-Landau, followed by Ludwigshafen, a center of the chemical industry. Some counties have also acquired a greater degree of specialization over the course of time. However, this is not the case on average. Figure 2 shows the development in the average degree of specialization (KSI) for western Germany from 1977 to 2002. Once again, we can see an almost continual decline. This means that, over the course of time, regional economic structures have actually shown a converging trend and not a greater degree of differentiation.

Therefore, the overall economic development in western Germany is being characterized by de-concentration and de-specialization of employment. Both empirical findings run contrary to the "Krugman hypothesis". There are exceptions to this trend (some sectors such as business-related services have shown greater concentration and some regions have specialized), but on average the empirical evidence clearly supports the theory that postulates a regional convergence of the economic structures. The only indication that validates the "Krugman hypothesis" is the fact that, since the mid 1990s, the downward trend in concentration and specialization has been flattening out. This could be an indication of the effects of globalization and European integration.

A differentiated view of eastern Germany and Saxony-Anhalt
Can this conclusion be generalized and also applied to the state of Saxony-Anhalt? With 615,316 full-time employees in the year 2001, the state is one of the medium-sized federal states but along with Berlin it brings up the rear in terms of employment growth. The employment structure also contains unfavorable features when compared with the other eastern German states, such as a population with a fairly high average age and a low percentage of highly skilled labor.

There is, however, quite a high degree of regional specialization in Saxony-Anhalt. It is ranked five in the comparison of all the federal states and occupies the middle spot in the group of the five eastern German states. In this respect, consideration must be given to the fact that, in general, the eastern German states have relatively high KSI values. This can be attributed to the fact that, during the GDR period, their economic structures were characterized by artificially high levels of concentration and specialization as the centrally planned economy tended towards industrial mono structures. These structural features are still visible today, more than 15 years after German re-unification. It is therefore extremely questionable as to whether a high degree of specialization – in other words a regional economic structure differing significantly from the federal average – really is desirable. The federal state with the lowest level of specialization is the very successful Bavaria!

A study of the chronological development of the specialization provides greater insight than a comparison of the levels. Figure 3 shows the average KSI in Saxony-Anhalt from 1993 to 2001 as well as the comparable development in eastern Germany and Germany as a whole. We can see a similar chronological pattern. With the exception of a few fluctuations, the degree of specialization initially shows a steady decline. There are also no indications that this trend towards de-specialization is taking place in Saxony-Anhalt at a faster pace than anywhere else. On the contrary, we can see that since 1999 there has in fact been a process of consolidation and a slight rise in the KSI. This could indicate that a few cluster formations in Saxony-Anhalt have proven successful to the extent that they have led to self-sustaining growth in employment levels in specific sectors.

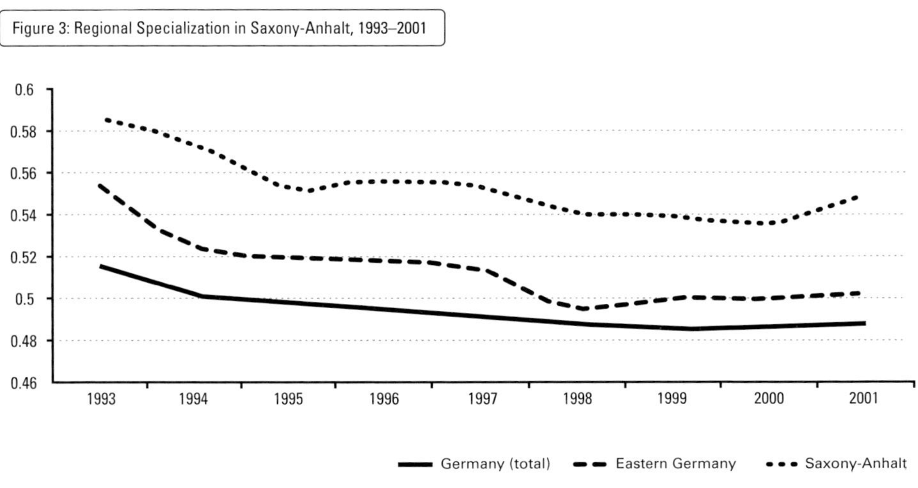

Figure 3: Regional Specialization in Saxony-Anhalt, 1993–2001

Within Saxony-Anhalt, the districts with the greatest degree of specialization include Halle, the Saale county and Merseburg-Querfurt. The latter has probably already gone through its most dramatic development. The KSI in Merseburg-Querfurt fell drastically between 1993 and 2001 (from 0.83 to 0.58). This development can be explained by the fact that, in 1993, the chemical industry was still significantly over-represented but over time the number of full-time jobs has fallen from more than 15,000 to the current figure of just 4,000. Measured in terms of the proportion of employment, this reflects a convergence of the regional economic infrastructure towards the federal German average. This illustrates how painful the process of de-specialization can be in individual cases since it is often caused by shrinkage in the key regional industry.

All in all, however, no clear connection between the regional level of or trend towards specialization and regional growth can be identified either for Saxony-Anhalt or for Germany in general. Corresponding statistical surveys in Südekum (2006) indicate that the successful districts in Germany are not experiencing a systematic process of specialization or de-specialization at a faster rate than the others. In fact, statistical evidence indicates that regional employment growth is encouraged by a diversified sector structure.[6]

Summary

If we look at the development of the spatial economic structure in Germany over the course of time, we find few indications in support of the "Krugman hypothesis" which states that the advancement of trade integration in Europe will lead to greater regional concentration and specialization. We can instead see that, on average, regional economic structures are converging. There are, of course, also exceptions to this rule. For example, there are successful regional clusters where local over-representation of one specific sector has expanded to create a self-sustaining process of growth. However, these examples are the exception and they are taking place against the background of an economy moving towards spatial de-concentration.

1 Krugman, Paul R. (1993): Lessons of Massachusetts for EMU. In: Torres, Francisco S. and Giavazzi, Francesco (Publ.), *Adjustment and growth in the European Monetary Union*. Cambridge University Press, Cambridge, p. 241–269.

2 Krugman, ibid.

3 Henderson, J. Vernon (1974): The sizes and types of cities. In: *American Economic Review*, Vol. 64, No. 4, p. 640–656.

4 Glaeser, Edward L. (1998): Are cities dying? In: *Journal of Economic Perspectives*, Vol. 12, No. 2, p. 139–160.

5 Cf. Combes, Pierre P. and Overman, Henry G. (2004): The spatial distribution of economic activities in the European Union. In: Henderson, Vernon, J. and Thisse, Jacques-François (Publ.), *Handbook of Urban and Regional Economics*. Elsevier, Amsterdam, p. 2845–2910.

6 Blien, Uwe, Südekum, Jens and Wolf, Katja (2006): Local Employment Growth in West Germany: A Dynamic Panel Approach. In: *Labour Economics*, Vol. 13 (being published).

Profilierung und Spezialisierung alter Industriestädte – Trends und Konzepte am Beispiel des Ruhrgebiets

Dieter Rehfeld

Strategien: Auf der Suche nach dem Besonderen – Profilierung

Eine der Annahmen der Globalisierungsdebatte, die sich am hartnäckigsten hält, besagt, dass sich wirtschaftliche und soziale Strukturen wie auch kulturelle Normen und Konsumbedürfnisse immer stärker angleichen. Die immer größeren Möglichkeiten der Informations- und Kommunikationstechnologien oder auch die wachsenden Touristen- und Migrantenströme tragen dazu bei, dass sich neue Ideen und Konzepte in kürzester Zeit weltweit verbreiten. Soziale und kulturelle Beziehungen lösen sich von ihren räumlichen Ursprüngen und werden zunehmend vereinheitlicht, so die oft gezogene Schlussfolgerung.

Beispiele gibt es genügend: So spricht die Gruppe von Lissabon (1997) von einer „Madonna-Kultur" oder Rem Koolhaas (1997) von der immer häufiger aufzufindenden „Stadt ohne Eigenschaften", in der die spezifischen Traditionen lediglich noch musealisiert oder für den Tourismus inszeniert vorhanden seien.

Ohne Zweifel ist diese Sicht verkürzt: Soziale Strukturen verändern sich nur sehr langfristig und damit zusammenhängende kulturelle Einstellungen sind Ergebnis eines mehr oder weniger aktiven Aneignungs- und Veränderungsprozesses. Für den hier zu diskutierenden Zusammenhang ist wichtig festzuhalten, dass mit diesen Aspekten der Vereinheitlichung gleichzeitig ein wachsendes Bedürfnis nach Differenzierung erkennbar ist. „Alleinstellungsmerkmal" ist mittlerweile eines der Schlüsselwörter bei allen Versuchen von Städten und Regionen, sich wirtschaftlich oder kulturell im globalen Standortwettbewerb zu positionieren bzw. zu profilieren. Der in der strukturpolitischen Diskussion seit einigen Jahren boomende Clusterbegriff verweist auf eine ähnliche Zielsetzung: Es geht darum, auf die besonderen Kompetenzen bzw. wirtschaftlichen Standortvorteile zu setzen, diese auszubauen und damit die Stadt oder Region als wirtschaftlichen Standort zu profilieren und für die ansässigen und die anzusiedelnden Unternehmen in einer herausragenden Weise attraktiv zu machen. Allerdings haben sich die Rahmenbedingungen in den vergangenen Jahrzehnten deutlich geändert:

▶ Mit der Globalisierung beschleunigt sich der internationale Diffusionsprozess gerade arbeitsintensiver Produktionen, so dass Standortkonzentrationen einem stärkeren Wandel unterliegen als bisher.

▶ Die wachsende Dienstleistungsorientierung führt ebenfalls zu einer breiteren räumlichen Streuung wirtschaftlicher Aktivitäten, da diese aufgrund der notwendigen Kundennähe an den Absatzmärkten präsent sein müssen.

▶ Informations- und Kommunikationstechnologien tragen dazu bei, dass materielle Standortvorteile immer weniger Bedeutung haben und die Kompetenz zur Bewertung, Verarbeitung und Nutzung der wachsenden Informationsflut immer wichtiger wird.

Statistisch werden die Differenzen in den wirtschaftlichen, sozialen und kulturellen Strukturen vermutlich geringer als bisher, dennoch werden die Unterschiede heute offenbar deutlicher wahrgenommen oder zur Sprache gebracht als früher. Die Ausgangssituation für eine in diesem Rahmen stattfindende Profilbildung stellt sich sehr unterschiedlich dar. Einzelne Städte mit einer ausgeprägten kulturellen Vergangenheit und einer modernen Wirtschaftsstruktur, wie etwa München oder Heidelberg, haben ein attraktives und stabiles Image, egal ob es als Marketingkampagne kommuniziert wird oder nicht. Alte Industriestädte und -regionen wie das Ruhrgebiet haben es besonders schwer, da sie zwar ebenfalls ein Image haben, dies aber kaum als zukunftsweisend und attraktiv wahrgenommen wird. Die alten Strukturen sind noch wirksam, wenn auch häufig eher sozial und kulturell als wirtschaftlich. Neue Strukturen sind in der Regel nicht vorhanden oder noch nicht aufgebaut, die Regionen drohen ihre Identität zu verlieren. Diese von Nicole May (1994) am Beispiel von Lothringen als „Banalisierung" herausgearbeitete Entwicklung kann durchaus als notwendiger Schritt auf dem Weg zu einer erfolgreichen Umstrukturierung bezeichnet werden, sie lässt sich aber nur schwer für eine Profilbildung nutzen.

Sicher könnten das Ruhrgebiet oder auch Pittsburgh mit Stolz darauf verweisen, dass sie zu den wenigen bis heute erfolgreich produzierenden klassischen Industrieregionen des 19. Jahrhunderts gehören. Aber dies lässt sich in einem Umfeld, das sich als Wissens- oder Informationsgesellschaft – bzw. auf dem Weg dahin – versteht, nur schwer als zukunftsweisend darstellen. Da erscheint es sicher sinnvoller, die industriellen Kulturen zu erhalten, umzunutzen und neu zu positionieren und daraus das spezifische Profil einer industriellen Kulturlandschaft zu entwickeln, wie es der Grundgedanke der IBA Emscher Park oder der erfolgreichen Bewerbung der Stadt Essen zur europäischen Kulturhauptstadt 2010 ist.[1] Möglich ist auch der Versuch eines radikalen Bruchs der Stadt oder Region mit der Vergangenheit und das Setzen auf städtebauliche und wirtschaftliche Symbole als bewusster Kontrapunkt zur großindustriellen Vergangenheit. So hat Newcastle mit dem „Angel of the North" begonnen, Symbole für eine neue Zukunft zu schaffen, die nicht mehr oder kaum noch mit der bisherigen industriellen Kultur verbunden sind.[2]

Jede Profilierung kann aber nur dann gelingen, wenn sie nicht nur eine Inszenierung bleibt, sondern breit auf die Menschen des Gebietes wirkt. Folglich benötigt sie, um glaubwürdig zu sein sowohl den Kontakt zu den realen wirtschaftlichen Entwicklungen als auch zu den Einstellungen und Mentalitäten der Menschen. Das bedeutet in dem hier diskutierten ökonomischen Zusammenhang, dass ein Profil, will es nicht wirkungslos bleiben, den wirtschaftlichen Strukturen oder Trends entsprechen sollte. Im Folgenden werden zunächst diese wirtschaftlichen Strukturen und Trends in ihrer profilbildenden und -verändernden Bedeutung am Beispiel des Ruhrgebietes betrachtet, bevor dann die Eingangsüberlegungen wieder aufgegriffen werden.

Realitäten: Differenzierung oder Fragmentierung – das Beispiel Ruhrgebiet
Übersicht 1 zeigt zunächst die Wirtschaftsstruktur im Ruhrgebiet verglichen mit den anderen Regionen in NRW. Bezugsgröße ist der Landesdurchschnitt, dargestellt sind

die Abweichungen der Anteile der Beschäftigten an der Gesamtbeschäftigung nach oben und unten, wobei die Daten gewichtet wurden, um Ausreißer einzufangen. Erkennbar ist zunächst, dass der Anteil des Wirtschaftsbereichs Bergbau und Verarbeitendes Gewerbe im Ruhrgebiet klar unter dem Landesdurchschnitt liegt. Mit anderen Worten: Bezogen auf die Bedeutung für die Wirtschaftsstruktur ist das Ruhrgebiet nicht mehr das industrielle Herz Nordrhein-Westfalens.

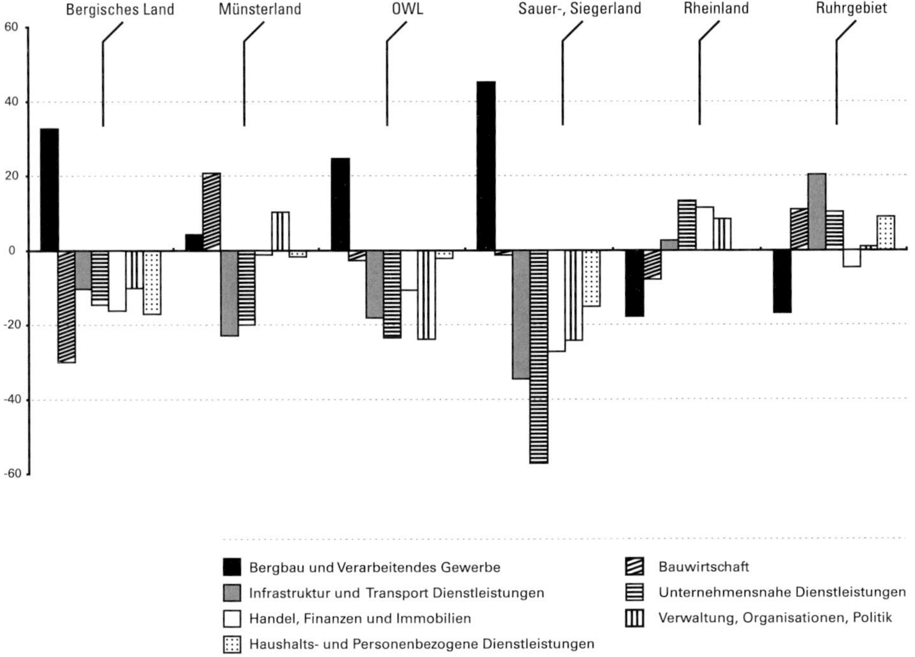

Übersicht 1: Regionaler Profilindex der Beschäftigung – Juni 2003
Quelle: Bundesagentur für Arbeit; Berechnungen des IAT

Die Industrie, in diesem Fall Bergbau und Verarbeitendes Gewerbe, hat sich aus den Ballungszentren (neben dem Ruhrgebiet das Rheinland mit Köln und Düsseldorf) zurückgezogen. Erkennbar sind die montanindustriellen Wurzeln des Ruhrgebiets insbesondere noch in der überdurchschnittlichen Bedeutung des Wirtschaftsbereichs Infrastruktur und Transportdienstleistungen, worunter nicht nur der Energiebereich gefasst ist, sondern auch die eng mit der Montanwirtschaft verbundene Wasserwirtschaft und sich aus den gegebenen Strukturen herausdifferenzierende Bereiche wie Abfallwirtschaft und Logistik. Interessant ist weiterhin der überdurchschnittliche Anteil unternehmensnaher Dienstleistungen, unter anderem verschiedene Ingenieur- und Beratungsunternehmen, die sich ebenfalls aus der Montanindustrie herausgebildet haben. Selbstverständlich ist bei diesen Daten zu berücksichtigen, dass es sich um Anteile handelt, nicht um absolute Zahlen, wobei überdurchschnittliche Anteile gerade bei den haushalts- und personenbezogenen Dienstleistungen eher Ausdruck der Schwäche der anderen Wirtschaftsbereiche als der Stärke eben dieses Bereichs sind.

Die prägende Stellung als Industrieregion ist verloren gegangen, die jetzigen Stärken haben ihre Wurzeln durchaus in einem sich umstrukturierenden montanindustriellen Kern, neue Wachstumsimpulse außerhalb der industriellen Wurzeln haben noch keine strukturprägende Bedeutung erreicht. Selbstverständlich ist dieses Bild zusammenfassend und ignoriert vor allem, dass sich diese Situation innerhalb des Ruhrgebiets differenzierter darstellt. Daher sind in Übersicht 2 die wirtschaftlichen Profile der Städte und Kreise des Ruhrgebiets aufgezeigt, Bezugsgröße ist hierbei das Ruhrgebiet.

Zunächst Dortmund, Essen, Duisburg und Bochum – die vier großen Städte des Ruhrgebiets mit jeweils um die 500 000 Einwohner: Am weitesten ist die Umstrukturierung in Dortmund fortgeschritten. Der industrielle Anteil ist dort der niedrigste von allen vier Städten, alle Dienstleistungsbereiche, insbesondere die unternehmensnahen Dienstleistungen, weisen überdurchschnittliche Werte auf. Hier kommt besonders der Erfolg des Technologieparks in Dortmund mit Softwareentwicklung, Mikrosystemtechnik und Logistik zum Ausdruck und korrespondiert mit dem Bestreben der Stadt, sich als Technologiestandort zu profilieren. Essen weist ähnliche Strukturen wie Dortmund auf, hatte allerdings auch als traditionelles Verwaltungszentrum des Ruhrgebiets eine wesentlich günstigere Ausgangssituation. Der deutlich überdurchschnittliche Anteil der unternehmensnahen Dienstleistungen ist eine Konsequenz der dort immer noch ansässigen Konzernzentralen. Die starke Position bei Infrastruktur und Transportdienstleistungen verweist vor allem auf die dominierende Energiewirtschaft. Wenn sich Essen zum Beispiel mit der Kompetenz in „Natural Ressources" einen Namen zu machen bemüht, dann ist das der Versuch, Energie-, aber etwa auch Wasserwirtschaft zukunftsweisend zu kommunizieren. Schwieriger ist es bei den unternehmensnahen Dienstleistungen, da diese differenziert und noch nicht klar profiliert sind, die direkte und indirekte Anbindung an die dort ansässigen Unternehmenszentralen noch vorhanden ist und mit dem Nachbarn Düsseldorf eine starke Konkurrenz in diesem Wirtschaftsbereich besteht.

Anders sieht es in Bochum und Duisburg aus, wo der industrielle Anteil über dem Ruhrgebietsdurchschnitt liegt und die Dienstleistungsbereiche noch immer sehr stark unterdurchschnittlich ausgeprägt sind. Allerdings sind die dahinter liegenden Strukturen deutlich unterschiedlich. Duisburg ist der Standort im Ruhrgebiet, der bis heute am stärksten von den montanindustriellen Wurzeln geprägt ist. Hier konzentriert sich der verbliebene Kernbereich der Stahlindustrie des Ruhrgebiets und im Umfeld des Hafens hat sich ein starker Logistikbereich herausgebildet. Themen wie Logistik und moderne Werkstoffe sind maßgeblich für die Profilierungsstrategien dieser Stadt, die Dienstleistungsimpulse im Duisburger Innenhafen allerdings bisher nicht strukturprägend. Bochum hat ebenfalls einen überdurchschnittlich hohen industriellen Anteil, dieser ist aber primär auf die Ansiedlung neuer Industrien seit den 1960er Jahren zurückzuführen (insbeson-

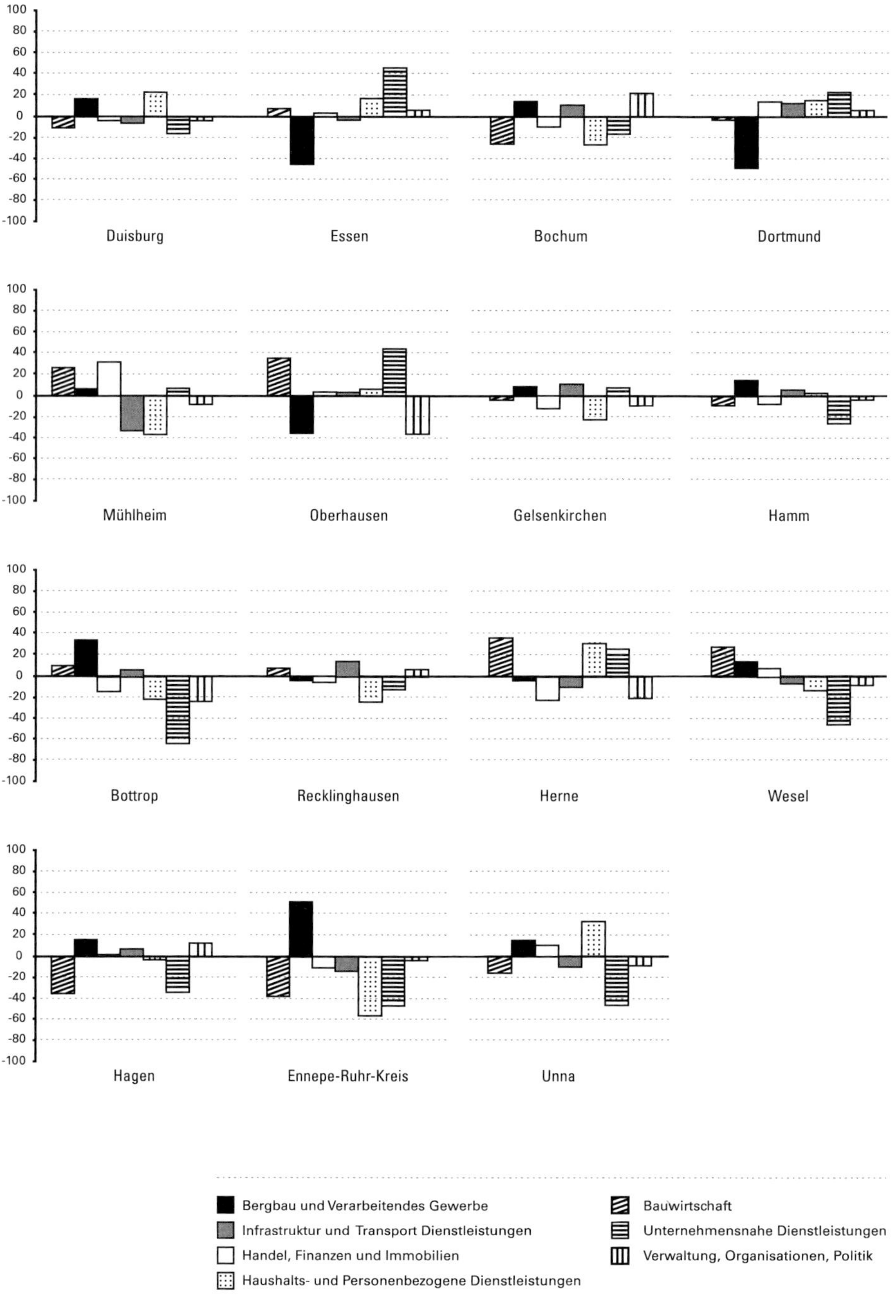

Übersicht 2: Profilindex 2003; Basisregion: Ruhrgebiet insgesamt

Quelle: siehe Übersicht 1

dere Opel und Nokia). Beide sind allerdings wenig mit der Gesamtstruktur der Stadt oder Region verbunden, so dass ein wirtschaftlicher Aufschwung Bochums wesentlich schwieriger erscheint als bei den anderen bisher diskutierten Städten.

Das bisherige Bild differenziert sich weiter aus, wenn die vier mittleren Städte im Ruhrgebiet, Mülheim, Oberhausen, Gelsenkirchen und Hamm, betrachtet werden. Mülheim tut sich durch die dort ansässigen Einzelhandelszentralen (zum Beispiel Aldi und Plus) und die Nähe zu Essen und Düsseldorf als Standort für unternehmensnahe Dienstleistungen hervor, während traditionell ausgeprägte Kompetenzen in Energie-technik und Anlagenbau an strukturprägender Bedeutung verlieren. In Oberhausen fällt der stark überdurchschnittliche Anteil der unternehmensnahen Dienstleistungen auf, was mit dem Umfeld des CentrO zusammenhängt. Hamm und Gelsenkirchen schließlich weisen die geringsten Abweichungen vom Durchschnitt auf und weder alte Stärken wie die Metall- oder Chemieindustrie, noch neue wirtschaftliche Aktivitäten wie die Solarenergie in Gelsenkirchen haben strukturprägende Bedeutung.

Das Bild wird zwangsläufig diffus, wenn die Kreise des Ruhrgebiets und die am Rand des Ruhrgebiets liegenden Städte betrachtet werden. Der industrielle Anteil ist hier überwiegend noch überdurchschnittlich, der Dienstleistungsanteil unterdurchschnitt-lich. Die Kreise sind in sich oft heterogen mit teilweise durchaus profilbildenden Ker-nen wie etwa die chemische Industrie in Marl (Kreis Recklinghausen). Ansonsten sind die Strukturen nicht allein durch die montanindustrielle Vergangenheit, sondern auch durch die engen Bindungen zu Nachbarregionen wie Westfalen und Niederr-hein zu verstehen.

Perspektiven im Umbruch

Das Ruhrgebiet differenziert sich aus – dies sollte nach den voranstehenden Überle-gungen deutlich sein. Ist in einer derartigen Situation überhaupt eine Profilierung sinn-voll oder möglich? Folgt man der Diskussion im Ruhrgebiet, so ist der Trend hin zur „Banalisierung" keineswegs so unattraktiv wie es der Begriff suggeriert. Eines der immer wieder zu hörenden Argumente in der Diskussion um Profilierung oder Clus-terbildung im Ruhrgebiet besteht darin, dass die Regionen seit mittlerweile Jahrzehn-ten die tief greifenden negativen Folgen einer einseitigen Wirtschaftsstruktur durchlebt haben, und dass es doch wesentlich sinnvoller sei, künftig auf eine breite Diversifi-zierung zu setzen und sich zu einem wirtschaftlichen „Tausendfüßer" zu entwickeln, um künftig derartige kumulative Einbrüche zu vermeiden.

Das Ruhrgebiet hat einen deutlichen Kompromiss gewählt: Es hat sich strukturpoli-tisch zwischen 2000 und 2005 auf zwölf Kompetenzfelder konzentriert: Informations-und Kommunikationstechnologien, Logistik, Mikrostrukturtechnik und Mikroelektronik, neue Werkstoffe, Medizintechnik, Design, Wasser- und Abwassertechnik, Maschinen-bau, Tourismus und Freizeit, Energie und neue Energietechniken, Bergbautechnik und neue Chemie. Hoch spezialisierte technologieorientierte Fertigkeitsfelder und breit gestreute Dienstleistungsbranchen stehen nebeneinander, zwischen bereits vorhan-denen, noch aufzubauenden und künftig gewünschten Kompetenzen wird nicht un-terschieden. Ein neues Profil für das Ruhrgebiet ergibt sich aus dem Zusammenspiel dieser zwölf Bereiche nicht, allerdings können sie durchaus als typisch für eine Umbruchsituation gesehen werden, in der verschiedene Trends gleichzeitig wirken und sich auch in einer kulturellen Differenzierung ausdrücken.[3]

Kultur, empirisch immer schwer zu fassen, stellt sich im Ruhrgebiet heute widersprüchlich dar. Auf der einen Seite sind tradierte kulturelle Besonderheiten als Hemmnisse noch immer wirksam. Bezogen etwa auf die Innovationsfähigkeit des Ruhrgebiets ist durch Untersuchungen belegt, dass die Gründungsaktivitäten, die Kooperationsbereitschaft der Unternehmen, die Forschungs- und Entwicklungstätigkeit, das Qualifizierungsniveau und auch der Frauenanteil bei den Beschäftigten unterdurchschnittlich sind.

Auf der anderen Seite gibt es auch Erfolgsgeschichten, bei denen Altes und Neues verbunden wurde und eine Ausrichtung auf neue Märkte stattfand, womit auch zu einer erheblichen Flexibilisierung der Unternehmensstrukturen und -kulturen beigetragen wurde. Die herausragenden Felder sind hier – wie oben gezeigt – vor allem der Anlagenbau, die Umweltwirtschaft, die Informations- und Kommunikationswirtschaft und die Logistik. Während in weiten Teilen der Bevölkerung und auch in Unternehmen offenbar eine an Gründung, Innovation und Entrepreneurship ausgerichtete Kultur stark unterdurchschnittlich ausgeprägt ist, haben die Konzerne – auch in den montanindustriellen Kernbereichen – mittlerweile überwiegend flexible Strukturen aufgebaut, so dass das Bild von der Großindustrie für weite Teile der Ruhrgebietswirtschaft nicht mehr treffend ist.[4] Dies bedeutet aber auch, dass eine einheitliche Kultur und ein diese Kultur tragender regionaler Verflechtungszusammenhang nicht mehr gegeben sind. Eine neue Verflechtung als Grundlage für ein spezifisches Ruhrgebietsprofil ist bestenfalls in Ansätzen oder Teilregionen erkennbar.

Diese Umbruchsituation und die damit verbundene Frage einer Neuprofilierung zeigen sich auch auf anderen Feldern, etwa in der Diskussion um die „Ruhrstadt", wobei Größe an sich in der Regel im Mittelpunkt steht und nicht die Qualität oder die Stärken einer polyzentrischen Komplementarität. So fehlt es noch immer an einer bei Metropolen zu erwartenden Zentralität und global anerkannten Urbanität. Dies wird durch die Vision einer mit weltweit führenden Metropolen vergleichbaren Ruhrstadt zu einem Schlüsselproblem. Anders sähe es aus, wenn das Profil einer dezentralen Agglomeration stärker betont würde, das Mitte der 1990er Jahre kurzzeitig Erwähnung fand, aber durch die Diskussion um die Ruhrstadt verdrängt wurde.

Hinsichtlich der Frage, welche kulturelle Identität das Ruhrgebiet prägt, sind die Entwicklungen widersprüchlich. Auf der einen Seite steht die (verspätete, aber damit nicht überflüssige) Debatte um eine Deutungskultur, die größtenteils von der IBA Emscher Park angeregt wurde und heute in Zusammenhang mit der Ruhr-Triennale und der Bewerbung zur europäischen Kulturstadt geführt wird. Die Verbindung einer der modernen Nutzung geöffneten industriellen Tradition mit einer ökologisch erneuerten Natur zeichnet sich als Grundgedanke ab, wobei die erneuerte Vergangenheit in der Regel deutlicher wird als die Zukunft.

Auf der anderen Seite hat sich gerade im Ruhrgebiet eine Massen- und Eventkultur herausgebildet, die sich an einzelnen Orten (CentrO in Oberhausen, Bermuda-Dreieck in Bochum, Jugendmesse in Essen, Skater-Events in Dortmund) fokussiert, vor allem Jugendliche anspricht und mittlerweile auch als eine zentrale Klammer der Region angesehen werden kann. Es spricht einiges dafür, dass diese durch kleinräumige Attraktionen und Events geprägte Entwicklung bisher erheblich unterschätzt wurde.

Diese beiden Trends müssen sich keineswegs widersprechen: Orte der Industriekultur sind auch immer wieder Orte der Unterhaltungskultur und es kann nicht davon ausgegangen werden, dass Identitätsbildung oder -veränderung ein rationaler, widerspruchsfreier Prozess ist. Dies war er auch nie, da bei genauerem Hinsehen im Ruhrgebiet vielfältige Formen kleinräumiger Identitäten und eine Ruhrgebietsidentität miteinander verbunden waren und bis heute sehr stabil sind.

Eine nach innen und außen auch für die Zukunft tragfähige Profilbildung muss sich in den genannten Spannungsfeldern bewegen und erfordert in mancher Hinsicht die Quadratur des Kreises:

▶ Sie muss balancieren zwischen einer auch in den kommenden Jahrzehnten weiter für diese Region zentralen industriellen Vergangenheit und einer gesamtgesellschaftlichen Perspektive, die auf Wissen bzw. Informationsverarbeitung beruht.

▶ Sie kann angesichts der in vielerlei Hinsicht ungewissen Entwicklung nicht sehr eng sein, sie muss offen bleiben für Neues, zumal sich auch politisch eine enge Ausrichtung eines Profils nicht durchhalten ließe.

▶ Sie sollte einen gemeinsamen Rahmen für das Ruhrgebiet bieten, aber Raum für eine möglichst komplementäre Arbeitsteilung und Profilbildung der einzelnen Städte und Regionen zulassen oder öffnen.

Eine derartige Profilbildung lässt sich nicht durch ein gemeinsames Projekt, durch Elitendiskurs oder durch eine Marketingstudie realisieren. Sie wird Zeit brauchen und in erster Linie aus den wirtschaftlichen und sozialen Strukturen des Ruhrgebiets heraus wachsen müssen und in Form von Symbolen, von Geschichten, von Personen oder von Gebäuden mit Leben zu füllen sein.

Literatur

Grabher, Gernot (1990): *On the Weakness of Strong Ties.* In: WZB Papers, FS I-90-4, Berlin.

Grote Westrick, Dagmar, Rehfeld, Dieter (2005): Innovationskulturen im Ruhrgebiet – erste Thesen, Theoriebausteine und Fragen. Diskussionspapier, Gelsenkirchen.

Gruppe von Lissabon (1997): G*renzen des Wettbewerbs. Die Globalisierung der Wirtschaft und die Zukunft der Menschheit.* München.

Koolhaas, Rem (1999): Stadtkultur an der Jahrtausendwende. In: *Kursbuch Stadt. Stadtleben und Stadtkultur an der Jahrtausendwende,* DVA, München, S. 7–13.

May, Nicole (1994): Wandel der Region Lothringen. Kontinuitäten und Brüche. In: Kilper, Heiderose, Rehfeld, Dieter (Hg.): *Konzern und Region. Zwischen Rückzug und neuer Integration,* Münster, S. 13–60.

Rehfeld, Dieter (1994): *The „Ruhrgebiet": Patterns of Economic Restructuring in an Area of industrial Decline,* Brüssel.

1 Vgl. Grote Westrick, Rehfeld, *Innovationskulturen im Ruhrgebiet,* 2005
2 Siehe den Beitrag von Joseph Place in diesem Band
3 Vgl. zum Folgenden Grote Westrick, Rehfeld, *Innovationskulturen im Ruhrgebiet,* 2005
4 Grabher, *On the weakness of strong ties,* 1990; Rehfeld, *The Ruhrgebiet,* 1994

Profiling and Specialization of Old Industrial Cities – Trends and Concepts Based on the Example of the Ruhr Area

Dieter Rehfeld

Strategies: In search of the "special" – profiling

One of the most persistent assumptions of the debate on globalization states that economic and social structures, as well as cultural standards and consumer needs, are becoming increasingly equalized. The ever increasing opportunities offered by information and communication technologies as well as the rising numbers of tourists and migrants have contributed to the worldwide spread of new ideas and concepts within a very short period of time. The conclusion frequently drawn from this is that social and cultural relationships are becoming detached from their geographic origins and increasingly standardized.

There are plenty of examples of this: the Lisbon Group (1997) speaks of a "Madonna culture" or Rem Koolhaas (1997) of the "generic city", which can be found more and more often and in which the specific traditions now only exist in the context of museums or as a production for tourists.

This is undoubtedly a narrow view; social structures only change in the very long term and the associated cultural attitudes are the result of a more or less active process of change and adoption. For the context discussed in this article, it is important to establish that, along with these aspects of standardization, a growing need for differentiation can be observed. "Unique selling point" is now one of the key words in all the endeavors by cities and regions to position or profile themselves in economic or cultural terms within the global competition of places. The use of the term cluster, which has become very popular recently in discussions on structural policy, points to a similar objective – the task here is to build on the location's special areas of expertise or economic advantages, to develop these and consequently profile the city or region as an economic location and to make it ever more attractive both to local companies as well as to those potentially relocating to the area. However, over the past decades there have been clear changes in the general conditions:

▶ With globalization, the international process of diffusion of labor-intensive production is accelerating with the result that locational concentrations are now subject to greater change than in the past.

▶ The growing services intensity is also leading to a more widespread spatial distribution of economic activities because the need for proximity to customers requires firms to be represented in sales markets.

▶ Information and communication technologies are contributing towards the fact that the physical advantages of locations are becoming less significant and the expertise in the evaluation, processing and utilization of the growing information flood is gaining in importance.

Statistically, the differences in the economic, social and cultural structures are probably less distinct than in the past, nevertheless, today these differences are perceived or communicated more clearly than before. The starting point for the process of creating a profile differs for each city. Individual cities with a distinctive cultural past and a modern economic structure, such as Munich or Heidelberg, have an attractive and stable image irrespective of whether this is communicated in the form of a marketing campaign or not. Old industrial cities and regions such as the Ruhr area are finding it particularly difficult because their image, which already exists, is hardly perceived as visionary or attractive. The old structures are still in place, even if on a more social and cultural than economic scale. As a general rule, new structures are either not available or have not yet been established. These regions are at risk of losing their identity. This trend, which Nicole May (1994) called "banalization" in her analysis of Lorraine, can certainly be described as a necessary step along the way towards successful restructuring, but it can hardly be used for creating a profile.

The Ruhr area and Pittsburgh can both certainly point with pride to the fact that they belong to the few classic industrial regions of the 19th century to successfully continue manufacturing up to the present day. However, within an environment which sees itself as a knowledge-based or information society – or as being on the way to becoming one – this can hardly be communicated as visionary. It seems to make more sense to preserve the industrial cultures, change the way they are used and reposition them. On this basis, the specific profile of an industrial cultural landscape can be developed as shown by the basic concept of the *IBA Emscher Park* or the successful application by the city of Essen to become the European Capital of Culture for 2010.[1] Another option for the city or region is to attempt a radical break with the past and to put its faith in structural and economic symbols as a deliberate counterpoint to the large scale industrial past. With the sculpture "Angel of the North", for example, Newcastle in the north of England began creating symbols for a new future which has nothing or very little to do with its previous industrial culture.[2]

However, profiling will only succeed provided that it is not simply staged but has a broad impact on the region's inhabitants. In order to be credible it needs contact both with real, economic developments as well as with the attitudes and mentalities of the local population. In the economic context which is the basis for this discussion, this means that to be effective, a profile should reflect economic structures or trends. In the article below, we will first look at these economic structures and trends in terms of their profiling and changing relevance, using the example of the Ruhr area, before re-examining the statements at the beginning of the article.

Realities: Differentiation or fragmentation – the example of the Ruhr area
Diagram 1 first shows the economic structure in the Ruhr area compared with the other regions in North Rhine-Westphalia. The reference parameter is the state average, with the deviations, above and below, of the proportion of those in employment as a percentage of overall employment. The data is weighted in order to include any anomalies. What we see first of all is that the percentage employed in the mining

and processing industry in the Ruhr area is clearly below the average for the state. In other words: in terms of the importance to the economic structure, the Ruhr area is no longer the industrial heart of North Rhine-Westphalia.

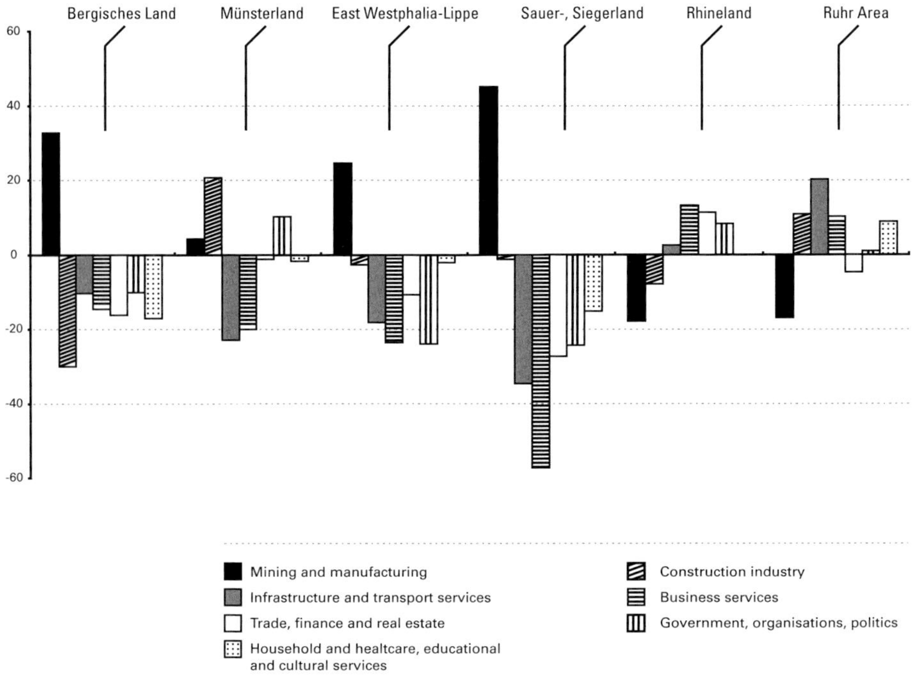

Diagram 1: Regional profile index of employment – June 2003
Source: Federal employment agency; calculations of the IAT

Industry, in this case mining and manufacturing, has withdrawn from the large conurbations (the Ruhr area and the Rhineland including Cologne and Düsseldorf). The Ruhr area's roots in the coal and steel industry can still be detected, particularly in the higher than average importance of the infrastructure and transport services sector that covers not only the energy sector but also the water management sector which is closely associated with the coal and steel industry and areas such as waste management and logistics deriving from the former industrial structures. It is also interesting to note the higher than average percentage of business services including various engineering and consulting firms which have also emerged from the coal and steel industry. It must of course be noted that these data relate to percentages rather than total figures and that higher than average percentages, particularly in household, healthcare, educational and cultural services, tend to reflect the weakness of the other economic areas rather than the strength of this particular area.

The defining role as an industrial region has been lost; the existing strengths certainly have their roots in a coal and steel industry core that is going through a process of restructuring. New stimuli for growth beyond the industrial roots have not yet achieved any relevance in terms of shaping the structures. This picture is of course a general view and ignores in particular the fact that this situation is much more diverse within the Ruhr area. Diagram 2 therefore shows the economic profiles of the cities and districts of the Ruhr area, with the Ruhr area providing the reference parameter in this respect.

First of all, there are Dortmund, Essen, Duisburg and Bochum – the four largest cities in the Ruhr area, each with a population of around 500,000. Restructuring in Dortmund has made by far the greatest progress. Industry's share there is the lowest of all four cities; all services areas, in particular, business services, are represented at higher than average levels. This is particularly reflected in the success of the Technology Park in Dortmund through software development, micro systems technology and logistics and corresponds with the city's endeavors to establish itself as a technology location. Essen has structures similar to Dortmund's but, as a traditional administration center for the Ruhr area, it also has a better starting position. The clearly higher than average proportion of business services is a consequence of the fact that large companies still have their headquarters in the city. The strong position in infrastructure and transport services points in particular to the dominance of the energy industry. If Essen is endeavoring to make a name for itself through its expertise in "natural resources" for example, this must be seen as the attempt to communicate the message that energy and water management are the way ahead for the future. The situation with business services is more problematic as these are differentiated and do not yet have a clear profile. The direct and indirect link with the numerous corporate headquarters based in the city still remains and there is strong competition in this area of the economy from the neighboring city of Düsseldorf.

The situation in Bochum and Duisburg is different. Here, industry's share of the economy is above the Ruhr area average and the services areas are still at a level much lower than the average. However, the supporting structures vary significantly. In the Ruhr area, Duisburg is the city which, even today, remains most sharply defined by its roots in coal and steel. It's here that the remaining core area of the steel industry in the Ruhr area is concentrated and a strong logistics segment has emerged within the area around the port. Aspects such as logistics and modern materials are essential for the profiling strategies of this city. However, the stimuli for services within the Duisburg Inner Harbor as yet have no defining effect on the structure. Industry's share of the economy is also higher than average in Bochum but this is primarily attributable to the location of newly attracted companies since the 1960s (Opel and Nokia in particular). Both do however have few economic links with the city or region, consequently an economic upturn in Bochum appears considerably more difficult to envisage than in the other cities discussed above.

The picture painted so far differentiates even further when we look at the four medium-sized cities of Mülheim, Oberhausen, Gelsenkirchen and Hamm in the Ruhr

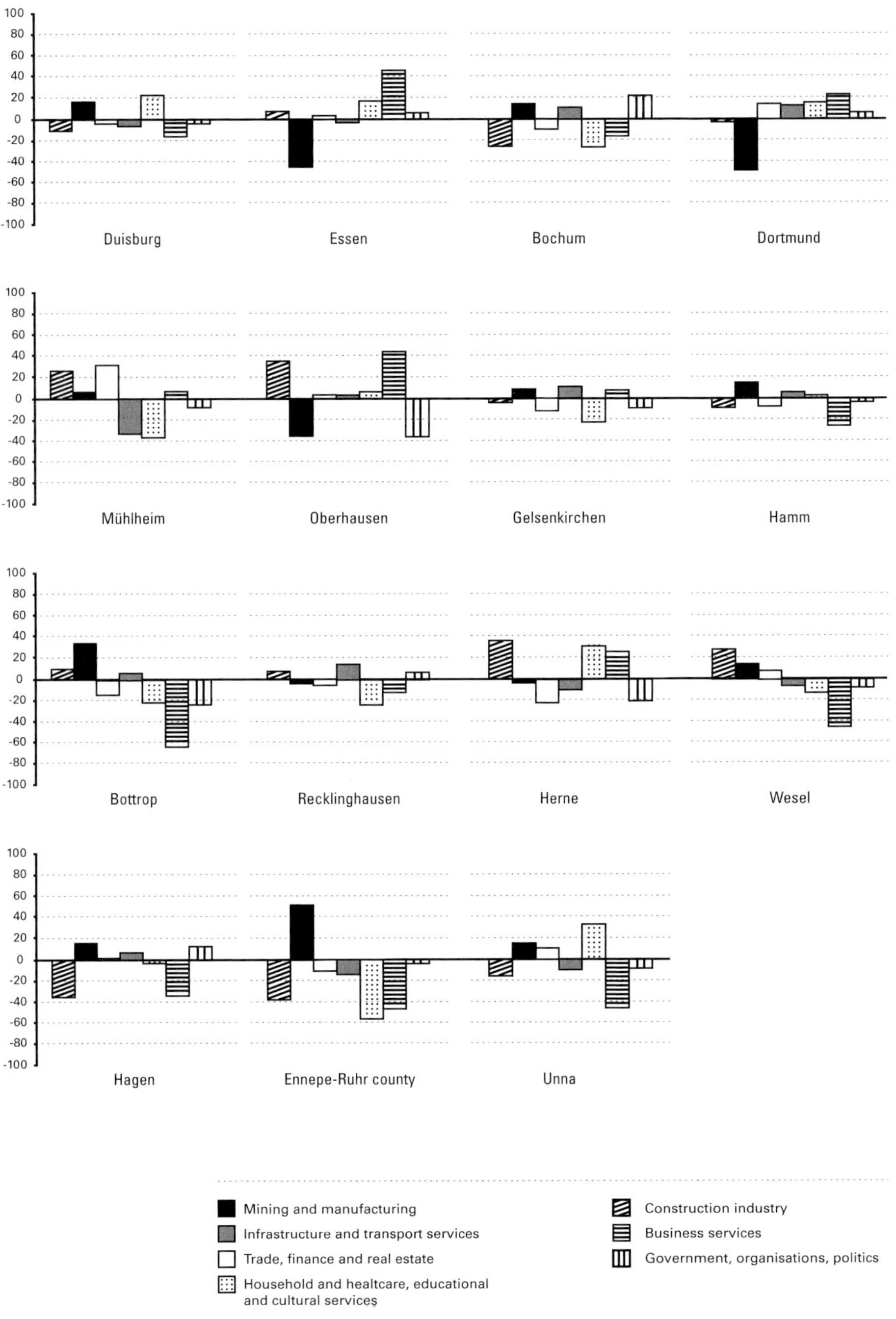

Diagram 2: Profile Index 2003; Base region: Ruhr Area as a whole

Source: Federal employment agency; calculations of the IAT

area. In view of the fact that the headquarters of retailing firms are based in the city (e.g. Aldi and Plus) and due to its close vicinity to Essen and Düsseldorf, Mülheim is establishing itself as a location for business services whilst traditionally characteristic areas of expertise in energy technology and plant construction are becoming less important for shaping the structures. The key feature of Oberhausen is its far higher than average proportion of business services which is attributable to the attractive economic environment of the CentrO. Finally, Hamm and Gelsenkirchen show the smallest deviations from the average and neither their former strengths such as the metal or chemical industries nor new economic activities such as solar energy in Gelsenkirchen have any relevance in shaping structures.

The picture inevitably becomes vague when we take into account the districts of the Ruhr area and the cities located on its outskirts. In these areas, industry's share of employment remains below average for the most part and the share held by the services sector above average. The districts as such are frequently heterogeneous, with core industries like the chemical industry in Marl (Recklinghausen district) certainly helping to shape the profile. Elsewhere the structures should not be viewed purely with regard to the past of coal and steel industry, but also in consideration of close ties with neighboring regions such as Westphalia and the Lower Rhine area.

Change in perspectives

The Ruhr area presents a differentiated picture – this should be clear from the statements above. Is profiling even advisable or possible in this type of situation? If we follow the discussion in the Ruhr area we can see that the trend towards "banalization" is nowhere near as unattractive as the term suggests. One of the arguments heard repeatedly in the discussion on profiling or cluster formation in the Ruhr area is that, for decades now, the regions have been suffering from the profoundly negative consequences of a one-sided economic structure and that it does make considerably more sense in the future to put store in broad diversification and in becoming an economic "millipede" in order to avoid cumulative collapses of this kind in the future.

The Ruhr area has chosen a compromise. Between 2000 and 2005, it concentrated on twelve areas of expertise in terms of structural policy: information and communication technologies, logistics, microstructure technology and microelectronics, new materials, medical technology, design, water and wastewater technology, mechanical engineering, tourism and leisure, energy and new energy technologies, mining technology and new chemicals. Highly specialized, technology-orientated skills areas and a broadly-based services sector go hand in hand, with no distinction being drawn between existing areas of expertise, those still to be developed and those required in the future. The interplay between these twelve areas does not create a new profile for the Ruhr area, however they can all certainly be seen as typical of a major shift scenario in which various trends have a simultaneous impact and are also expressed in cultural differentiation.[3]

Culture, always difficult to document on an empirical basis, paints a contradictory picture today in the Ruhr area. On the one hand, special, traditional cultural aspects continue to pose obstacles. In terms of the innovative capability of the Ruhr area, for example, studies have proven that the start-up activities, willingness of companies to enter into cooperation arrangements, research and development activity, level of training as well as the proportion of women amongst those in employment, are below average.

On the other hand, there are also success stories in which old and new have been combined and orientation towards new markets has taken place, which significantly contributed to the flexibility of corporate structures and cultures. The prominent areas here – as shown above – are primarily plant construction, the environmental industry, the information and communication industry and logistics. Whilst a culture which is orientated towards start-ups, innovation and entrepreneurship appears to be significantly under-represented in large sections of the population as well as on the corporate side when compared to the average, certain companies – including those in the core areas of the coal and steel industry – have since developed mostly flexible structures, so the picture of large scale industry no longer applies to broad sections of the economy in the Ruhr area.[4] This does, however, also mean that there is no longer a standardized culture or a regional interrelationship supporting such a culture. At best, a new interrelationship as a basis for a specific Ruhr area profile can be identified in basic approaches or parts of regions.

This scenario of change and the associated question of a new profile are also reflected in other areas such as in the discussion about the "Ruhr city" in which the focus is normally on size and not the quality or strengths of a polycentric complementarity. Consequently the centrality usually associated with a metropolis is missing as well as a globally acknowledged urbanity. This is becoming a key problem for the vision of a Ruhr city which can be compared to leading global metropolises. The situation would look different if greater emphasis were to be placed on the profile of a decentralized conurbation that was briefly mentioned in the mid 1990s but was replaced by the discussion about the Ruhr city. With regard to the question as to which cultural identity is shaping the Ruhr area, the trends are contradictory. On the one hand, there is the debate (overdue but not superfluous) regarding an interpretation culture which for the most part was prompted by the *IBA Emscher Park* and is kept on in the context of the *Ruhr-Triennale* and Essen's nomination as European Capital of Culture in 2010. The combination of an industrial tradition opened up to modern usage, with natural surroundings being environmentally rejuvenated becomes more clearly defined as a basic concept, while the renewed past is in most cases more pronounced than the future.

On the other hand, specifically in the Ruhr area, we have seen the emergence of a mass and events culture which is focused in individual locations (CentrO in Oberhausen, Bermuda Triangle in Bochum, Youth Fair in Essen, skater events in Dortmund) and has been aimed primarily at young people and can now also be seen as a central brace for the region. It may well be that up to now this development, which is characterized by local attractions and events, has been considerably underestimated.

These two trends don't have to be contradictory: Sites of industrial culture are in many cases also sites of entertainment culture and it cannot be assumed that the creation or change of identity is a rational process without any contradictions. Nor was this ever the case since, on closer inspection, a diverse range of local identities and a Ruhr area identity were inter-linked in the past and remain very stable even today.

The creation of a viable internal and external image, now and for the future, must be positioned within the above-mentioned areas of conflict and in many respects calls for a squaring of the circle:

▶ It must create a balance between an industrial past which will continue to remain central for this region in the decades ahead and a general social perspective based on knowledge or information processing.

▶ In view of the uncertain development from many aspects, this cannot be a very narrow profile but must remain open to new perspectives, a narrow profile also could not be kept up politically.

▶ It should offer a common framework for the Ruhr area but also permit or open up scope for a highly complementary division of labor and creation of profiles for the individual cities and regions.

This type of image forming cannot be achieved through one common project, discourse amongst "the elite" or through one marketing study. It will take time and primarily grow out of the economic and social structures of the Ruhr area. It will have to be brought into being in the form of symbols, histories, individuals and buildings.

Literature

Grabher, Gernot (1990): *On the Weakness of Strong Ties*. In: WZB Papers, FS I-90-4, Berlin.

Grote Westrick, Dagmar, Rehfeld, Dieter (2005): Innovationskulturen im Ruhrgebiet – erste Thesen, Theoriebausteine und Fragen, discussion paper, Gelsenkirchen.

Lisbon Group (1997): *Grenzen des Wettbewerbs. Die Globalisierung der Wirtschaft und die Zukunft der Menschheit*. München.

Koolhaas, Rem (1999): Stadtkultur an der Jahrtausendwende. In: *Kursbuch Stadt. Stadtleben und Stadtkultur an der Jahrtausendwende*, DVA, München, p. 7–13.

May, Nicole (1994): *Wandel der Region Lothringen. Kontinuitäten und Brüche*. In: Kilper, Heiderose, Rehfeld, Dieter (Hg.): *Konzern und Region. Zwischen Rückzug und neuer Integration*. Münster, pp. 13–60.

Rehfeld, Dieter (1994): *The "Ruhrgebiet": Patterns of Economic Restructuring in an Area of Industrial Decline*, Brussels.

1   Cf. Grote Westrick, Rehfeld, *Innovationskulturen im Ruhrgebiet*, 2005
2   See the article by Joseph Place in this volume
3   Cf. Grote Westrick, Rehfeld, *Innovationskulturen im Ruhrgebiet*, 2005
4   Grabher, *On the weakness of strong ties*, 1990; Rehfeld, *The Ruhrgebiet*, 1994

2.

Spezialisierte Gesundheitsdienstleistungen und Stadtentwicklung

Specialized Health Services and Urban Development

Gesundheitsregionen im Vergleich – auf der Suche nach erfolgreichen Entwicklungsstrategien

Josef Hilbert

Vom Kostenfaktor zur Zukunftslokomotive – das Gesundheitswesen im Paradigmenwechsel

Die Politik tut sich schwer, eine positive Vision für die Zukunft des Gesundheitswesens zu entwickeln. Deshalb kann es auch nicht verwundern, dass sie Probleme hat, eine solide Grundlage für dessen inhaltliche Weiterentwicklung zu schaffen. Hintergrund für diese Schwierigkeiten der Gesundheitspolitik ist, dass die Angst dominiert, die Kosten für die Gesundheit würden mittel- und langfristig die Leistungsfähigkeit der Wirtschaft ersticken und müssten deshalb nachhaltig eingedämmt werden.

Immer mehr Wissenschaftler, Berater und Akteure der Branche akzeptieren diese Sicht nicht mehr. Sie sehen Gesundheit nicht mehr als „Last", sondern als „Chance" für die Ökonomie. Dieser Perspektivenwechsel ist keineswegs einfach aus der Luft gegriffen, sondern er stützt sich auf eine Reihe von grundlegenden Überlegungen und Analysen:

▶ Die Gesundheitswirtschaft ist die größte Wirtschaftsbranche in Deutschland. Dazu zählen nicht nur Ärzte, Krankenhäuser und Altenheime, sondern auch Zulieferer (etwa Medizintechnik) und benachbarte Wirtschaftsbereiche (etwa gesunde Ernährung und Wellness). Insgesamt arbeiten in diesem Sektor mittlerweile mehr als 4,5 Mio. Menschen.

▶ Das Altern der Gesellschaft, der medizinisch-technische Fortschritt und ein wachsendes Gesundheitsbewusstsein lassen den Bedarf nach Angeboten zur Gesunderhaltung und Heilung in Zukunft erheblich steigen.

▶ Deutschlands wirtschaftliche Zukunft wird stark von Erfolgen bei den so genannten Hochtechnologien abhängen, vor allem bei der Molekularbiologie und bei der Nanotechnologie. Deren wichtigste Anwendungen liegen im Gesundheitsbereich. Der Ruf nach mehr Hightech wird das Interesse der Wirtschaft an einem leistungsstarken Gesundheitssektor verstärken.

▶ Wachsende Ausgaben sind dann kein „Mühlstein für die Wirtschaft", wenn es gelingt, deren Finanzierung arbeitsmarktfreundlich zu gestalten, das heißt ganz oder teilweise von den Lohnkosten abzukoppeln. Konzepte dafür liegen vor, ihre Realisierung ist in anderen Ländern bereits gelungen. Grundsätzlich steht einer entsprechenden Erneuerung auch in Deutschland nichts im Weg.

▶ Verschiedene Studien – etwa von der Prognos AG oder auch vom Institut Arbeit und Technik (IAT) – zeigen, dass der Gesundheitssektor auch in Zukunft viele zusätzliche Arbeitsplätze bringen wird, bei erfolgreicher Erneuerung bis zu 800 000.

Diese Überlegungen zur Zukunft des Gesundheitswesens signalisieren einen Paradigmenwechsel: Bislang wurde Gesundheit als eine Solidaritätsverpflichtung der Gesellschaft begriffen, die zwar notwendig ist, die Wirtschaft aber stark belastet. Mehr und

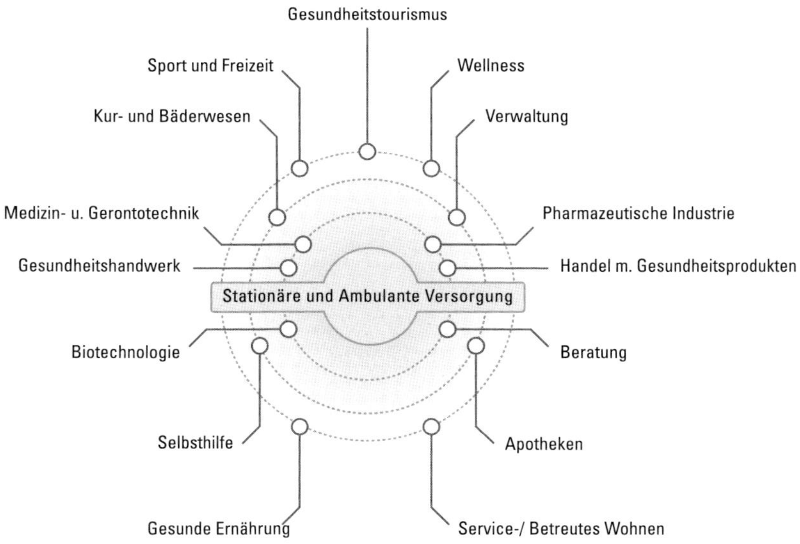

Die Gesundheitswirtschaft
mehr als Krankenhäuser und Arztpraxen

mehr wird jetzt erkannt, dass diese Ausgaben gute Potenziale haben, Innovationsmotor und Jobmaschine zu werden. Das Gesundheitswesen wandelt sich zur Gesundheitswirtschaft und wird zur Zukunftsbranche. Das Gelingen dieses Paradigmenwechsels und die Realisierung der damit verbundenen „rosigen" Aussichten sind allerdings keine Selbstläufer, sondern an eine Fülle von Voraussetzungen gebunden:

▶ Deutliche Fortschritte in Qualität und Effizienz
▶ Die Beschleunigung von Entwicklung, Erprobung und Diffusion innovativer Angebote
▶ Eine verstärkte Mobilisierung von öffentlichen und privaten Ressourcen

Die guten Aussichten der Gesundheitswirtschaft haben viele Akteure der Branche fasziniert. Krankenhäuser, Reha-Einrichtungen, Medizintechnikunternehmen, aber auch Fitnessanbieter und Gesundheitstouristiker gehen die Gestaltungsaufgaben an und versuchen, durch mehr Innovation, Qualität und Effizienz ihre Zukunftsaussichten zu verbessern. Gleiches gilt auch für eine wachsende Zahl von Bundesländern und Regionen. Sie bezeichnen sich als „Gesundheits(wirtschafts)regionen" und bemühen sich darum, einschlägige Kompetenzen zu stärken, zu entwickeln und zu vermarkten. Dies zielt darauf, die Lebensqualität der Bevölkerung zu verbessern und soll gleichzeitig Wachstum und Beschäftigung in der Gesundheitsbranche steigern.

Gesundheitsregionen in Deutschland – ein Überblick

Gesundheitswirtschaft ist in mehreren Bundesländern und Regionen Deutschlands zu einem Schwerpunkt der Entwicklung geworden. Engagiert sind dabei nicht nur die

Gesundheits- und Sozialpolitik, sondern Beiträge kommen auch aus der Wirtschafts- und Strukturpolitik. Bislang gibt es noch keine erschöpfenden und analytisch tief gehenden Untersuchungen über die verschiedenen Initiativen. Zwar existieren Darstellungen des Geschehens in ausgewählten Bundesländern[1] und auch Konzepte und Perspektivpapiere, die aus den Regionen selbst kommen. Eine vergleichende Darstellung und Analyse steht jedoch noch aus. Im Folgenden wird ein erster systematisierender Überblick gegeben. Dieser orientiert sich dabei an drei Fragen:

▶ Welche Bundesländer und Gebiete profilieren sich als Regionen der Gesundheitswirtschaft?

▶ Welche inhaltlichen Schwerpunkte stehen im Mittelpunkt?

▶ Wer sind die Akteure, die das Thema vorantreiben?

Welche Regionen engagieren sich?

Es vergeht kaum eine Woche, in der nicht eine Stadt, eine Region oder ein Bundesland kundtut, dass es die Gesundheitswirtschaft zu einem Schwerpunkt der Entwicklung macht. Deswegen ist es schwer, einen vollständigen Überblick zu geben. Als Gebiete, die mit deutlich erkennbarem Engagement auf Gesundheitswirtschaft setzen, sind etwa Baden-Württemberg, Bayern, Berlin-Brandenburg, Bremen, Hamburg, Schleswig-Holstein, Mecklenburg-Vorpommern (MV) und Nordrhein-Westfalen (NRW) zu nennen. Zu den ersten Regionen, die sich in diesem Sinn engagiert haben, gehören Erlangen-Nürnberg und Ostwestfalen-Lippe (OWL), später dann auch größere wie das Ruhrgebiet, Berlin und Hamburg. Dies hat dazu geführt, dass die Aufmerksamkeit bei der Landespolitik gestiegen ist. Eine formale Umsetzung hat dies zunächst in NRW gefunden, wo die Landesregierung im Frühjahr 2005 einen „Masterplan Gesundheitswirtschaft" vorgelegt hat. MV veranstaltete Ende 2005 eine Branchenkonferenz Gesundheitswirtschaft und legte im März 2006 ebenfalls einen Masterplan vor.

Was sind die inhaltlichen Schwerpunkte? Wer die Treiber?

Im Ruhrgebiet, einer großen Region der Gesundheitswirtschaft, gibt es Aktivitäten zu fast allen denkbaren Handlungsfeldern[2]. Zu nennen sind hier im Einzelnen: Der Ausbau spitzenmedizinischer Angebote, die Stärkung der Medizintechnik (inkl. Biomedizin), die Entwicklung und Vermarktung von Prävention und Gesundheitsförderung, ein verbessertes Management und eine stärkere Integration der Versorgung, das Anregen und Begleiten von Existenzgründungen und Ansiedlungen, die internationale Vermarktung von Gesundheitsprodukten und Dienstleistungen, die Verbesserung der Qualifikation und der Arbeitsbedingungen, der Ausbau von innovativen Produkten und Dienstleistungen für mehr Lebensqualität im Alter und die Etablierung der Region als Standort für die gesundheitswirtschaftliche Warenwirtschaft und Logistik. Begründet wird dieses breite Vorgehen im Ruhrgebiet zum einen damit, dass hier rund 5 Millionen Menschen leben und für alle Angebote eine hinreichend große Nachfrage vorhanden ist; zum anderen gibt es in all den genannten Bereichen auch engagierte Akteure, die durch Innovationen auf sich und auf die Region aufmerksam machen wollen.

Bislang nicht ganz so intensiv wie im Ruhrgebiet ist das Angebot in Berlin aufgestellt[3], das sich in erster Linie als wissenschaftsgestützte Gesundheitsregion versteht. Dementsprechend wird hier sehr stark auf Forschung und Entwicklung gesetzt, wobei die molekulare Medizin als eines der zentralen Handlungsfelder gesehen wird. Eine wichtige Rolle spielt auch das Deutsche Herzzentrum Berlin, das unter anderem im Bereich der Herztransplantation eine weltweit führende Adresse ist. Treibender Akteur ist der Verein Gesundheitsstadt Berlin, der von Firmen und Persönlichkeiten getragen wird. Trotz des eindeutigen Fokus auf Spitzenmedizin sowie auf Forschung und Entwicklung ist bereits heute absehbar, dass Berlin in Zukunft verstärkt auch weitergehende Fragestellungen aufgreifen wird. Im Handwerk stößt etwa das Thema Produkte und Dienstleistungen für mehr Lebensqualität im Alter auf wachsende Aufmerksamkeit. In etwa vergleichbar mit dem Berliner Ansatz sind die Verhältnisse in Hamburg und Bremen, jedoch gibt es hier noch keine von der Wirtschaft selbst getragenen Vereine, die die Entwicklung vorantreiben. Eine wichtige Anlaufinstanz in Hamburg ist die Norgenta, die aus öffentlichen Mitteln finanziert wird und sich als Life-Science-Agentur für Norddeutschland – das heißt Hamburg und Schleswig-Holstein – versteht.[4] Bayerns Gesundheitswirtschaft gilt als hoch leistungsfähig. An verschiedenen Standorten – vor allem in München, in Erlangen-Nürnberg und auch im Unterallgäu – wird bereits seit längerem an der Entwicklung und Profilierung des Sektors gearbeitet. Jedoch ist es nicht einfach, eindeutige Schwerpunkte und Handlungsperspektiven zu beschreiben. In Erlangen-Nürnberg spielt das Thema Medizintechnik eine große Rolle, in München geht es – wie in Berlin und Hamburg – um Forschung und Entwicklung sowie um molekulare Medizin. Im Unterallgäu – vor allem in Bad Wörishofen – sind die Zukunft der Prävention und Naturheilverfahren sowie der Gesundheitstourismus große Themen. Im Jahr 2002 haben sich über 80 Unternehmen, Verbände und Personen zur Health Care Bayern zusammengefunden,[5] einem eingetragenen Verein, der sich die Förderung und Weiterentwicklung der Gesundheitsversorgung und damit auch des Standorts Bayern zum Ziel gesetzt hat. Derzeit arbeiten sie an der Schärfung des inhaltlichen und strategischen Profils und stützen sich dabei stark auf die Schwerpunkte in den oben genannten Teilregionen des Landes.

Kur, Reha, Gesundheits- und Seniorentourismus sind auch Topthemen der Gesundheitswirtschaft in Schleswig-Holstein, MV und OWL. Allen drei Gebieten ist gemeinsam, dass es sich um traditionelle Kur- und Reha-Regionen handelt, die ihre bisherige Basis zukunftsfest machen und durch neue Fundamente ergänzen wollen. Grund dafür ist, dass der Trend zur ambulanten und wohnortnahen Rehabilitation stärker wird und von daher ihre traditionelle stationäre Form Auslastungsprobleme bekommt. Als Reaktion hierauf gibt es zum einen Anstrengungen, die ursprüngliche Variante zu verteidigen und durch neue Ansätze zu stärken, zum anderen steigt das Interesse, sich im Gesundheitstourismus und bei der Prävention zu profilieren. Eine Brücke zwischen beiden Bereichen wird häufig mit dem Begriff „medical wellness" umrissen. Eine Besonderheit von OWL ist, dass hier gezielt die Zusammenarbeit zwischen der stationären Rehabilitation und der Akutmedizin im benachbarten Ruhrgebiet gesucht wird. Durch neue Wege des Qualitätsmanagements und der Arbeitsteilung untereinander soll eine neue „Spitzenrehabilitation" entstehen. In all den genannten Regionen, die durch Kur und Reha geprägt sind, gibt es natürlich auch noch eine Menge anderer Aktivitäten. MV etwa engagiert sich sehr stark in der Biomedizin.

Was die Förderer der Gesundheitswirtschaft in diesen bevölkerungsmäßig in etwa ähnlich großen Regionen angeht, lassen sich erhebliche Unterschiede ausmachen. Während in MV und in Schleswig-Holstein das Land eine ganz zentrale Rolle spielt und sich die Akteure aus Verbänden, Unternehmen und aus der Wissenschaft erfreut anschließen, ist es in OWL eher umgekehrt.

Was lehrt der Blick in die Regionen der Gesundheitswirtschaft?

Nach der Skizzierung der Aktivitäten in Bundesländern und Regionen sollen im Folgenden zentrale Lehren aus dem Geschehen gezogen werden. Für Akteure in den genannten Regionen wirken sie vielleicht inspirierend; für Regionen, die neu in die Thematik einsteigen, sind sie hoffentlich eine Hilfe:

▶ Der Paradigmenwechsel – Gesundheit nicht mehr als Last, sondern als Chance für die Wirtschaft – ist keine „Kopfgeburt", sondern wird mittlerweile in vielen deutschen Bundesländern und Regionen unterstützt.

▶ Gesundheitswirtschaft wird immer öfter ganzheitlich gesehen. Zumeist startet das Interesse am Ausbau der Gesundheitswirtschaft damit, dass ein Fokus bei den eher technischen Disziplinen, also bei der Biomedizin, der Medizintechnik oder auch den Neurowissenschaften, gesucht wird. Sobald aber eine tiefer gehende Auseinandersetzung mit der Zukunft des Gesundheitswesens erfolgt, werden auch die Potenziale bei den (sozialen) Dienstleistern erkannt.

▶ Aktives Engagement aus den Regionen lohnt sich. Die Zukunft der Gesundheitswirtschaft kann auch auf regionaler Ebene nur mit Unterstützung der Landes- und Bundespolitik gefördert werden. Gleichwohl hat sich gezeigt, dass es für einzelne Gebiete sinnvoll ist, auch dann die Initiative zu ergreifen, wenn die „große Politik" noch indifferent ist. In einigen Regionen gingen die ersten Impulse von kommunalen Akteuren sowie von Anbietern der Branche selbst aus. Dieses Engagement wurde anschließend von der Politik aufgegriffen und mitgetragen.

▶ Nachhaltig können regionale Entwicklungskonzepte zur Gesundheitswirtschaft nur dann werden, wenn eine stabile Steuerungs- und Vernetzungsinstanz existiert, die auch für eine kontinuierliche Projektentwicklung Sorge trägt. Am besten ist es, wenn sie nicht unmittelbar von Politik abhängig ist und einen soliden wissenschaftlichen Unterbau hat.

▶ Zum Schluss bleibt nur noch zu sagen, dass die Zeit für die Bundespolitik reif ist, endlich die wirtschaftlichen Chancen der Gesundheitsbranche zu erkennen und sich durch eine engagierte Politik an ihrer Entwicklung zu beteiligen.

---

1 U.a. die Reports zu Baden Württemberg, Bremen und NRW in www.gesundheitswirtschaft.info/
   component/option,com_docman/task,cat_view/gid,135/Itemid,254/s
2 Siehe www.medeconruhr.de
3 Siehe www.berlin-gesundheitsstadt.de
4 Siehe www.norgenta.de
5 Siehe www.healthcare-bayern.de

A Comparison Between Health Regions – The Search for Successful Development Strategies

Josef Hilbert

From cost factor to driving force for the future – the health care system undergoes a paradigm shift.
Politicians are finding it difficult to develop a positive vision for the future of the health care system. So it comes as no surprise to learn that they are having problems creating a solid foundation for its further development in terms of content. The reason behind the difficulties of healthcare policy is the dominating fear that in the long run healthcare costs will stifle the economy's performance and therefore have to be kept down.

This view is no longer accepted by an increasing number of scientists, advisers and players in the health sector. They no longer see health care as a "burden" but rather as an "opportunity" for the economy. This change in perspective has by no means simply been made up out of thin air but is instead based on a series of fundamental deliberations and analyses:

▶ The healthcare industry is the largest sector of the economy in Germany. It includes not only doctors, hospitals and senior citizen's homes but also branches involving suppliers (for example medical technology) and associated areas (such as healthy nutrition and wellness). The whole sector now employs a total of more than 4.5 million people.

▶ The ageing population, advances in medical technology and a growing awareness of health will significantly increase the demand for offerings aimed at maintaining good health and providing medical treatment in the future.

▶ Germany's economic future will be heavily dependent upon successes in the so-called high technology fields, in particular molecular biology and nanotechnology. The key applications for these are in the area of healthcare. The call for more high-tech will strengthen the interest of the industry in a powerful healthcare sector.

▶ Increasing health expenditure will no longer be a "millstone around the economy's neck", if it is possible to reorganize its financing along labor market-friendly lines, in other words to separate it entirely or partially from the wage costs. Concepts already exist for this and other countries have succeeded in realizing this objective. There are basically no obstacles to a comparable renewal in Germany.

▶ Various studies – for example by *Prognos AG* or the *Institut Arbeit und Technik* (IAT, Institute of Labor and Technology) – show that in the event of a successful renewal the healthcare sector will create up to 800,000 additional jobs in the future.

These deliberations on the future of the health care system indicate a paradigm shift: in the past, healthcare was seen as a solidarity obligation on the part of society which, although necessary, provided a great drain on the economy's resources. It is being increasingly recognized now that this expenditure has a good potential to become a driving force for innovation as well as a major job creation machine. The health care system is transforming into a healthcare industry and will develop into a seminal economic sector. However, the success of this paradigm shift and the realization of the "rosy" outlook associated with it are not guaranteed but depend upon a whole range of requirements:

▶ A future-oriented health care system relies on clear progress in quality and efficiency.

▶ Development, trials and the roll-out of innovative proposals must be speeded up.

▶ A strong healthcare industry requires a greater mobilization of public and private sector resources.

The good prospects offered by the healthcare industry have attracted the attention of numerous players in the sector. Hospitals, convalescent facilities, medical technology companies as well as fitness providers and those engaged in the healthcare tourism segment are tackling the formative tasks and endeavoring to improve their future prospects through greater innovation, enhanced quality and efficiency. The same also applies to a growing number of federal states and regions. They describe themselves as "healthcare (industry) regions" and are striving to strengthen, develop and market their relevant areas of expertise. This is aimed at improving the quality of life of the population regarding their health and at the same time it is intended to boost growth and employment in the healthcare sector.

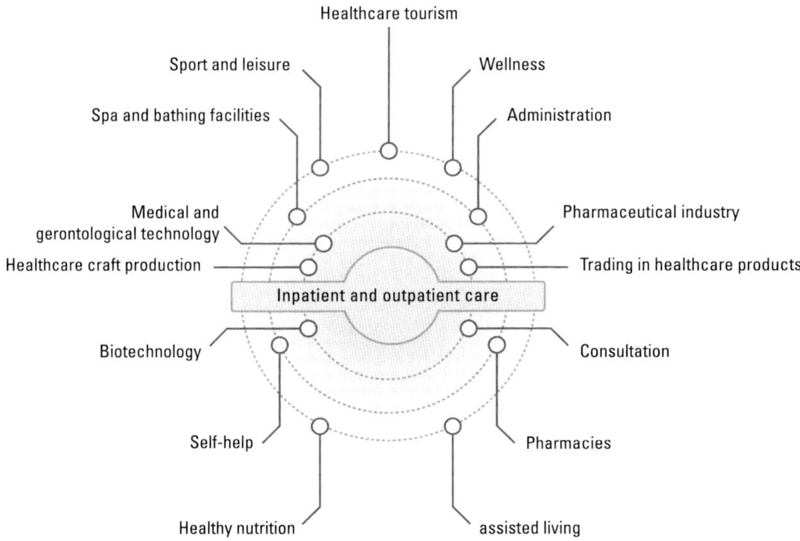

The healthcare industry:
More than just hospitals and doctors' practices

Healthcare regions in Germany – an overview
The healthcare industry has become a focal point of development in several of Germany's federal states and regions. It is not only healthcare and social welfare policy

which is committed to this. Economic and structural policy is also making a contribution. So far there have been no exhaustive or detailed analytical studies of the various initiatives conducted. Although selected states[1] have produced presentations regarding progress in their regions and there are concepts and papers on future prospects developed by the regions themselves, there is as yet no comparative presentation and analysis. An initial, systematic overview is given below. In this context, the overview is directed towards three questions:

▶ Which federal states and regions are marketing themselves as regions for the healthcare industry?
▶ What are the focal points in terms of content?
▶ Who are the players driving this topic forward?

Which regions/districts are involved?

Scarcely a week goes by without at least one city, region or federal state announcing that it is making the healthcare industry a focal point of its development. It is consequently difficult to provide a complete overview. Yet, areas demonstrating a clearly identifiable commitment to the healthcare industry include Baden-Württemberg, Bavaria, Berlin-Brandenburg, Bremen, Hamburg, Schleswig-Holstein, Mecklenburg-Western Pomerania (MV) and North Rhine Westphalia (NRW). The first regions to have made a commitment in this respect include Erlangen-Nuremberg and East Westphalia-Lippe (OWL), followed later by larger regions such as the Ruhr area, Berlin and Hamburg. This has attracted greater attention among the federal states' politicians and first found expression in NRW where the state government put forward a "master plan for the healthcare industry" in the spring of 2005. At the end of 2005, MV held a conference on the healthcare industry and put forward its own master plan in March 2006.

Where are the focal areas with regard to content? Who are the driving forces?

In the Ruhr area, a major region in the healthcare industry, action is being taken in virtually every conceivable area of activity[2]. To name just a few: The expansion of top quality medical facilities, strengthening of medical technology (incl. biomedicine), the development and marketing of preventative measures, the promotion of good health, improved management and greater integration of healthcare services, encouragement and support for start-ups and relocations, the international marketing of healthcare products and services, improvement in qualifications and working conditions, the expansion of innovative products and services for an enhanced quality of life in old age and the establishment of the region as a location for enterprise resource planning and logistics in the healthcare sector. This broad approach in the Ruhr area is justified on the one hand by the fact that this region is home to around 5 million people and that there is a sufficiently large demand for everything on offer; secondly, all of the above-mentioned areas are represented in this region by committed players aiming to attract attention to themselves and the region by means of innovation.

To date, Berlin, which sees itself primarily as a science-based healthcare region, follows an approach not quite as diverse as that of the Ruhr area.[3] Accordingly, very strong emphasis is placed on research and development here, with molecular medicine being seen as one of the central areas of activity. Berlin is especially proud of its German Heart Institute, one of the world's leading centers for heart transplants. The driving force behind the activities in Berlin is the *Verein Gesundheitsstadt Berlin* (Health City Berlin Association) which is sponsored by companies and individuals. Despite the clear focus on cutting edge medicine as well as on research and development, it is already clear that Berlin is also placing great emphasis on tackling further problems in the future. In the field of skilled trades, for example, growing attention is being paid to products and services aimed at providing an enhanced quality of life in old age. The situations in Hamburg and Bremen are roughly comparable with the Berlin approach although there are, as yet, no organizations supported by the industry itself to speed up the development. One of the key points of contact in Hamburg is Norgenta which receives public funding and sees itself as a life-science agency for northern Germany – that is Hamburg and Schleswig-Holstein.[4]

Bavaria's healthcare industry is considered highly efficient. Work on developing and raising the profile of the sector has been underway for some time in various areas – particularly in Munich, Erlangen-Nuremberg as well as in the Unterallgäu region. However, it is not easy to describe clear areas of focus and prospects. In Erlangen-Nuremberg, the subject of medical technology plays a major role, in Munich – as in Berlin and Hamburg – the focus is on research and development as well as molecular medicine. In the Unterallgäu region – specifically in Bad Wörishofen – the major themes are the future of prevention and naturopathic treatments, as well as healthcare tourism. In 2002, more than 80 companies, organizations and individuals jointly formed Health Care Bayern[5], a registered association with the objective of promoting and further developing healthcare provisions and therewith Bavaria as a healthcare services location. The parties involved are currently working on refining the content-related and strategic profile, concentrating strongly on the focal points in the above-mentioned individual regions of the state.

Spas, rehabilitation, healthcare tourism and tourism for senior citizens are also high on the agenda of the healthcare industries in Schleswig-Holstein, MV and OWL. One aspect that all three areas have in common is that they are traditional spa and rehabilitation regions looking to make their existing base fit for the future and to broaden their foundations. The reason for this is that there is a growing trend towards rehabilitation on an outpatient basis close to home and traditional in-patient structures, which tend to be far way from the patient's home, are therefore experiencing capacity problems. In response to this, efforts are being made both to defend the original formats and to strengthen these by taking new approaches, whilst on the other hand there is increasing interest in raising their profile in the areas of healthcare tourism and preventative medicine. The term "medical wellness" is increasingly being used to create a bridge between both areas. What is special about OWL is that it is trying to establish cooperation between in-patient rehabilitation and acute medicine in the neighboring Ruhr area. The intention is to create new "first-class rehabilitation" by taking new approaches to quality management and the division of labor between the areas. There are of course many other activities in all the above-mentioned regions where spa resorts and rehabilitation are the dominant activities. For example, MV is very heavily committed to biomedicine.

Significant differences can be seen in the approach taken by the sponsors of the healthcare industry in those regions which have roughly the same size populations. Whilst in MV and Schleswig-Holstein, the state plays a central role and organizations, companies and science are happy to be involved, the opposite tends to be the case in OWL.

What does a look at the healthcare industry regions teach us?

Having outlined the activities in the federal states and regions, the aim is now to draw key lessons from these observations. These may have an inspirational effect on players in the above-mentioned regions; for regions now taking up the subject, hopefully these will be a help:

▶ The paradigm shift – healthcare is no longer seen as a burden but as an opportunity for the economy – is not a "figment of the imagination" but is now supported in many German states and regions.

▶ The healthcare industry is increasingly being seen as having an integrated basis. In most cases, the interest in expanding the healthcare industry starts with the search for a focus in the more technical disciplines, in other words biomedicine, medical technology or the neurological sciences. However, as soon as the future of healthcare is examined in greater depth, the potential for the (social welfare) service providers is also recognized.

▶ Active commitment from the regions pays. The future of the healthcare industry can also be promoted at a regional level but only with the support of regional and federal policy. Nevertheless, we have seen that it also makes sense for individual areas to take the initiative even if politicians higher up the ranks are still indifferent. In some regions, the initial stimulus has come from municipal representatives as well as providers in the sector. This commitment was subsequently taken up and supported by politicians.

▶ Regional development concepts for the healthcare industry can only become sustainable if there is a stable controlling and integrating body which also ensures the continual development of the project. The best scenario is when this body is not directly dependent upon politicians and has a sound scientific basis.

In conclusion, all that remains to be said is that the time has now come for German federal politicians to finally recognize the economic opportunities offered by the healthcare sector and to participate in its development by means of a committed political approach.

---

1 Incl. the reports on Baden-Württemberg, Bremen and NRW in www.gesundheitswirtschaft.info/component/option,com_docman/task,cat_view/gid,135/Itemid,254/s

2 See www.medeconruhr.de

3 See www.berlin-gesundheitsstadt.de

4 See www.norgenta.de

5 See www.healthcare-bayern.de

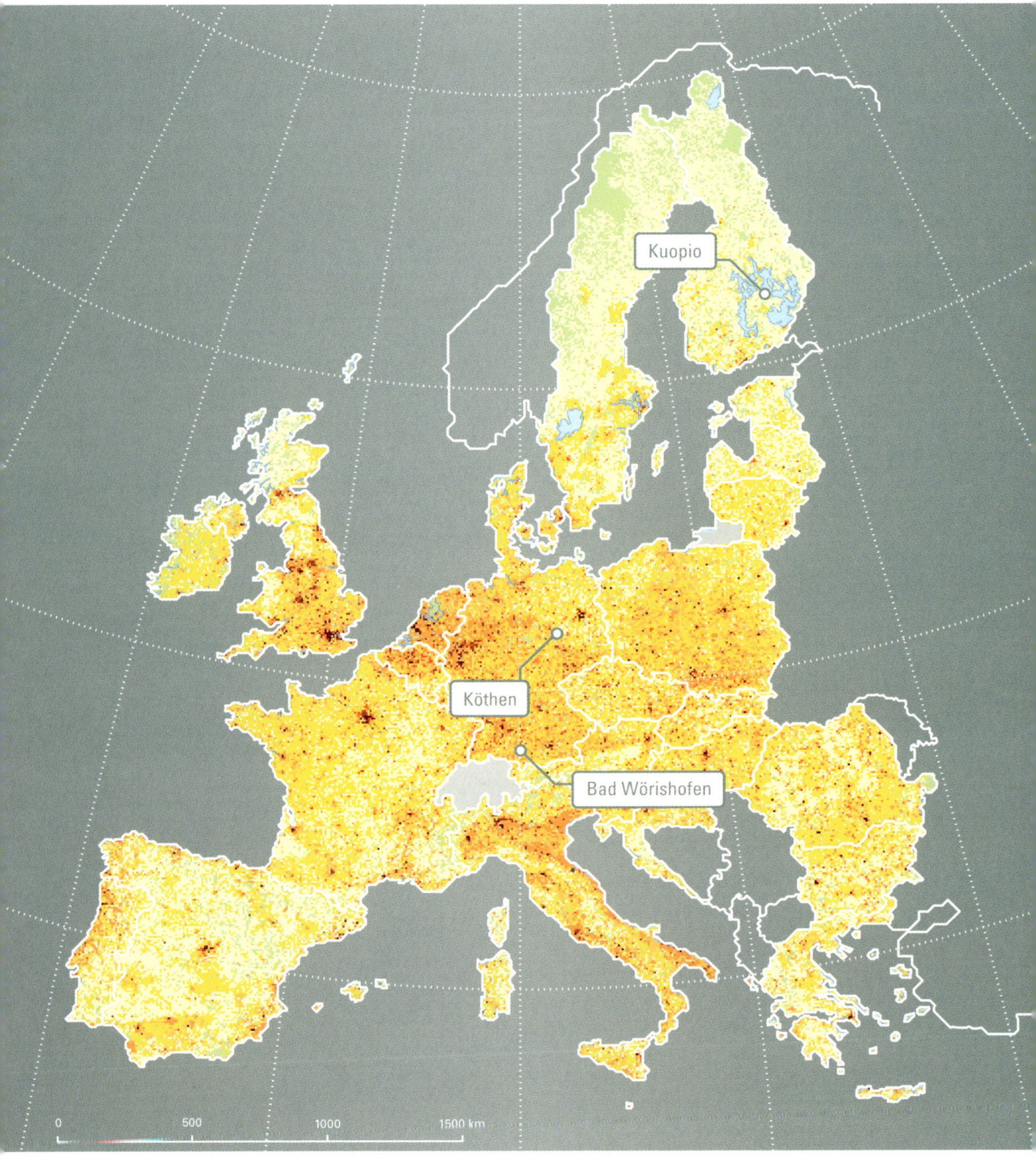

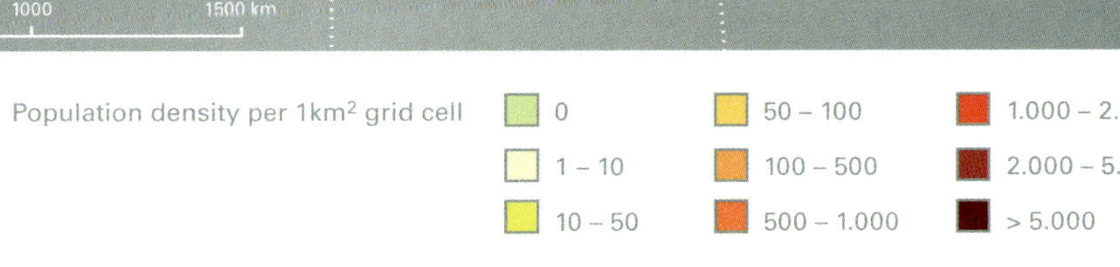

Kuopio
Köthen
Bad Wörishofen
0   500   1000   1500 km
Population density per 1km² grid cell
0
1 – 10
10 – 50
50 – 100
100 – 500
500 – 1.000
1.000 – 2.0
2.000 – 5.
> 5.000
SOURCES: Copyright EEA, Copenhagen, 20

Basic Geographical and
Socio-economic Statistics of the »HEALTH CITIES«

1. Geographical position

City	National level			European level		
	central	average	peripheral	central	average	peripheral
Köthen		x			x	
Bad Wörishofen		x		x		
Kuopio		x				x

2. Population

City/ Region	Inhabitants of city				Inhabitants of region		
	1995	2000	2005	Projected: 2015	1995	2000	2005
Köthen/ Ldkr. Köthen *	31700	30400	31200	27500	72700	71100	66000
Bad Wörish./ Unterallgäu*	14639	13500	13900	n.a	13166	133700	135700
Kuopio/ Itä-Suomi	84700	88700	90700	95000	705000	680900	664200

* Counties

3. Economic power

Region	GDP per head (2001) (EU15=100)	Economic growth average annual % change (1995-2001)
Dessau (Köthen)	60.1	0.8
Schwaben (Bad Wörish.)	100.2	1.4
Itä-Suomi (Kuopio)	75.7	2.0

GDP: Gross Domestic Product in PPS (Purchasing Power Standards)

4. Unemployment, Age Structure, Education

Region	Unemployment rates 2002 (%)			Share of age groups in % (2000)			Educational attainment*		
	Total	Long term*	Young	< 15	15 – 64	65 +	low	medium	high
Dessau	25.9	62.3	24.1	13.1	69.8	17.1	10.1	65.3	24.6
Schwaben	4.4	31.8	5.0	17.5	66.5	16.1	19.9	61.1	19.0
Itä-Suomi	13.3	26.4	29.3	17.6	65.4	17.0	27.0	46.6	26.3

* in % of total unemployment

*of persons aged 25-64 in % of total

SOURCES: Table 1-2: Information from city authorities; for geographical position European level see: EU Commission (2001) Second Report on Economic and Social Cohesion. Table 3-4: EU Commission (2005), Third Report on Economic and Social Cohesion, Main Regional Indicators. NOTE: Regions defined according to NUTS classification level 2, if not stated differently.

KÖTHEN

Köthen – Homöopathie als ein Weg zur Heilung einer schrumpfenden Stadt?

Kurt-Jürgen Zander

Köthen kann sich mit Fug und Recht als die Wiege der homöopathischen Medizin bezeichnen. Samuel Hahnemann lebte von 1821 bis 1835 in Köthen. Die erstmalige Erlaubnis eines deutschen Landesherren zur Herstellung und Verabreichung homöopathischer Mittel sowie der herzogliche Schutz vor Anfeindungen der Schulmediziner erlaubten Hahnemann in Köthen weitgehend uneingeschränktes Forschen, Publizieren und Praktizieren. Die Besinnung auf die Lehre der Homöopathie ist ein Alleinstellungsmerkmal der Stadt, das sich in vielfältiger Weise zur Bewältigung der Probleme im Rahmen des Stadtumbaus nutzen lässt. Das Konzept „Homöopathie als Entwicklungskraft" teilt sich in drei Bereiche auf:
▶ Homöopathie als Wirtschaftskraft
▶ Anwendung und Übertragung homöopathischer Leit- und Lehrsätze auf die Stadtplanung und Stadtentwicklung
▶ Köthen als Kompetenzzentrum für Prävention und Gesundheitsfortbildung der Bürgerinnen und Bürger
Wie in den meisten ostdeutschen Städten waren die 1990er Jahre in Köthen gekennzeichnet durch einen massiven Wegfall von Arbeitsplätzen, verbunden mit einem hohen Bevölkerungsschwund, der aus dem Wegzug junger Leute und sehr geringen Geburtenraten resultierte. Die Zeit war aber auch geprägt von einer Aufbruchstimmung der Bürger, die die neuen Chancen nutzen, ihr Leben gestalten und ihre Stadt lebenswert entwickeln wollten.
Die wichtigste Voraussetzung dafür ist eine stabile wirtschaftliche Basis. Die stadteigene Homöopathie- und Wissenschaftsservice GmbH hat sich als Veranstalter homöopathischer Fachtagungen und Koordinator aller Aktivitäten der Stadt Köthen auf diesem Gebiet bewährt. Das Feld der Aus- und Fortbildung homöopathischer Ärzte wird stetig weiter ausgebaut, um Köthen zu einem Kompetenzzentrum für homöopathische Medizin in Deutschland und Europa auszubauen. Köthen ist Sitz des Europäischen Instituts für Homöopathie (InHom) und Sitz der Homöopathiestiftung des Deutschen Zentralvereins homöopathischer Ärzte (DZVhÄ), der 1829 von Hahnemann in Köthen gegründet worden war.
Köthen steht noch am Anfang einer wirtschaftlichen Profilierung durch homöopathische Medizin. Der gewählte Ansatz ist nicht unumstritten – schließlich ist die medizinische Behandlung durch Homöopathie in Mitteleuropa längst nicht so verbreitet wie zum Beispiel in Lateinamerika oder in Indien, wo sich jeder dritte Einwohner einen Homöopathen als Hausarzt wählt. Die ersten Schritte sind jedoch getan. Die Weiterbildungsveranstaltungen für homöopathische Ärzte verzeichnen jährlich steigende Teilnehmerzahlen. Ein Studiengang zur postgradualen Ausbildung von Ärzten zu Homöopathen ist in Vorbereitung. Die ortsansässige Hochschule ist mit der Erstellung einer Datenbank

beauftragt, die die Behandlungsergebnisse der Ärzte international verfügbar machen soll. Ein Meilenstein im Jahr 2005 war die Wiedereröffnung des sanierten Hahnemannhauses, das als Museum und Arztpraxis zugleich genutzt wird.

2006 werden die Baumaßnahmen zur Sicherung und Sanierung des Spitalgebäudes des Klosters der barmherzigen Brüder, das unmittelbar an das Hahnemannhaus angrenzt, beginnen. Dort soll bis 2010 ein Kompetenzzentrum für homöopathische Medizin entstehen. Außerdem soll dieses Gebäude die neue Heimat der dem DZVhÄ gehörenden Wolfgang-Schweizer-Bibliothek werden, die sich zurzeit noch in Hamburg befindet.

Ein ganz zentraler und modellhafter Ansatz der Stadt Köthen ist die Übertragung homöopathischer Lehr- und Leitsätze auf Stadtplanung und Stadtentwicklung. Homöopathie sieht den Menschen als Einheit, der nur als Ganzes geheilt werden kann. Sie stimmt ihre Heilmittel exakt auf den individuellen Zustand des Patienten ab, erzielt mit minimalen Arzneimittelgaben größte Heilerfolge und geht stets von einem Heilungsfortschritt von innen nach außen aus.

Gemeinsam mit dem IBA-Büro, dem DZVhÄ und Stadtplanern soll geprüft werden, ob diese Ansätze auch für die Gesundung einer Stadt genutzt werden können, ob sich daraus eine neue Planungskultur entwickeln lässt, die auch andere europäische Städte oder auch Städte anderer Kulturkreise zur Bewältigung ihrer Probleme im Rahmen des Stadtumbaus anwenden können. Dies ist ein Experiment im Rahmen der IBA Stadtumbau Sachsen-Anhalt 2010, bei dem Köthen durch ganzheitliche und nachhaltige Denkansätze eine neue Perspektive gegeben wird. 2006 soll mit engagierten Stadtplanern und homöopathischen Ärzten gemeinsam ein Verfahren zur Stadtanamnese entwickelt werden. In Workshops sollen erste Grundsätze einer homöopathischen Stadtplanung und Stadtentwicklung diskutiert werden. Die Thesen für eine Stadtplanung im Sinne einer homöopathischen Heilung sollen 2007 erstellt – und auf den Prüfstand gestellt werden.

Ein weiterer Bestandteil des Stadtentwicklungskonzeptes ist der Ansatz „Bürger werden Experten für ihre Gesundheit". Hierzu soll in Köthen ein generationenübergreifendes Gesundheitszentrum mit präventiver Ausrichtung und überregionaler Ausstrahlung entstehen. Gerade in Zeiten ausufernder Kosten im Gesundheitswesen ist die eigene Gesundheit ein wichtiges und teures Gut. Hier möchte Köthen eine Vorreiterrolle für ein neues Gesundheitsbewusstsein übernehmen.

Dieser Strukturwandel soll offensiv genutzt werden, ohne dass die Stadt Köthen das Projekt in großem Umfang finanziell unterstützt. Die Stadt versteht sich als Impulsgeber, indem sie die räumlichen und inhaltlichen Rahmenbedingungen schafft. Das Projekt muss jedoch im Wesentlichen von professionellen Partnern der Gesundheitsbranche (zum Beispiel Krankenkassen), von sozialen Organisationen, Marketingpartnern und engagierten Bürgern getragen werden.

Köthen – Homeopathy as a Way to Cure a Shrinking City?

Kurt-Jürgen Zander

Köthen can be rightly called the birthplace of homeopathic medicine. Samuel Hahnemann lived in Köthen from 1821 to 1835. The first license from a German ruler to manufacture and dispense homeopathic medicines as well as ducal protection from the hostilities of conventional medical practitioners enabled Hahnemann to ostensibly conduct research into, publish and practice homeopathy in Köthen, without any restrictions. Turning its mind back to the teachings of homeopathy is a unique selling point for the city which can be exploited in a variety of ways in order to overcome the problems experienced in the process of its redevelopment. The concept of "homeopathy as a force for development" is divided into three areas:

▶ homeopathy as an economic force
▶ the transfer and use of homeopathic guidelines and teachings in town planning and urban development
▶ Köthen as a skills center for preventative medicine and healthcare training for its citizens.

As in most eastern German cities, the 1990s in Köthen were characterized by massive job losses combined with a high level of depopulation resulting from the migration of young people and very low birth rates. However, this period was also distinguished by a mood of euphoria amongst the citizens who wanted to take advantage of the new opportunities to organize their lives and make their city a worthwhile place to live in.

The key prerequisite for this is a stable economic base. The city's own Homöopathie- und Wissenschaftsservice GmbH, a company providing homeopathy and science services, has proven a successful organizer of homeopathy symposia and coordinator of all of Köthen's activities in this field. The education and further training for homeopathic doctors is continually being expanded in order to transform Köthen into a center of expertise for homeopathic medicine in Germany and Europe. Köthen is the home of the European Institute for Homeopathy (InHom) and the registered offices of the Homeopathy Foundation of the Deutscher Zentralverein homöopathischer Ärzte (DZVhÄ) (German Central Association of Homeopathic Doctors) which was founded in 1829 in Köthen by Hahnemann.

Köthen is still only in the initial stage of creating an economic profile based on homeopathic medicine. The approach it has chosen is not without controversy – after all, the use of homeopathic methods to treat medical ailments is still not as widespread in Central Europe as in Latin America or India, for example, where one in three of the population chooses a homeopath as their general practitioner. However, the city has taken the first steps. The numbers of attendants participating in further training events held for homeopathic doctors is increasing every year. Preparations are in hand for a postgraduate training course enabling doctors to qualify as homeopaths. The local university has been commissioned to create a database, the aim of which is to make the results of doctors' treatments available on an international basis. One of the milestones of 2005 was the reopening of the renovated Hahnemann house which will be used simultaneously as a museum and a doctor´s practice.

2006 has seen the start of the construction work required to make safe and renovate the hospital building of the Brothers of Mercy monastery, located immediately adjacent to the Hahnemann house. The aim is to create a center of expertise for homeopathic medicine here by 2010. This building is also intended to become the new home of the Wolfgang Schweizer Library which forms part of the DZVhÄ and which is currently housed in Hamburg.

The transfer of homeopathic teachings and guiding principles into town planning and urban development is one of the city of Köthen's central approaches and is intended to serve as a model.

Homeopathy

▶ sees the individual as an entity who can only be cured on a holistic basis

▶ precisely tailors its medicines towards the patient's individual situation

▶ achieves the maximum success using a minimal amount of medication

▶ always works on the basis of a healing process proceeding from within the body to the outside.

In cooperation with the IBA Urban Redevelopment office, the DZVhÄ and town planners, the intention is to examine whether these approaches can also be used to heal a city and whether this provides for the development of a new planning culture that can also be used by other European cities or cities in other cultural regions to overcome the problems they experience during urban reconstruction. This is an experiment within the framework of the IBA Saxony-Anhalt 2010 at which Köthen will be offered a new perspective using integrated and sustainable approaches. The aim in 2006, in conjunction with committed urban planners and homeopathic doctors, is to develop a process for the city's case history and to discuss the initial principles of homeopathic urban planning and urban development in workshops. The hypotheses for urban planning in the sense of a homeopathic cure are to be drawn up in 2007 – and put to the test.

Another element of this urban development concept is the approach of "citizens becoming experts on their own health." To this end, a cross-generation healthcare center is to be created in Köthen, geared towards preventative medicine, spreading out to other regions. The individual's own health is an important and precious asset, particularly in times of rapidly rising healthcare costs. In this respect Köthen is looking to take on the role of pioneer for a new awareness of healthcare.

This structural revolution is to be aggressively exploited without the project receiving significant financial support from the city of Köthen. The city sees itself as providing the stimulus by creating the spatial and content-related framework. The project will essentially have to be sponsored by professional partners in the healthcare sector (e.g. health insurance companies), by social welfare organizations, marketing partners and committed citizens.

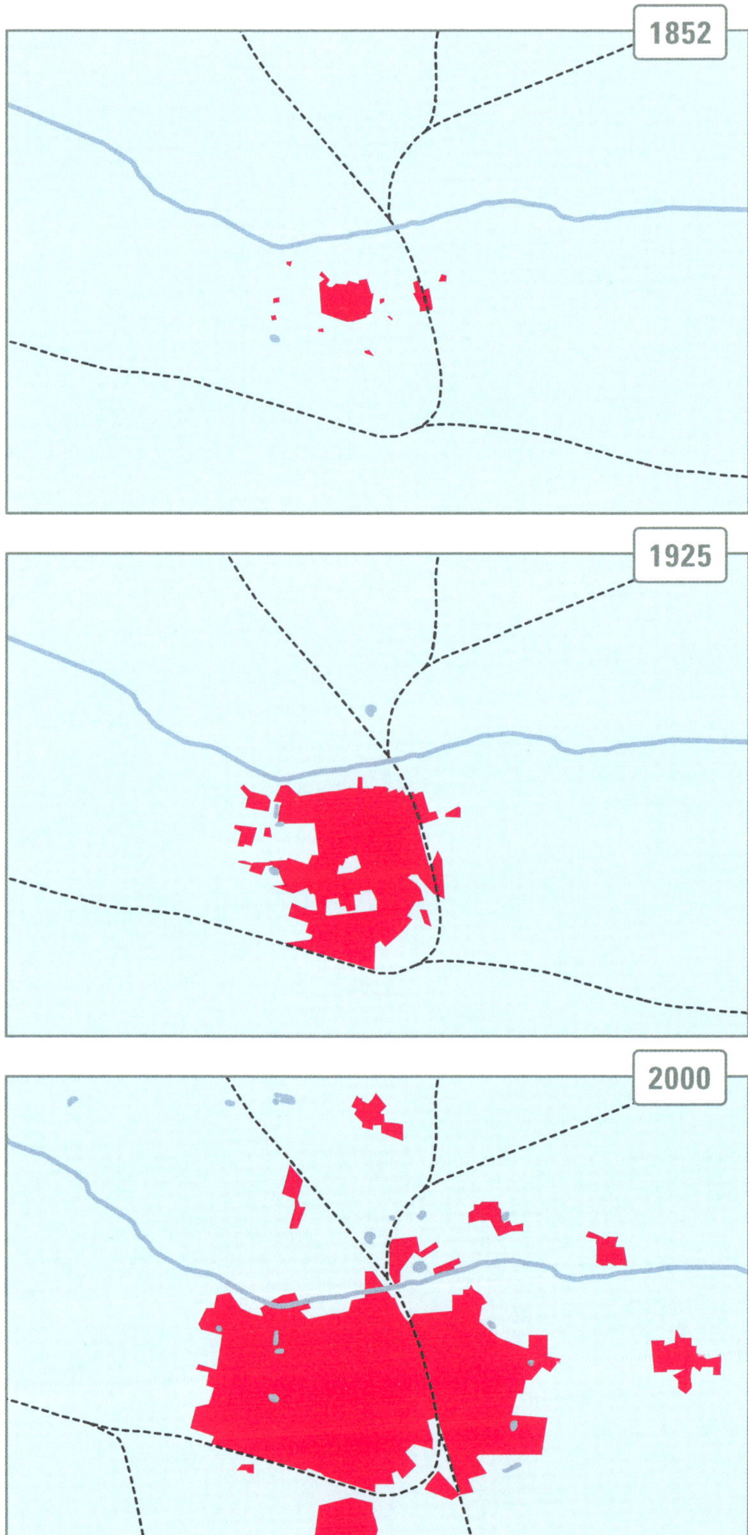

1852
1925
2000

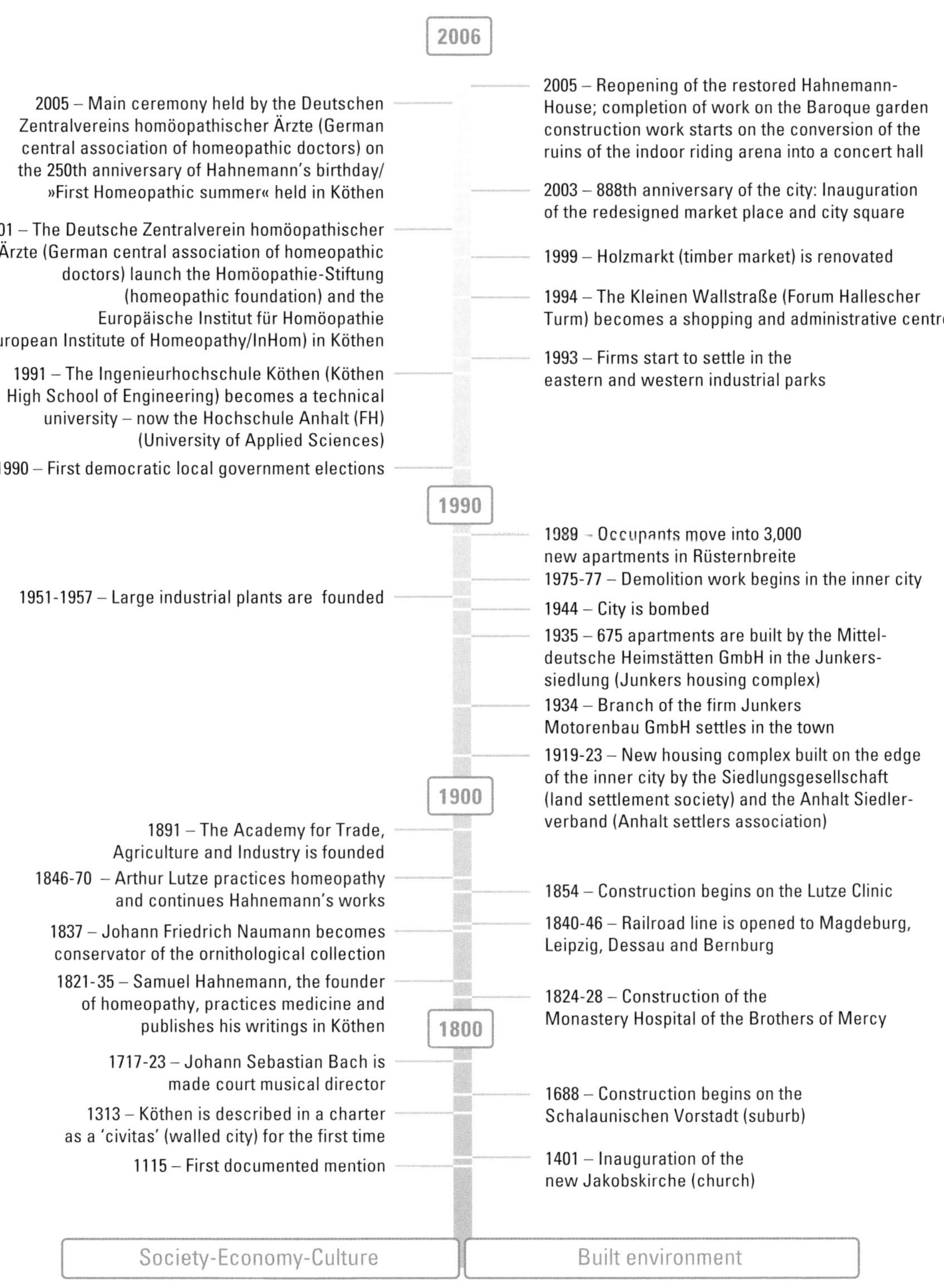

Development of Köthen

2006

2005 – Main ceremony held by the Deutschen Zentralvereins homöopathischer Ärzte (German central association of homeopathic doctors) on the 250th anniversary of Hahnemann's birthday/ »First Homeopathic summer« held in Köthen

2001 – The Deutsche Zentralverein homöopathischer Ärzte (German central association of homeopathic doctors) launch the Homöopathie-Stiftung (homeopathic foundation) and the Europäische Institut für Homöopathie (European Institute of Homeopathy/InHom) in Köthen

1991 – The Ingenieurhochschule Köthen (Köthen High School of Engineering) becomes a technical university – now the Hochschule Anhalt (FH) (University of Applied Sciences)

1990 – First democratic local government elections

1990

1951-1957 – Large industrial plants are founded

1900

1891 – The Academy for Trade, Agriculture and Industry is founded

1846-70 – Arthur Lutze practices homeopathy and continues Hahnemann's works

1837 – Johann Friedrich Naumann becomes conservator of the ornithological collection

1821-35 – Samuel Hahnemann, the founder of homeopathy, practices medicine and publishes his writings in Köthen

1800

1717-23 – Johann Sebastian Bach is made court musical director

1313 – Köthen is described in a charter as a 'civitas' (walled city) for the first time

1115 – First documented mention

2005 – Reopening of the restored Hahnemann-House; completion of work on the Baroque garden construction work starts on the conversion of the ruins of the indoor riding arena into a concert hall

2003 – 888th anniversary of the city: Inauguration of the redesigned market place and city square

1999 – Holzmarkt (timber market) is renovated

1994 – The Kleinen Wallstraße (Forum Hallescher Turm) becomes a shopping and administrative centre

1993 – Firms start to settle in the eastern and western industrial parks

1989 – Occupants move into 3,000 new apartments in Rüsternbreite

1975-77 – Demolition work begins in the inner city

1944 – City is bombed

1935 – 675 apartments are built by the Mitteldeutsche Heimstätten GmbH in the Junkerssiedlung (Junkers housing complex)

1934 – Branch of the firm Junkers Motorenbau GmbH settles in the town

1919-23 – New housing complex built on the edge of the inner city by the Siedlungsgesellschaft (land settlement society) and the Anhalt Siedlerverband (Anhalt settlers association)

1854 – Construction begins on the Lutze Clinic

1840-46 – Railroad line is opened to Magdeburg, Leipzig, Dessau and Bernburg

1824-28 – Construction of the Monastery Hospital of the Brothers of Mercy

1688 – Construction begins on the Schalaunischen Vorstadt (suburb)

1401 – Inauguration of the new Jakobskirche (church)

Society-Economy-Culture

Built environment

BAD WÖRISHOFEN

Bad Wörishofen – Kneipp, medizinische Wellness und Stadtentwicklung

Detlef Jarosch

Das Kneippheilbad Bad Wörishofen mit seinen 15 000 Einwohnern bildet das touristische Herzstück der Gesundheitsregion Kneippland® Unterallgäu im Regierungsbezirk Schwaben im Westen Bayerns. Der noch im 19. Jahrhundert landwirtschaftlich geprägte Ort hat, insbesondere aufgrund seiner Symbolfigur Pfarrer Sebastian Kneipp, dessen Lehre und Wirken weltweite Bekanntheit erreichten, einen enormen strukturellen Wandel mit durchweg positiver Entwicklung bis Mitte der 1980er Jahre erfahren. Die Stadt, die 1949 das Stadtrecht und gleichzeitig die Prädikatisierung als „erstes Kneippheilbad" erhielt, steht seit den 1990er Jahren vor allem aufgrund der dominanten Rolle des Kurwesens vor großen Herausforderungen. Sie möchte sich zukünftig als „Europäisches Zentrum für Naturheilverfahren" profilieren. Welche strukturellen Voraussetzungen dafür gegeben sind und welche Strategien und Maßnahmen für diese Entwicklung verfolgt werden, wird nachfolgend dargestellt.

Wirtschafts- und Sozialstruktur als Herausforderung

Eine Betrachtung der wirtschaftlichen Struktur der Stadt Bad Wörishofen anhand der sozialversicherungspflichtig Beschäftigten zeigt mit 15 Prozent einen überdurchschnittlich hohen Anteil des Gesundheits- und Sozialwesens (12 Prozent in Deutschland) sowie im Bereich Gastgewerbe mit 16 Prozent (3 Prozent). Insgesamt stellt die Gesundheitswirtschaft mit den Schwerpunkten Kurwesen, Gesundheitstourismus und ambulante Versorgung die dominante Branche der Kneippstadt dar. Doch es finden sich neben den Zentralen von Institutionen wie dem Kneipp Bund e. V., der Sebastian Kneipp Schule und Akademie, dem Kneippärztebund e. V. und der Sebastian Kneipp Institut GmbH auch drei namhafte mittelständische pharmazeutische Unternehmen. Die touristisch geprägte Stadt weist derzeit rund 195 Kureinrichtungen und Hotels mit rund 5 500 Betten auf, darunter 59 Hotels und Gasthöfe (rund 3 200 Betten) sowie zahlreiche Kurpensionen, Gästeheime und Ferienwohnungen.

Die Entwicklung im (kur-)touristischen Bereich der Stadt zwischen 1988 und 2004 verdeutlicht die aktuellen Herausforderungen. So ging in diesem Zeitraum die Bettenzahl um gut 20 Prozent zurück, die Übernachtungszahlen sanken gar um 40 Prozent, die durchschnittliche Aufenthaltsdauer hat sich auf 8,8 Tage halbiert und der Anteil der Kureinnahmen an den Übernachtungen sank von 80 Prozent auf nunmehr 15 Prozent. Aufgrund der kurtouristischen Tradition liegt die Altersstruktur der Gäste durchschnittlich bei 60 Jahren und älter. Hinzu kommt ein gegenüber Bayern überdurchschnittlich hoher Anteil an Personen ab 66 Jahren in der Bevölkerung Bad Wörishofens (28 Prozent gegenüber 16 Prozent).

Impulse zur Bewältigung der Herausforderungen
Seit dem Jahr 2004 wird von der Stadt offensiv auf diesen Strukturwandel reagiert, ohne dass hierfür jedoch in größerem Umfang kommunale Finanzmittel eingesetzt werden mussten. Impulse haben sich aufgrund von aktiven Veränderungen der Rahmenbedingungen sowohl auf der privatwirtschaftlichen als auch auf der kommunalen und sozialen Seite ergeben. So wurde ein breit angelegter Leitbildprozess gemeinsam mit der Bad Wörishofer Bevölkerung initiiert, der enorme ehrenamtliche Potenziale zum Wohl der Stadt freigesetzt hat. Neben zahlreichen kleineren Aktionen hat sich zum Beispiel eine ehrenamtlich getragene Pflegeeinrichtung entwickelt, der Generationendialog zwischen verschiedenen Gruppen wird aktiver geführt, Unternehmen engagieren sich stärker für ihre Stadt und insgesamt hat sich das Zusammengehörigkeitsgefühl deutlich verbessert. Auf privatwirtschaftlicher Ebene wurde ein Investor zur Nutzung des vorhandenen Thermalwassers in Form einer Therme mit einem Erstinvestitionsvolumen von rund 30 Mio. Euro gefunden. Diese Kapitalanlage, die zu einer deutlichen Steigerung der Anziehungskraft der Stadt geführt hat und damit mehr und auch neue Gäste nach Bad Wörishofen bringt, hat zur Folge, dass mittlerweile zahlreiche größere touristische Betriebe Millionenbeträge für Modernisierungsmaßnahmen und Erweiterungen in ihre Häuser stecken. So entsteht beispielsweise derzeit ein großes Tagungszentrum im Umfeld eines großen Fünfsternebetriebs, um die Qualitäten des sehr verkehrsgünstig und in einem landschaftlich attraktiven Umfeld gelegenen Standorts zu stärken. Ebenfalls aufgrund der Lagevorteile und der kurtouristisch geprägten und kompakten städtebaulichen Struktur werden immer mehr leer stehende ehemalige Kurbetriebe und Sanatorien zu exklusiven Seniorenresidenzen umgebaut, die sich großer Nachfrage vor allem von Auswärtigen erfreuen. Andere Anlagen, die stärker außerhalb des Kernbereichs der Stadt im ländlichen Umfeld liegen, konzentrieren sich in ihren Aktivitäten stärker auf das Segment des Familientourismus in Verbindung mit der Kernkompetenz Gesundheit. So entstanden jüngst mehrere familienfreundliche Betriebe und auch spezielle Gesundheitshöfe.

Modernisierung der Vermarktung und des Images von Kneipp
Auch die touristische Vermarktung der Stadt wird künftig stärker als bisher privatwirtschaftlich unterstützt. Es befindet sich derzeit eine Stadtmarketing GmbH in Gründung, die sich in Form eines PPP-Modells aus den drei Gesellschaftern Stadt, Wirtschaft und Beherbergungsbetrieben zusammensetzt, Imagewerbung betreiben soll und deren Finanzierung von diesen drei Gruppen anteilig getragen wird. Innerhalb der Stadt besinnt man sich auch wieder stärker darauf, dass im Zeitalter der Prävention und der medizinischen Wellness die Philosophie Kneipps in moderner Erscheinungsweise und Interpretation enorme Chancen bietet und aktueller denn je ist.

Bad Wörishofen – Kneipp, Medical Wellness and Urban Development

Detlef Jarosch

The Kneipp spa Bad Wörishofen, with its 15,000 inhabitants, represents the tourist heart of the Kneippland® healthcare region, Unterallgäu, in the administrative district of Swabia in western Bavaria. The area, which was still predominantly agricultural during the 19th century, underwent dramatic structural change and positive development in the period up until the mid 1980s. This was due in particular to its symbolic figurehead, Sebastian Kneipp, a priest whose teachings and works gained worldwide recognition. The city which simultaneously received its charter and the title of the "first Kneipp spa" in 1949, has been facing major challenges since the 1990s, primarily as a result of the dominant role played by the spa resort sector. Its goal for the future is to develop a profile as a "European center for naturopathic treatments." The existing structural preconditions as well as the strategies and measures being implemented for this development will be explained below.

Economic and social structure as a challenge
A look at the economic structure of the city of Bad Wörishofen, based on the number of people in employment and paying social security contributions, shows an above average proportion of employees in the healthcare and social welfare sectors (15% compared to 12% in Germany as a whole) and in the hotel and restaurant industry (16% compared to 3%). Overall, the healthcare industry, with its focus on spa treatments, healthcare tourism and outpatient care, is the dominant sector in the city of Sebastian Kneipp. However, in addition to being home to the headquarters of such institutions as the *Kneipp Bund e. V.* (Kneipp Association), the Sebastian Kneipp School and Academy, the *Kneippärztebund e. V.* (Association of Kneipp Physicians) and the *Sebastian Kneipp Institut GmbH,* the area also hosts three well-known, medium-sized pharmaceutical companies. The tourism-based city currently has around 195 spa facilities and hotels offering 5,500 beds, including 59 hotels and inns (approx. 3,200 beds) as well as numerous spa B&Bs, guesthouses and vacation apartments.
The development of the city's (spa) tourism between 1988 and 2004 illustrates the challenges it currently faces. For example, during this period the number of beds available fell by at least 20%, with figures for the number of overnight stays actually dropping by 40%. The average length of stay has halved to 8.8 days and the share of overnight stays as part of undergoing treatment at a health resort has fallen by 80% to just 15% percent today. Due to the tradition of spa tourism in the city, the average age of guests is 60 years and older. Also, the proportion of Bad Wörishofen inhabitants over the age of 66 is above the Bavarian average (28% compared to 16%).

Stimuli to overcome the challenges

Since 2004, the city has been on the offensive against these structural changes, without having to draw on significant municipal financial resources for this purpose. Active changes in general conditions have provided stimuli both in the private sector and with regard to the municipality and social welfare. For example, an initiative to boost the city's overall concept was instigated with the people of Bad Wörishofen, releasing enormous potential for voluntary activities for the benefit of the city. Along with numerous smaller campaigns, a nursing care facility staffed by volunteers has been developed, dialogue between the generations is being pursued on a more active basis, companies are showing a greater commitment to their city and there has been a marked overall improvement in the sense of belonging. In the private sector, an investor was found who was willing to utilize the existing thermal waters to create a thermal spa. The initial investment for this project was around 30 million Euro. It has significantly enhanced the city's appeal and consequently has attracted more and more visitors to Bad Wörishofen. As a result, numerous larger tourism-based businesses are now investing millions in modernization and expansion of their facilities. For example, a large conference center is currently being built within the grounds of a sizeable five-star establishment. The aim of this is to better exploit the qualities of tho area which has excellent transport links and is located in very scenic surroundings. The benefits offered by its location and urban structure, which is both compact and characterized by spa tourism, have also resulted in a number of empty, former spa businesses and convalescent centers being converted into exclusive residential accommodation for senior citizens, something which is much in demand, particularly amongst visitors from out of town. Other former spa facilities, most of which are located in the rural surroundings beyond the core area of the city, are focusing increasingly on the family tourism sector in conjunction with healthcare as their area of expertise. This has recently led to the foundation of several family-friendly establishments as well as special healthcare farms.

Updating Kneipp's marketing and image

In the future, the marketing of the city as a center of tourism will also receive greater support from the private sector than has previously been the case. A city marketing firm is currently being set up, based on a PPP model, comprising representatives from the three stakeholders – city administration, businesses and hotel trade – who will to finance the firm. It will be responsible for advertising the city brand. Within the city, people realize that, in this age of prevention and medical wellness, a modern manifestation and interpretation of Kneipp's philosophy offers enormous opportunities and is more up to date than ever before.

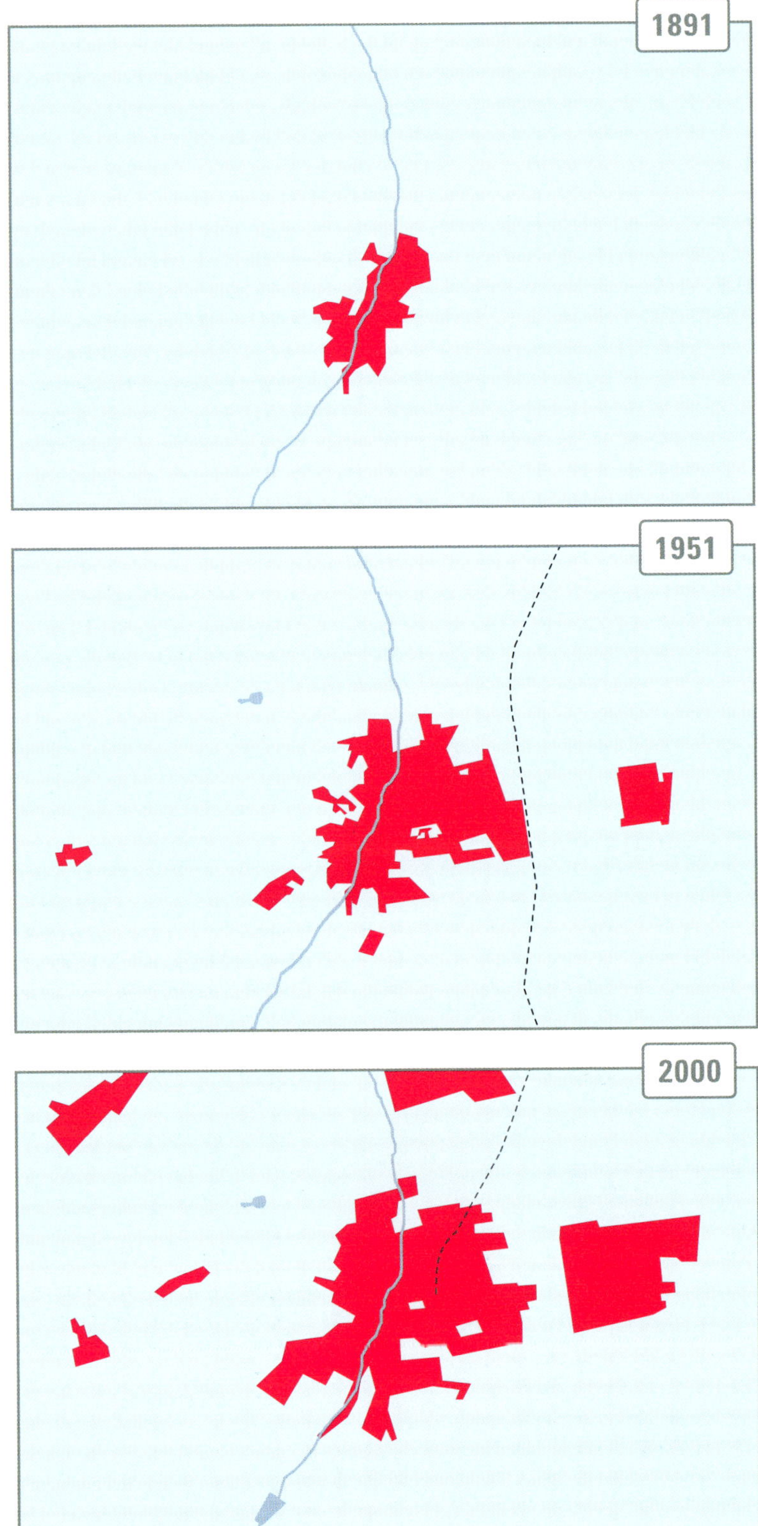

1891
1951
2000

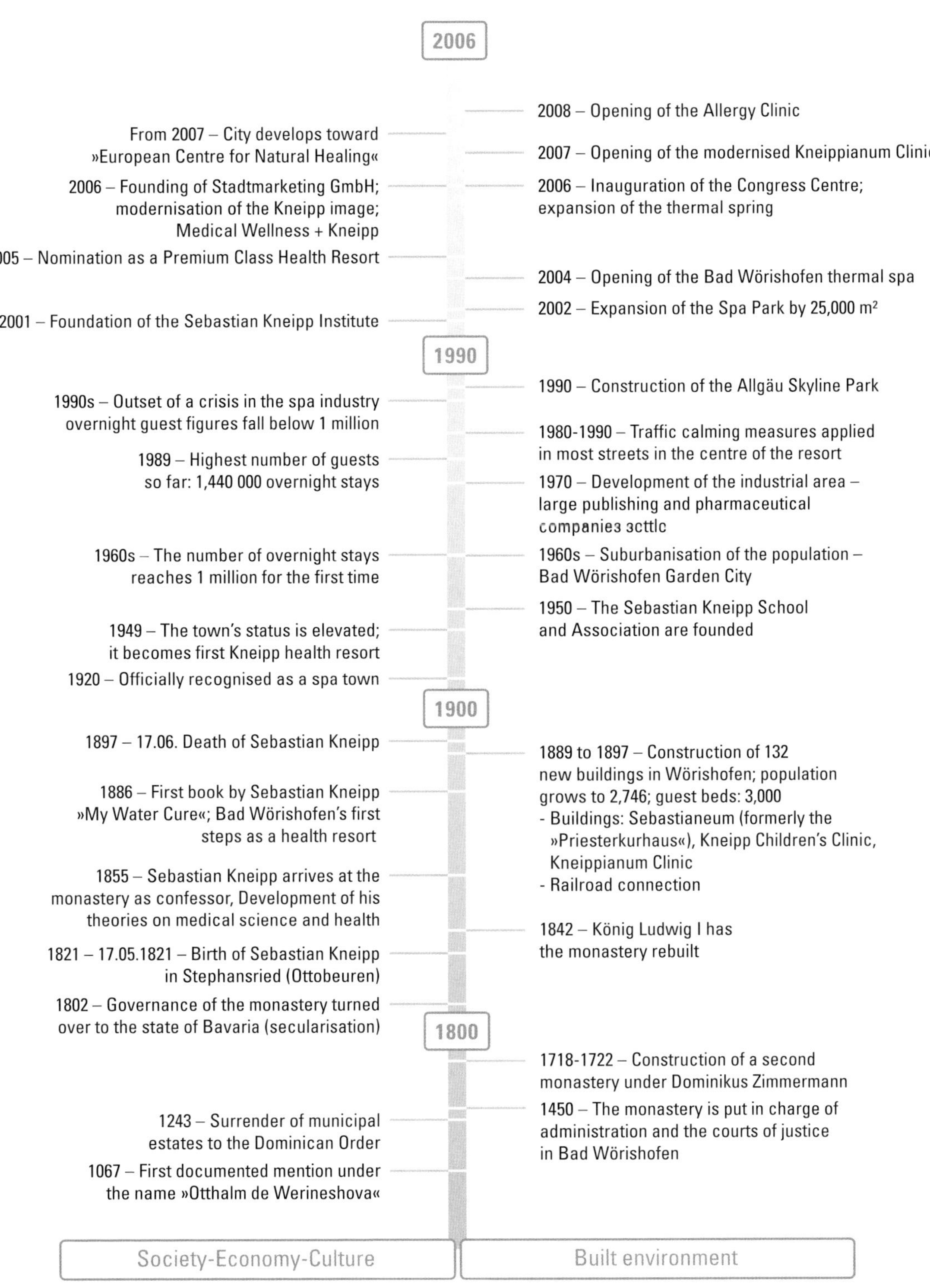

Development of Bad Wörishofen

2006

From 2007 – City develops toward »European Centre for Natural Healing«

2006 – Founding of Stadtmarketing GmbH; modernisation of the Kneipp image; Medical Wellness + Kneipp

2005 – Nomination as a Premium Class Health Resort

2001 – Foundation of the Sebastian Kneipp Institute

1990

1990s – Outset of a crisis in the spa industry overnight guest figures fall below 1 million

1989 – Highest number of guests so far: 1,440 000 overnight stays

1960s – The number of overnight stays reaches 1 million for the first time

1949 – The town's status is elevated; it becomes first Kneipp health resort

1920 – Officially recognised as a spa town

1900

1897 – 17.06. Death of Sebastian Kneipp

1886 – First book by Sebastian Kneipp »My Water Cure«; Bad Wörishofen's first steps as a health resort

1855 – Sebastian Kneipp arrives at the monastery as confessor, Development of his theories on medical science and health

1821 – 17.05.1821 – Birth of Sebastian Kneipp in Stephansried (Ottobeuren)

1802 – Governance of the monastery turned over to the state of Bavaria (secularisation)

1800

1243 – Surrender of municipal estates to the Dominican Order

1067 – First documented mention under the name »Otthalm de Werineshova«

2008 – Opening of the Allergy Clinic

2007 – Opening of the modernised Kneippianum Clinic

2006 – Inauguration of the Congress Centre; expansion of the thermal spring

2004 – Opening of the Bad Wörishofen thermal spa

2002 – Expansion of the Spa Park by 25,000 m²

1990 – Construction of the Allgäu Skyline Park

1980-1990 – Traffic calming measures applied in most streets in the centre of the resort

1970 – Development of the industrial area – large publishing and pharmaceutical companies settle

1960s – Suburbanisation of the population – Bad Wörishofen Garden City

1950 – The Sebastian Kneipp School and Association are founded

1889 to 1897 – Construction of 132 new buildings in Wörishofen; population grows to 2,746; guest beds: 3,000
- Buildings: Sebastianeum (formerly the »Priesterkurhaus«), Kneipp Children's Clinic, Kneippianum Clinic
- Railroad connection

1842 – König Ludwig I has the monastery rebuilt

1718-1722 – Construction of a second monastery under Dominikus Zimmermann

1450 – The monastery is put in charge of administration and the courts of justice in Bad Wörishofen

KUOPIO

Kuopio – Wissenschaft, Wellness und Business

Heikki Helve

Kuopio ist mit 91 000 Einwohnern die achtgrößte finnische Stadt – in der Region leben etwa 120 000 Menschen – und bildet das Zentrum Ostfinnlands.
Motoren der traditionellen industriellen Entwicklung der Stadt waren die Holz verarbeitende und die Lebensmittelindustrie. Metall- und Bekleidungsindustrie prägen das Wirtschaftsleben von Kuopio noch immer stark. Heute stellen Informations- und Gesundheitstechnologie sowie die pharmazeutische Entwicklung bedeutende Faktoren unter den neuen lokalen Industrien dar. Auch dem Tourismus kommt eine signifikante Rolle zu. Gegenwärtig gibt es über 4 000 Unternehmen in Kuopio, darunter etwa 150 Exportfirmen. Die Betriebe bieten nahezu 42 000 Arbeitsplätze. Die Arbeitslosenquote lag Ende 2005 bei 12 Prozent.

Wissenschaftspark Kuopio – Herz des New Business
Die Aktivitäten im Bereich Forschung und Entwicklung und die neuen Unternehmen im Gesundheits- und Wellnesssektor konzentrieren sich größtenteils im Wissenschaftspark Kuopio in Savilahti. Über 18 000 Spitzenexperten und Studenten arbeiten an der Universität Kuopio, der Fachhochschule Savonia, der Universitätsklinik, dem Technologiezentrum Teknia, an nationalen Forschungsinstituten und in mehr als 200 Privatunternehmen im Dienst von Gesundheit und Wellness.
Die Universität Kuopio genießt einen internationalen Ruf in den Bereichen Gesundheit, Umwelt und Wellness mit Akzent auf Biotechnologie, Biowissenschaften und Molekularmedizin. Neu hinzugekommen sind Betriebswirtschaft und Technologieausbildung. Es gibt fünf Fakultäten: 1) Wirtschaftswissenschaften und Informationstechnologie, 2) Medizin, 3) Natur- und Umweltwissenschaften, 4) Pharmazie und 5) Sozialwissenschaften. Die Universität arbeitet eng mit der Universitätsklinik Kuopio zusammen und kann sich mehrerer Forschungseinheiten von Weltrang rühmen, etwa auf den Gebieten Diabetes, Arteriosklerose und Klimawandel.
Das 1986 gegründete Technologiezentrum Teknia erbringt hochwertige Serviceleistungen für Technologieunternehmen. Grundlage für die Arbeit der Organisation sind ihr Expertenteam und ein ausgezeichnetes Geschäftsumfeld. Das Technologiezentrum ist verantwortlich für die Koordination des technologischen Fachwissens in der Region Kuopio. Unter seinem Dach operieren über 200 Firmen und Organisationen mit mehr als 2 100 Angestellten. Zahlreiche jener Unternehmen werten grundlegende Entdeckungen und Erfindungen der Universität Kuopio und der weiteren Forschungsinstitute kommerziell aus.

Positive Signale aus dem Wissenschaftspark
Durch die Gentechnologieforschung entstanden mehrere kommerzielle Spin-offs im Wissenschaftspark Kuopio. Einen Meilenstein in der wirtschaftlichen Verwertung der Innovationen stellte die Entwicklung der ersten transgenen Kälber dar. Zu den kom-

merziellen Anwendungen zählen etwa die POC-Virusdiagnostik, DNA-Array-Diagnostik und – als aktuellste – genbasierte Medikamente. So wird das Technologiezentrum Teknia die weltweit erste Pharmafabrik auf der Basis von Gentechnik beherbergen. Auch die Sensortechnik hat sich zu einem wichtigen Wachstumsfeld für den Wissenschaftspark wie auch für Kuopio herausgebildet.

Das innovative und kundenorientierte Service- und Laborzentrum WellTeknia wurde eigens im Hinblick auf die Entwicklung und Kommerzialisierung von Informations- und Kommunikationstechnologie sowie Dienstleistungen im Gesundheitsbereich gestaltet. Die Region Kuopio beabsichtigt, eine Hauptrolle bei der Entwicklung von eHealth, der Nutzung moderner Informations- und Kommunikationstechniken in der Medizin, in Finnland und Europa zu spielen.

Werkzeuge und Programme der Entwicklung

Die Strategie von Kuopio zielt darauf ab, eine wachsende, gut vernetzte Region mit vielfältigen Unternehmen, einem vielseitigen Wirtschaftsleben und hochwertiger Bildung und Forschung zu werden.

Die National Strategy for Large Urban Regions, der Kuopio als Mitglied angehört, wurde konzipiert, um unterschiedliche Maßnahmen für urbane Großregionen aufeinander abzustimmen. Die Entwicklungsmaßnahmen setzen auf lokale Besonderheiten und Zielsetzungen, um den Regionen den Erfolg im internationalen Wettbewerb zu ermöglichen.

Die Region Kuopio gehört der vom Strukturfonds der Europäischen Union finanzierten Ziel-I-Förderung für Ostfinnland an. Das Regional Center Programme und das Center of Expertise Programme sind bedeutende nationale Programme, die auf Regierungsbeschluss erstellt wurden, während das Health Kuopio Programme ein strategisches Programm der Region Kuopio darstellt.

Ziel des Regional Center Programme ist es, ein Netzwerk von Regionalzentren zu entwickeln, das alle Regionen/Provinzen abdeckt. Die Grundlage dafür bilden die spezifischen Stärken, Kompetenzfelder und Spezialisierungen urbaner Regionen unterschiedlicher Größe.

Das Kuopio Region Center of Expertise stellt eines von 14 nationalen Wissenszentren dar, welche die regionale Wettbewerbsfähigkeit stärken und die Zahl von Produkten, Unternehmen und Arbeitsplätzen im Hightechbereich steigern sollen. Zu den Fachbereichen zählen Agrobiotechnologie, Gesundheitstechnologie und die Entwicklung von Medikamenten. Betrieben wird das Programm von Teknia.

Das Health Kuopio Programm soll das Dienstleistungsangebot verbessern und neue Geschäftsaktivitäten in der Region unterstützen. Um die Entwicklung und weitere Projektaktivitäten zu fördern, arbeitet das Programm eng mit allen Organisationen im Wissenschaftspark zusammen. Die Region Kuopio zeichnet sich vor allen anderen Regionen Finnlands durch ihre anerkannte Gesundheits- und Wellnessexpertise aus.

Kuopio – Science, Wellness and Business

Heikki Helve

The city of Kuopio is the 8th biggest city in Finland with 91,000 inhabitants (in the region there are about 120,000 inhabitants) and the center of eastern Finland.
The city's traditional industrial development was sparked off by the wood-processing and food industry. Metal and clothing industries still have a strong influence on its industrial development. Today information technology, health care technology and pharmaceutical development are major players among the new local industries. Tourism also has a significant role in the economic life of Kuopio. Altogether there are more than 4,000 enterprises in Kuopio today, about 150 of them are export companies. The enterprises provide almost 42,000 jobs. (The unemployment rate at end of the year 2005 was about 12%.)

The Kuopio Science Park – the heart of new business
The main part of the local R&D and new business activities in the health and wellness sector are concentrated in Kuopio Science Park in Savilahti. More than 18,000 top-class experts and students work on topics of health and wellness at the *University of Kuopio*, the *Savonia University of Applied Sciences*, the *University Hospital*, the *Technology Center Teknia Ltd.*, national research institutes and over 200 private companies.
The University of Kuopio has an international reputation in the fields of health, environment and wellness, with particular emphasis on biotechnology, biosciences and molecular medicine. The university's latest fields of expertise are business administration and technology education. There are five faculties: 1) Business and Information Technology, 2) Medicine, 3) Natural and Environmental Sciences, 4) Pharmacy and 5) Social Sciences. The university cooperates closely with the Kuopio University Hospital. The University boasts several world-class research units, for example in the fields of diabetes, atherosclerosis and climate change.
Technology Center Teknia Ltd. (founded in 1986) is an organization, which provides professional high-quality services to technology enterprises. Teknia's operations are based on its expert staff and a superb business environment. It is responsible for co-ordinating technological expertise in the Kuopio region. There are over 200 companies and organisations (over 2,100 employees) working under the umbrella of the Technology Center. Many of these companies commercially exploit fundamental discoveries and innovations made at the Kuopio University and the other research institutes.

Positive signals from the Science Park
Research in gene technology has led to several commercial spin-offs in Kuopio Science Park. The development of the first transgenic heifers was a milestone in the commercialization of these innovations. Today there are several commercial applications such as POC virus diagnostics and DNA array diagnostics, the latest application

being gene-based medication. Thus the world's first gene-based medicine plant will be located in Technology Center Teknia Ltd. Sensor technology has grown into one of the most important fields of growth in the Science Park and in Kuopio.

WellTeknia is an innovative and customer-oriented environment which is designed especially for the development and commercialization of the health care ICT and services. The objective of the Kuopio region is to become a key player in the development process of eHealth in Finland and in Europe.

Tools of development – developing programmes

Kuopio's strategy is to be a growing, well-networked region with a variety of businesses and versatile economic life, high quality education and research.

The National Strategy for Large Urban Regions of which Kuopio is a member has been set up to devise a policy mix for large urban regions. Regional development measures are based on local characteristics and aim to enable the regions to perform in international competition.

The Kuopio region belongs to *the Eastern Finland Objective 1 Programme* funded by the European Union structural funds. Important national programmes, drawn up by the government, are the Regional Center Programme and Center of Expertise Programme. A strategical programme of the Kuopio region is the Health Kuopio Programme.

The aim of *the Regional Center Programme* is the development of a network of regional centers covering every province, based on the particular strengths, expertise and specialization of urban regions of various sizes.

The Kuopio Region Center of Expertise is one of the 14 national centers of expertise, which aim at strengthening regional competitiveness as well as increasing the number of high tech products, enterprises and jobs. Fields of expertise include agro-biotechnology, health care technology and pharmaceutical development. The programme is run by Teknia Ltd.

The Health Kuopio Programme's aim is to improve services and new business activities in the region. The programme cooperates closely with all the organizations of the Science Park in order to promote development and to support project activities. The Kuopio region is unlike any other Finnish region since it is home to acclaimed health and wellness expertise. Here, apart from the University of Kuopio, the Kuopio University Hospital and Savonia University of Applied Sciences, the Center Teknia Ltd. is a major player, ensuring that the needs of local businesses in the health and wellness sector are not neglected.

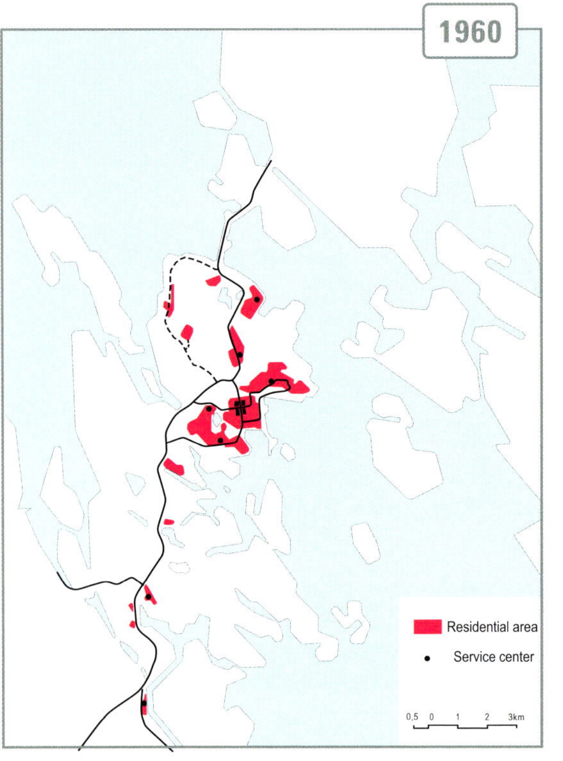

1960
Residential area
Service center
0,5 0 1 2 3km

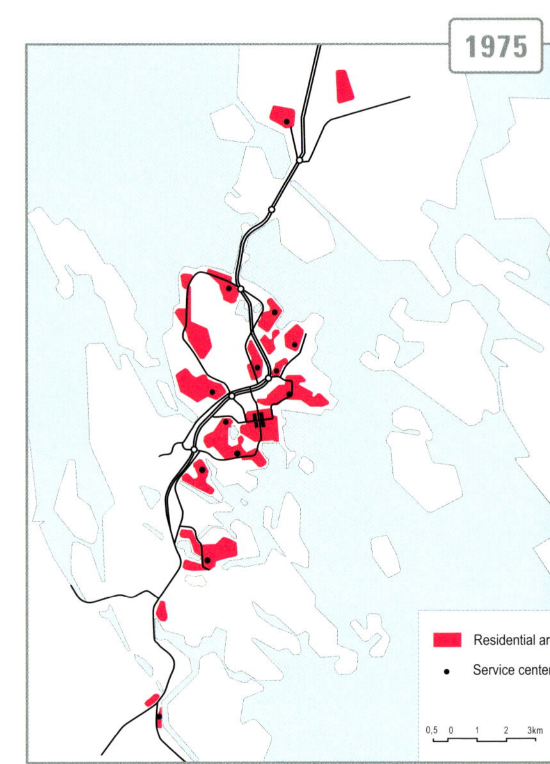

1975
Residential area
Service center
0,5 0 1 2 3km

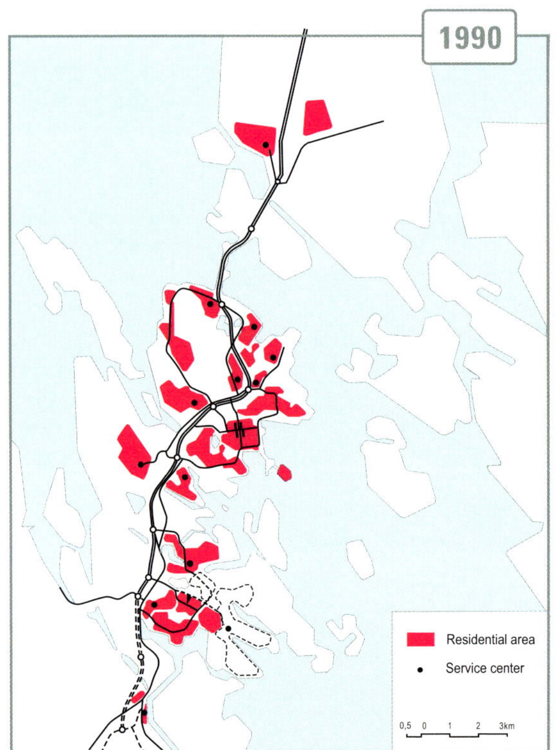

1990
Residential area
Service center
0,5 0 1 2 3km

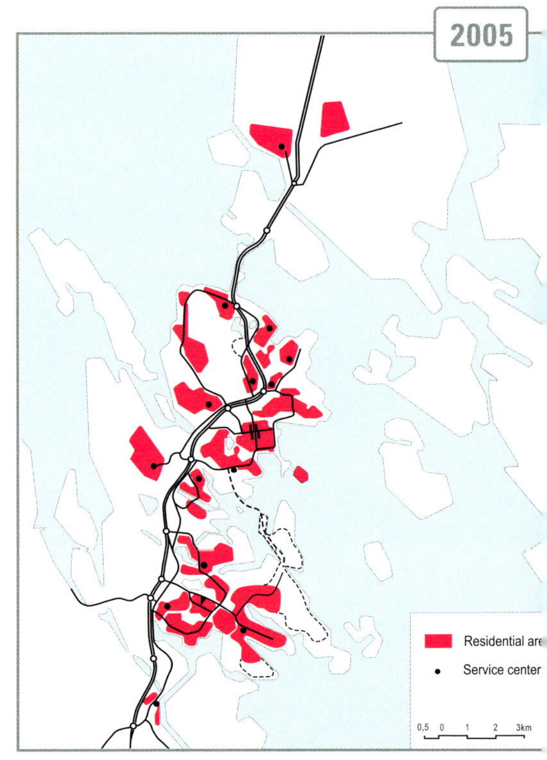

2005
Residential area
Service center
0,5 0 1 2 3km

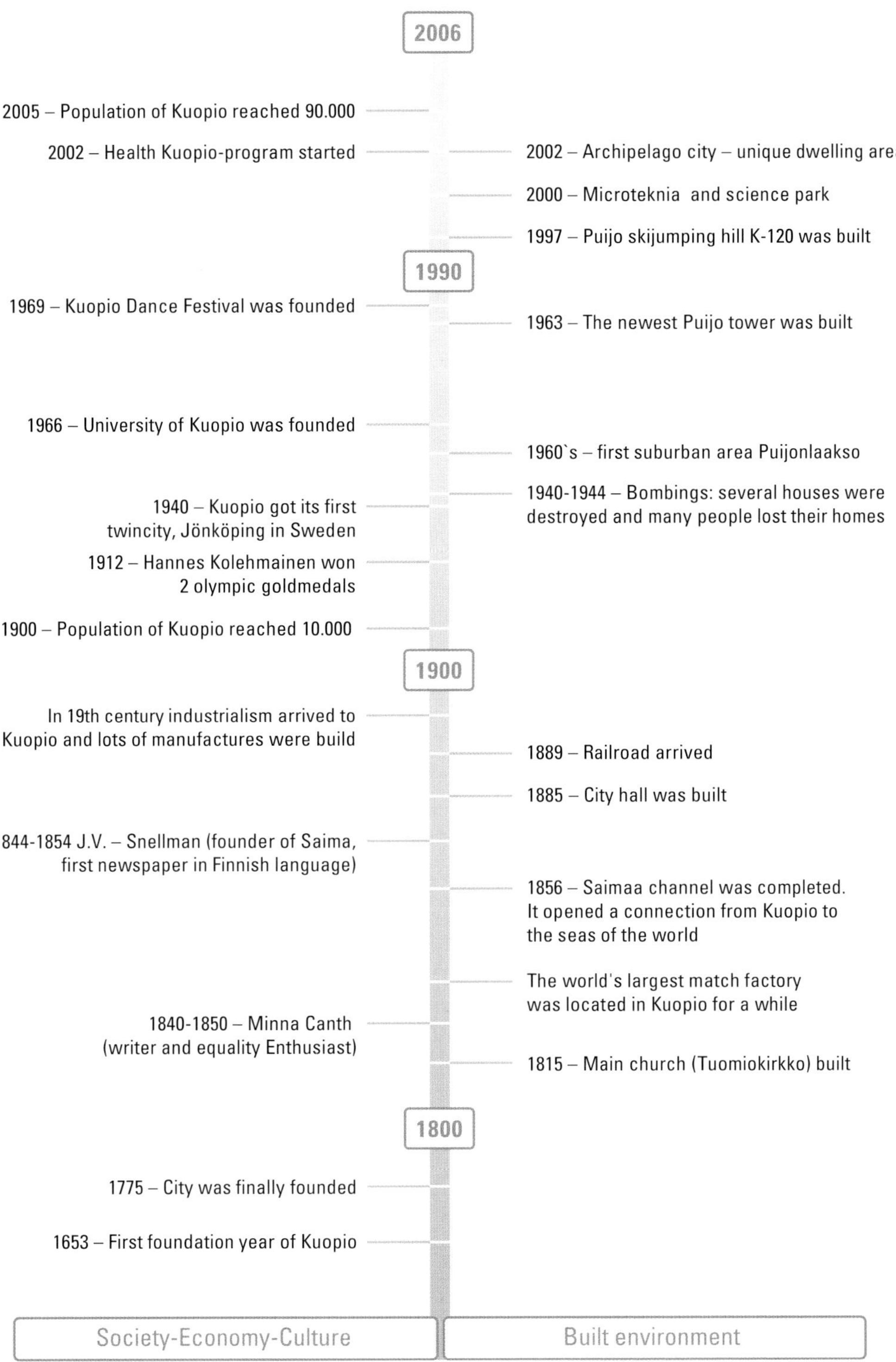

Development of Kuopio

2006

2005 – Population of Kuopio reached 90.000
2002 – Health Kuopio-program started
2002 – Archipelago city – unique dwelling area
2000 – Microteknia and science park
1997 – Puijo skijumping hill K-120 was built

1990

1969 – Kuopio Dance Festival was founded
1963 – The newest Puijo tower was built

1966 – University of Kuopio was founded

1960`s – first suburban area Puijonlaakso
1940-1944 – Bombings: several houses were destroyed and many people lost their homes
1940 – Kuopio got its first twincity, Jönköping in Sweden
1912 – Hannes Kolehmainen won 2 olympic goldmedals
1900 – Population of Kuopio reached 10.000

1900

In 19th century industrialism arrived to Kuopio and lots of manufactures were build
1889 – Railroad arrived
1885 – City hall was built
1844-1854 J.V. – Snellman (founder of Saima, first newspaper in Finnish language)
1856 – Saimaa channel was completed. It opened a connection from Kuopio to the seas of the world
The world's largest match factory was located in Kuopio for a while
1840-1850 – Minna Canth (writer and equality Enthusiast)
1815 – Main church (Tuomiokirkko) built

1800

1775 – City was finally founded
1653 – First foundation year of Kuopio

Society-Economy-Culture
Built environment

3.

Wissensintensive Dienstleistungen und Stadtentwicklung

Knowledge Intensive Services and Urban Development

Wissensbasierte Ökonomie und Stadtentwicklung in Deutschland

Peter Franz

Zentrale Merkmale einer wissensbasierten Ökonomie

Die Begriffe Wissensökonomie und -gesellschaft sind derzeit in aller Munde. Seit dem Grundsatzbeschluss der EU-Kommission 2000 in Lissabon, die Länder der Europäischen Union „zum wettbewerbsfähigsten und dynamischsten wissensbasierten Wirtschaftsraum" noch vor den USA und vor Japan umzugestalten, ist die Errichtung einer wissensbasierten Ökonomie sogar offizielles Ziel einer Staatengemeinschaft. Ähnlich wie bei anderen Modebegriffen, wie zum Beispiel dem der Globalisierung, ist die Gefahr groß, dass die Verwendung des Begriffs zum nichtssagenden und nichts erklärenden Allgemeinplatz wird, wenn man seine Inhalte nicht präzisiert. Beim Konzept der Wissensgesellschaft ist diese Gefahr aus mehreren Gründen noch größer:

Das Funktionieren von Gesellschaften ohne Wissen, ohne dessen Erwerb, Anwendung, Weitervermittlung und Neuschaffung ist überhaupt nicht denkbar. Es muss also genauer gesagt werden, was das qualitativ Neue in der Gegenwart sein soll. Dieses Neue kann auch nicht einfach ein Mehr an Wissen sein, denn wir haben keinen objektiven Maßstab, um zu entscheiden, ob ein heute lebender Industriearbeiter mehr Wissen als ein Handwerker des Mittelalters hat oder ob ein Laptop mehr Wissen enthält als eine Druckerpresse.

Außerdem sind Veränderungen, die den Trend zur Wissensgesellschaft verstärken, im Unterschied zu gesellschaftlichen Veränderungen in der Vergangenheit – etwa dem Übergang von der Agrar- zur Industriegesellschaft – nur schwer erfassbar. Die Datenbanken, die uns im Internet zur Verfügung stehen, sind nicht mehr lokalisierbar.

Hervorstechende Merkmale, die erkennen lassen, dass die Erzeugung von Wissen und der Umgang mit Wissen zunehmend wichtiger werden, sind (1) die durch Fortschritte der Informations- und Kommunikationstechnologie möglich gewordene Verdichtung von Informationsströmen und die Vielfalt von Kommunikationsoptionen. Zu diesem rein technischen Phänomen tritt (2) eine starke Innovationsorientierung der Wirtschaft hinzu, neue Produkte, Produktionsverfahren oder die unternehmensinterne Organisation betreffend. Das angestrebte hohe Niveau an Innovationen lässt sich nur erreichen, wenn außerhalb der Wirtschaft angesiedelte Wissensproduzenten wie Hochschulen und Forschungsinstitute mit einbezogen werden. Der Trend zur Wissensgesellschaft verstärkt sich dort, wo (3) das Bildungssystem auf qualitativ hochwertige Lernerfolge und neue Erfordernisse eines lebenslangen Lernens ausgerichtet wird. Mit zunehmender Wissensorientierung steigt (4) die Bedeutung wissensbasierter Tätigkeiten und Wirtschaftsbereiche. In den USA übertraf 1992 zum ersten Mal der börsennotierte Wert von Microsoft – einer Firma, die ausschließlich auf den Produktionsfaktor Wissen angewiesen ist – den Aktienwert des Industrieunternehmens General Motors.

Hochschulen als Wissensproduzenten und -vermittler

In einer Wissensgesellschaft gewinnt jene Institution an Bedeutung, deren Zweck vornehmlich darin besteht, durch Forschung neues Wissen zu erzeugen und in der Lehre an den gesellschaftlichen Nachwuchs weiterzuvermitteln. Dies ist in Europa seit dem Mittelalter die Universität. Neben der Funktion der Universität, Wissen zu produzieren und hoch qualifizierte Wissenschaftler hervorzubringen, werden auch einige Merkmale der Berufsausübung und des Arbeitsstils von Hochschulforschern für die Anforderungen an das gegenwärtige Berufsleben relevant. Dazu zählen: Neugier und Experimentierfreude, eine intrinsisch motivierte Beschäftigung mit dem Arbeitsinhalt im Gegensatz zur Orientierung an extern vorgegebenen Weisungen, der Umgang mit Kollegen auf egalitärer Basis und das Bemühen, eigene Ergebnisse mit den Kollegen zu diskutieren und offen für Kritik zu sein.

In Europa und speziell in Deutschland erlebte das Humboldt'sche Modell der Universität mit einer eng verzahnten Forschung und Lehre seine Blütezeit Ende des 19. und Anfang des 20. Jahrhunderts, als insbesondere durch die Entdeckungen in Physik und Chemie die Basis für viele industrielle Anwendungen gelegt wurde. Die angewandte Forschung und die Ausbildung von Ingenieuren wurden in Deutschland außerhalb der Universitäten in Technischen Akademien und Hochschulen betrieben. Anders war dies in den USA, wo diese Anwendungsbereiche schnell in die bestehenden Universitäten integriert wurden und wo ein neuer Universitätstypus entstand, der Forschung, Lehre und Innovation miteinander verbindet. Insbesondere die Einrichtung von ingenieurwissenschaftlichen Fakultäten stellte ein deutliches Zeichen für die Hinwendung zur Erforschung industriebezogener Probleme dar. Eine der ersten Universitäten mit dieser Ausrichtung war das MIT (Massachusetts Institute for Technology) bei Boston. Mit der zunehmenden Ausrichtung am Bedarf der Wirtschaft wurden an den US-amerikanischen Universitäten Industrielle als Beiräte in Universitätsgremien aufgenommen und kooperative Ausbildungsprogramme mit Beteiligung von Unternehmen sowie von der Industrie mitfinanzierte Forschungslabors eingerichtet. Unterstützt wurde diese Neuausrichtung durch eine starke Ausweitung öffentlicher Forschungsetats, um deren Gelder die Universitäten intensiv konkurrierten.

Die gegenwärtige Entwicklung der Universität in den USA ist gekennzeichnet durch einen Trend zur „unternehmerischen Universität". Zum einen soll das an den Universitäten erzeugte Wissen systematisch auf seine Patentierfähigkeit und seine ökonomische Verwertbarkeit überprüft werden. Seit 1980 haben die Universitäten in den USA weitgehende Rechte, die von ihrem Personal erzeugten Patente selbst zu verwerten und in Form von Lizenzen zu vermarkten. Zum anderen werden Unternehmensgründungen in Form von Start-ups oder Spin-offs von der Universität in starkem Maß gefördert und das erforderliche Wissen zur Existenzgründung auch in der Lehre vermittelt.

Trotz der starken Orientierung der Universitäten in den USA auf die Bedürfnisse der Wirtschaft stellen Regionalökonomen fest, dass die Existenz einer Universität in einer Region erst seit Mitte der 1980er Jahre das Niveau der Erwerbseinkommen in dieser Region positiv beeinflusst. Im Vergleich zu anderen Faktoren ist dieser Einfluss auch noch relativ gering. Selbst in den USA ist also der Anspruch einer wissensbasierten Ökonomie im Moment noch mehr Zukunftsprojekt als handfeste Realität.

Diese aktuelle Entwicklung – mit den Universitäten in den USA als Vorreiter – bringt auch Probleme mit sich. So ist zum Beispiel der Charakter universitären Wissens als öffentliches Gut bedroht, wenn weitreichende Patentrechte die Forschung in bestimmten Bereichen übermäßig einschränken. Der Erfolg des US-amerikanischen Universitätsmodells lässt aber zugleich erahnen, welch wichtige Rolle deutsche Universitäten in einer wissensbasierten Ökonomie einnehmen könnten, wenn sie nicht durch ein Korsett vielfältiger Regulierungen daran gehindert würden.

Regulierungen bremsen den Trend zur wissensbasierten Ökonomie

Ein grundlegender Unterschied zwischen den USA und Deutschland besteht darin, dass die Rechtsform der privaten Universität in Deutschland stark unterentwickelt ist. Universitäten werden vom Staat, in diesem Fall von den Ländern, verwaltet und gesteuert und können in vielen Bereichen nicht autonom entscheiden. Da Universitäten öffentlich finanzierte Einrichtungen sind und der Rechtsaufsicht ihres jeweiligen Standortlands unterliegen, sind sie nicht von Studiengebühren abhängig und haben daher nur geringen Anreiz, auf die sich wandelnden Ziele und Prioritäten ihrer Studierenden durch Veränderungen im Lehrprogramm und Schaffung neuer Studiengänge und Abschlüsse einzugehen. Die öffentliche Finanzierung hat weiter zur Folge, dass die Gehälter des wissenschaftlichen Personals im Rahmen einer bundesweit gültigen Tarifstruktur vorgegeben sind und keiner großen Spreizung unterliegen. Wissenschaftler, die bei der Drittmitteleinwerbung und beim Publizieren besonders erfolgreich sind, können in der Regel kaum monetär belohnt werden. Universitäten können sich zudem ihre Studierenden nicht selbst aussuchen, sondern erhalten durch das bürokratische ZVS-Verfahren Kontingente zugeteilt bzw. müssen in Numerus-clausus-freien Fächern jeden Bewerber aufnehmen.

In zahlreichen Hochschulen gibt es inzwischen Technologietransfer-Einrichtungen. Sind diese innerhalb der Hochschulen angesiedelt, wird das zuständige Personal in der Regel nach dem öffentlichen Dienstrecht beschäftigt und erfolgsunabhängig bezahlt. Man kann sich leicht vorstellen, dass eine beauftragte und erfolgsabhängig honorierte externe Agentur hier deutlich mehr Transferchancen aufspüren könnte.

Folgen der Regulierungen für Städte, die sich als Zentren der Wissenschaft profilieren

Städte, die in ihrer Stadtentwicklungspolitik auf den Faktor Wissen setzen, haben zunächst einmal gute Argumente:

Mit dem flächendeckenden Rückgang der Geburtenzahlen verbleibt für Städte der Einwohnerzuwachs durch Wanderungen als einzige demografische Wachstumschance. Und Hochschulstädte ziehen in der Regel Gruppen junger Menschen an. Während 1990 in Sachsen-Anhalt 10 000 Studierende eingeschrieben waren, ist mit dem erfolgten Hochschulausbau ihre Zahl inzwischen auf über 50 000 gestiegen.

Neben dem Einwohnerwachstum, das auch für die Finanzzuweisungen vom Land wichtig ist, steigen mit dem Ausbau von Hochschulen und Forschungsinstituten auch die Chancen für Kooperationen zwischen Wissenschaft und Unternehmen. Die Beschäftigung hoch qualifizierter Absolventen und Ausgründungen stärken die lokalen Wachstumskräfte.

Zudem haben Städte, die als gut entwickelter Wissenschaftsstandort gelten, in der Regel ein positives Image als „lebenswerte Stadt" mit einer guten Ausstattung an weichen Standortfaktoren.

Schließlich haben Städte, die über viele leerstehende und früher gewerblich genutzte Gebäude verfügen, gute Chancen, Wissenschaftseinrichtungen darin unterzubringen, die von ihren Raumanforderungen her relativ unkompliziert sind.

Diesen Vorteilen können auch potenzielle Nachteile gegenüber gestellt werden: Universitätsstädte verzeichnen zwar einen hohen Zustrom an Studierenden, aber dort leben auch überdurchschnittlich viele Frauen mit Hochschulabschluss. Und diese Gruppe, speziell die der berufstätigen Akademikerinnen, hat die niedrigste Geburtenrate im Vergleich zu Frauen mit geringerem Bildungsabschluss. Dies führt dazu, dass gerade Universitätsstädte mittlerer Größe (Bamberg, Heidelberg, Göttingen) zu den Städten mit den geringsten Geburtenzahlen in Deutschland zählen.

Außerdem bleibt unsicher, ob sich mit der Förderung und dem Zuwachs der Wissenschaftseinrichtungen am Ort auch positive Effekte für die Wirtschaft in der Region einstellen. Man kann davon ausgehen, dass mit zunehmender nationaler und internationaler Reputation eines Wissenschaftlers oder eines Fachbereichs auch die Chancen steigen, dass das von ihm erzeugte Wissen von Unternehmen außerhalb der Region genutzt wird. Etwas höher ist die Wahrscheinlichkeit für Fachhochschulen, dass deren Wissenschaftler mit Unternehmen vor Ort kooperieren.

Es ist davon auszugehen, dass mit der steigenden Belohnung von Wissensproduzenten und erhöhten Einkommen gerade in wissenschaftsgeprägten Städten soziale Ungleichheiten zunehmen werden. Ob sich daraus dauerhafte Polarisierungen und lokale soziale Konflikte ergeben, hängt vom strategischen und integrationspolitischen Geschick der kommunalen Verwaltung ab.

Abgesehen von den drei genannten potenziellen Nachteilen hat eine Strategie mit dem Leitbild einer Stadt des Wissens oder einer Wissenschaftsstadt derzeit noch durchgängig mit dem Problem zu kämpfen, dass der Entwicklungspartner – die öffentliche Wissenschaftseinrichtung – durch die finanzielle Abhängigkeit vom Land in Teilen ferngesteuert ist und für die Entwicklungsfragen der Standortstadt nur geringes Interesse zeigt. Stadtentwicklungsplanung mit Universitäten ist ein komplizierter Prozess, da nicht nur Stadt und Universität, sondern auch das Kultusministerium des Landes mit am Tisch sitzt. Bei den Bauvorhaben, die über das Hochschulbauförderungsgesetz finanziert werden, entscheiden darüber hinaus auch der Bund bzw. eine bestimmte Bund-Länder-Kommission mit. Eine Stadt, die das Leitbild verfolgt, sich zu einer Stadt des Wissens oder einer Wissenschaftsstadt zu entwickeln, muss sich also mit Akteuren befassen, die in entscheidenden Punkten fremdgesteuert werden und nur geringe Autonomie haben.

Dies hat zur Folge, dass nicht nur die Entscheidungsprozesse sehr schwerfällig ablaufen, sondern dass bei der Entscheidung über den Standort eines bestimmten Instituts oft nicht stadtplanerische Aspekte oder Kriterien der erleichterten Kooperation zwischen bestimmten Universitäts-Fachbereichen den Ausschlag geben. Vielmehr setzen sich eher betriebswirtschaftliche Vorgaben (welche Gebäude lassen sich am kostengünstigsten betreiben?) oder Zufallskriterien (ein Grundstück befindet sich in Landesbesitz) durch. Unter den verschiedenen baulich-räumlichen Formen von Universitäten haben reine Campus-Universitäten die geringsten Effekte auf die Stadtentwicklung. Daher wäre es tragisch, wenn Städte, die eine Universität besitzen, die eng mit der Innenstadt verzahnt ist, nach und nach – nur weil am Stadtrand kostengünstiger gebaut werden kann – Standorte in der Innenstadt zugunsten eines Campus-Standorts aufgeben. Größeren Handlungsspielraum haben Städte auf dem Gebiet der Unternehmensausgründungen aus Universitäten. Hier stehen den Kommunen Förderprogramme zur Verfügung, mit deren Hilfe Starterzentren sowie Technologie- und Gründerzentren errichtet werden können. Auf die fachliche Ausrichtung einer Universität hat aber eine Stadt keinen direkten Einfluss.

Resümee

Wir finden an den heutigen Universitäten viele Hinweise, dass sie der ökonomischen Dimension der Wissensproduktion Beachtung schenken. Es gibt Einrichtungen für den Technologietransfer, es gibt vermehrt Professuren, die Studierenden das Knowhow von Existenzgründungen vermitteln, es gibt verschiedene Formen von Starter-, Technologie- und Gründerzentren zur Erleichterung von Ausgründungen, es gibt Netzwerke, die Studierende und Unternehmen für Praktika und Diplomarbeiten zusammenbringen, es gibt neuerdings auch Unireferate, die sich mit der wirtschaftlichen Verwertung von Hochschulpatenten befassen. Insgesamt gesehen sind diese Initiativen aber bei weitem noch nicht flächendeckend. Noch ist es so, dass die Wissenschaftseinrichtungen eher Riesen gleichen, die durch eine Vielfalt an Regulierungen gefesselt sind. Besonders hemmend wirken das öffentliche Haushaltsrecht und der Beamtenstatus des wissenschaftlichen Personals. Den Hochschulen ist es bisher verwehrt, stärker eigene Einnahmequellen zu erschließen und die Studierenden nach eigenen Kriterien auszusuchen. Eine deregulierte Universität wird auch ein größeres Interesse dafür entwickeln, wie sich die Stadt, an der sie ihren Standort hat, entwickelt und sich aktiver als bisher an Stadtplanungsfragen beteiligen.
So gesehen stehen wir erst am Anfang einer wissensbasierten Ökonomie. Der Blick in die USA zeigt uns, welche Dynamik bei entsprechender Deregulierung in Gang gesetzt werden könnte. Es spricht allerdings wenig dafür, dass diese Entwicklungsdynamik zu einer Gesellschaft mit mehr Gleichheit führen würde – im Gegenteil, eine Wissensgesellschaft wird neue Polarisierungen und neue Ungleichheiten produzieren. Wenn es zutrifft, dass sich mit der beschleunigten Produktion von neuem Wissen auch die Halbwertszeit etablierter Wissensbestände stark verkürzt, so würde der Erhalt der beruflichen und sozialen Statusposition immer mehr von der individuellen Lernfähigkeit und Lernbereitschaft abhängen. Nicht alle werden dieser Beschleunigung und diesem Druck zum wiederholten und permanenten Lernen standhalten können. Allerdings kann Humankapital nicht im gleichen Maß wie Grund- oder Geldvermögen vererbt werden; es muss von jeder Generation immer wieder neu erworben werden.

Knowledge-Based Economy and Urban Development in Germany

Peter Franz

Key features of a knowledge-based economy

At the moment, the concepts of a 'knowledge-based economy' and a 'knowledge society' are hot topics; since the principal decision in 2000 by the EU Council in Lisbon to reshape the EU member states "into the most competitive and most dynamic knowledge-based economies", even ahead of the USA and Japan, the establishment of a knowledge-based economy has become an official goal of the community of states. The productive factor 'knowledge' has been neglected in classic and neo-classic economics. Growth theories focused on capital and labour and banished knowledge into the category of 'technological progress'. Until the 1980s, the mechanisms leading to changes in the level of technological progress were beyond the mainstream research interests of economists. This is not surprising because of the difficulties in measuring and quantifying knowledge. These difficulties come (1) from the heterogeneity of knowledge: How can we compare the invention of writing with the discovery of a far distant star? Add to this the fact that frequently (2) knowledge is difficult to observe: In the case of tacit or implicit knowledge, even the person bearing the piece of knowledge is not always aware of this feature. Beyond that (3) no formula or production function exists with which we can calculate the percentage of growth caused by new knowledge, i.e. a certain number of patents or patent applications. There is no stable relationship between input in the form of knowledge and output in the form of economic growth.

As is the case with other 'in' words, such as globalisation, there is a risk that its usage will come to be a platitude as long as its content is not specified. For two reasons, this risk is even greater with regard to the concept of a knowledge society:

▶ Firstly, we cannot imagine societies functioning without the acquisition, application, distribution and new production of knowledge. This requires a more precise statement about the new quality of using knowledge at present. The answer cannot be that today we use a greater quantity of knowledge, because we don't have an objective measure to decide whether an industrial worker of the 19th century had more knowledge than a craftsman of the 16th century, or whether a laptop contains more knowledge than a printing press or a spearhead.

▶ Secondly, we have difficulty in realising the changes strengthening the trend towards a knowledge society by means of our senses. This was not true for the transition from agricultural society to industrial society, but we can't touch transoceanic fibreglass cables. The databases available on the Internet can no longer be localised and the digitally transformed communication streams are noiseless and have no odour. Only the growing number of computers, screens, modems and satellite dishes provides evidence that something is occurring which is not so easily understood.

So what are the central features from which we can recognise that certain forms of knowledge and certain methods of handling knowledge are becoming more important in our society? A first feature consists of the intensification of information and communication flows becoming possible thanks to advances in IT technology. A second feature is the economy's strong orientation towards innovation, not only with regard to products, but also production processes and the management of organisations. The demanding level of innovations striven for is only attainable with the help of additional knowledge producers outside of the economy, particularly universities and research institutions. A third feature of the growing knowledge society is the institutionalising of high-quality learning and life-long learning within the educational system. The growing importance of knowledge-based activities and sectors is the fourth indicator feature of a knowledge society. In 1992, the quoted value of Microsoft, a company dependent solely on knowledge, surpassed that of General Motors, one of the classic US industrial giants, for the first time.

The discussion in the following chapter will focus on the role which universities and research institutions play in the trend towards a knowledge society, the potential they have and what obstacles, particularly in Germany, prevent this potential being utilised more efficiently.

Universities as producers and communicators of knowledge

It is self-evident that, in a knowledge society, those institutions whose primary purpose it is to produce knowledge will gain particular importance. Since the Middle Ages, universities have in Europe been where researchers produce new knowledge and where this knowledge is communicated to younger generations. Beyond this function for producing new knowledge and human capital, a trend indicates that certain characteristics of academia seem to be becoming more important to white-collar and even blue-collar workers. These include (1) curiosity, (2) an inclination to explore one special problem using new variants (trial and error), (3) an egalitarian style in communication with colleagues and a low acceptance of hierarchical relations, (4) an intrinsically motivated occupation with topics in the workplace and (5) a readiness to cooperate with colleagues and specialists from other departments. It may become an additional feature of the knowledge society that certain facets of the academic working style spread into to the professional world, beyond the scientific sphere.

In Europe, and especially in Germany, the Humboldt model of the university, which intertwines research and teaching, flourished at the end of the 19th and the beginning of the 20th centuries with basic inventions in physics and chemistry laying the foundations for industrial applications, and new technologies and professions developing in combination with these applications. In Germany, applied research and the education of engineers took part in technical academies and institutions separate to universities. In the USA, it was quite different: The disciplines of applied research and engineering were quickly integrated in the existing university system, e.g. by founding faculties of engineering and awarding applied sciences, like statistics, full academic status. This gave rise to a new type of university, with MIT (Massachusetts

Institute for Technology) in Boston being one of the first to successfully combine research, teaching and innovation. The increasing orientation towards economic needs saw cooperative training programmes and jointly sponsored research laboratories established at US universities, with industrialists sitting on university advisory boards. This re-orientation was supported by an increase in public and private funds for research and by the universities' fierce competition for these funds.

There is currently a trend towards the 'entrepreneurial university' in the USA. This means that the knowledge produced at the universities is checked systematically for its usefulness for economic purposes and for its 'patentability'. Since the Bayh-Dole Act of 1980, US universities have had far-reaching rights regarding the marketing and licensing of patents obtained by their scientists. Another feature of the 'entrepreneurial university' is the strong support offered for startups and spin-offs and the teaching of entrepreneurial expertise.

Despite this marked orientation of US universities towards the needs of the economy, regional economists have determined that it is only from the 1980s onward that the existence of a university has had a significant positive effect on the income of the region in which it is located. In comparison with other factors, this influence is still rather weak. So, even in the US, the claim of a knowledge-based economy is more a projection for the future and less a reality already achieved.

It must be pointed out that this development towards an 'entrepreneurial university' also brings with it problems, including the risk that knowledge produced at universities may lose its public nature due to possible restrictions in research caused by an excessive patenting policy. At the same time, the success of the US university model gives us an idea of the role German universities could play within a knowledge-based economy, if they were not handicapped by the limitation of many regulations.

Regulations slow the trend towards a knowledge-based economy

A fundamental difference between the USA and Germany is the weak position of private universities in Germany. German universities are administrated and controlled by the federal states *(Bundesländer)* and, in many respects, are unable to act autonomously. These universities are publicly financed, they are independent of tuition fees and thus have little incentive to adapt to the changing goals and priorities of their students, e.g. by changing the content of courses or by introducing new degrees. Public funding means that scientists' salaries are predetermined by the pay scale for public services in general. The wage differential between the lowest and the highest salary group is relatively low. This means that it is not really possible to reward scientists who successfully publish and/or obtain research funds for the university with monetary incentives. Universities are unable to select their students: In the case of degrees where access is restricted (e.g. medicine), students are centrally allocated by a federal agency *(Zentralstelle zur Vergabe von Studienplätzen – ZVS);* in the cases of degrees with unrestricted access, universities must accept every applicant with a high school diploma *(Abitur).*

A number of universities also have technology transfer institutions. If these institutions are located within the universities, the responsible personnel are as a rule employed and paid in accordance with the public services law; this usually means that their salaries do not relate to their success. It is easy to imagine that a private agency, acting outside the public sector and paid in dependence of its transfer success, might track down many more transfer opportunities.

Consequences of university regulations for cities striving to become 'centers of knowledge'
Cities with an urban development policy centering on 'knowledge' have some strong arguments in their favour:
▶ Faced with the nationwide decline in birth rates, the only opportunity for cities to increase their total population is through migration. As a rule, cities with universities and colleges attract groups of young people. In 1990, 10,000 students were enrolled in the universities in Saxony-Anhalt; by 2004 this number had increased to more than 50,000 thanks to successful university expansion.
▶ In addition to an increase in population, which is important for the allocation of federal funds, the extension of universities and research institutions improves opportunities for cooperation between science and industry. The employment of qualified graduates and spin-offs help to generate growth locally.
▶ Cities which are home to numerous scientific institutions are usually considered to be cities with a high quality of life and are associated with an opulent endowment of soft location factors.
▶ Cities with an extensive stock of vacant industrial buildings have an excellent opportunity to revitalise these buildings by accommodating scientific institutions that are relatively flexible and uncomplicated in their space requirements.
These potential advantages can be contrasted with some potential disadvantages:
▶ German university cities do not just register high inward flows of students, but also a disproportionately high number of female graduates. It is precisely this group of women who record the lowest birth rates in comparison to women with a lower level of education. As a consequence, middle-sized university cities in particular (e.g. Bamberg, Heidelberg, Göttingen) are among the cities in Germany with the lowest birth rates.
▶ For a city aiming to increase the number of and funding for its scientific institutions, there is continued insecurity about the regional profit – the growth effect – resulting from this policy. Paradoxically, it seems that there is an increasing chance that the growing reputation of a department or a scientist and the knowledge produced by them are more likely to be exploited outside and not within the region of origin. Scientists at universities of applied sciences are more likely to cooperate with firms in their own region.
▶ Looking into the future, we must be aware that in cities characterised by scientific institutions there will be more social inequalities when scientists, as the producers of knowledge, achieve a distinctly higher social reputation and higher earnings. Whether these inequalities will lead to an enduring polarisation and social conflict will depend on the strategic and integrative capabilities of the city leaders.
In addition to these two potential disadvantages, a city planning strategy aimed at becoming a 'knowledge city' is confronted with the problem that the city's university as

a planning partner is run by the federal state. Planning with universities is a complicated process because, in addition to the city and the university, there is a third party at the table – the federal ministry of education and the arts. This also means that a city has no influence on the range of disciplines taught at the university, even where there is a mismatch between the disciplines and the industrial specialisation of the local or regional economy.

The number and the reduced autonomy of the planning partners may mean that decision-making procedures become very complicated, that the location of a university department or research institution is not selected according to city planning criteria but instead is due solely to financial criteria (which building can be run cheaper?) or pure chance (e.g., a certain piece of land is owned by the state). In Germany, many universities are based in city centers. The trend to transform such universities into campus universities only because property prices are lower on the outskirts would diminish the university's role as an important player in urban development. Normally, city-centre universities dispose of considerable portfolios of property which often have not been evaluated with regard to their potential for urban development.

Cities have more scope in the field of business spin-offs from universities. Here, local authorities have access to aid programmes with the help of which startup centres such as technology and business incubation units can be established.

Summary

Today universities seem to be paying attention to the economic dimension of their knowledge production. We see technology transfer institutions, professors teaching enterprise, a large number of technology parks and other support institutions for start-ups and spin-offs and, only recently, agencies for patent exploitation. Altogether these institutions and activities have not yet been implemented nationwide. In Germany, scientific institutions still seem like giants in chains. These chains consist of varied regulations such as universities being subject to the public budget law and their scientists being paid standard public services salaries. Universities are unable to generate their own income or to select students according to their own standards. It is possible that a deregulated university could become a more interested and more active partner in urban and regional development.

Thus, we are today only at the beginning of a knowledge-based economy. A look at the USA shows us the dynamics which could be initiated with the help of deregulating measures. There are no signs, however, that such a dynamic knowledge society would lead to increased social equality. Several clues indicate that a knowledge society will produce polarisation and new social inequalities. If it may be that, in combination with the accelerated production of new knowledge, the half-life of established knowledge shrinks drastically, an individual's ability to maintain the professional and social status they have achieved would depend heavily on their capacity and motivation to learn. Not all individuals will be up to this demand for permanent and recurrent learning. Nevertheless, human capital cannot be passed on in the same way as financial assets or property; each generation must acquire their own knowledge.

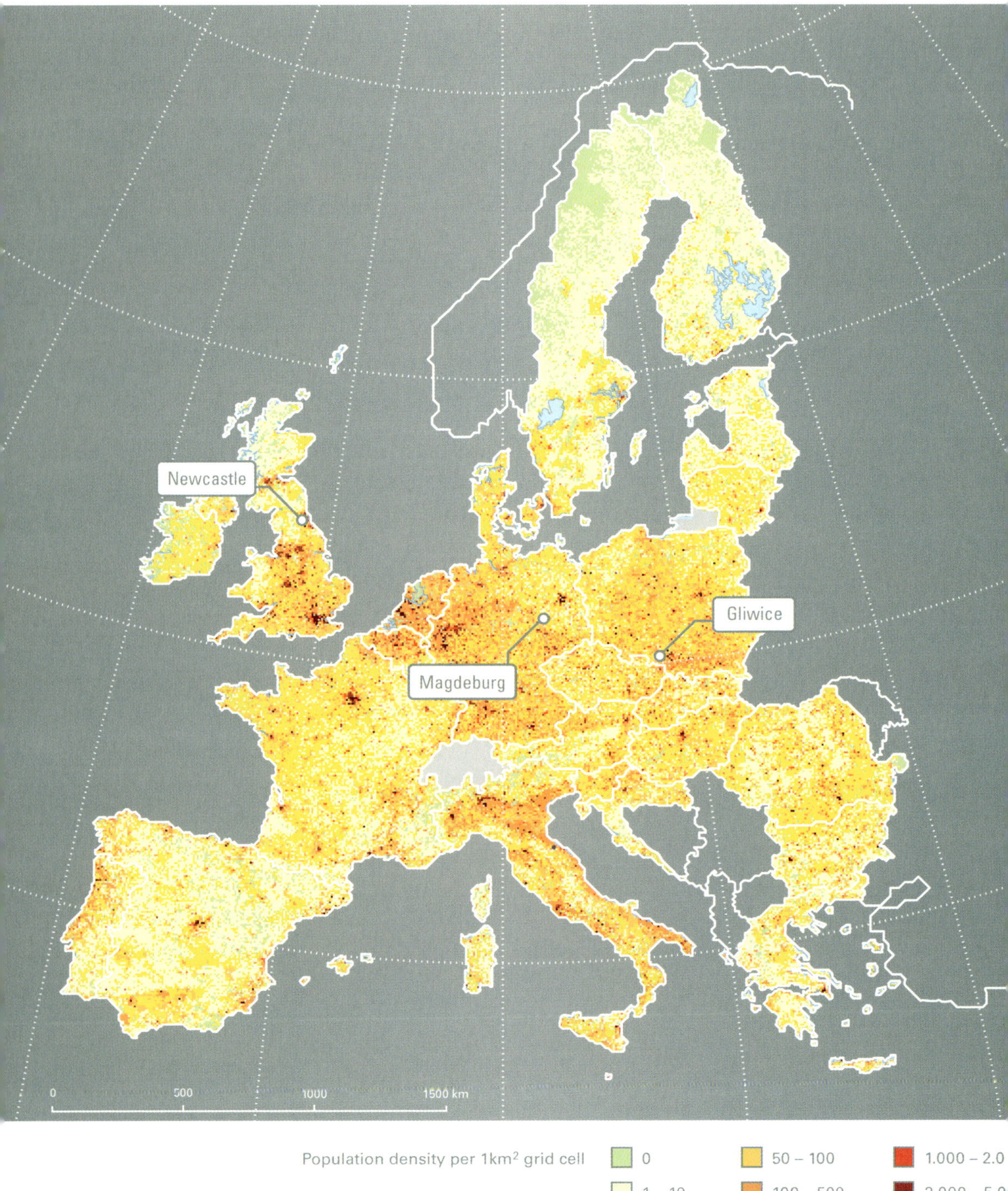

Newcastle
Magdeburg
Gliwice
0   500   1000   1500 km
Population density per 1km² grid cell
0
1 – 10
10 – 50
50 – 100
100 – 500
500 – 1.000
1.000 – 2.0
2.000 – 5.0
> 5.000
SOURCES: Copyright EEA, Copenhagen, 2

1. Geographical position

City	National level			European level		
	central	average	peripheral	central	average	peripheral
Magdeburg		x			x	
Gliwice			x			x
Newcastle		x			x	

2. Population

City/ Region	Inhabitants of city				Inhabitants of region		
	1995	2000	2005	Projected: 2015	1995	2000	2005
Magdeburg/ Planreg. MD [1]	257700	321500	228800	215600	632800	610600	590200
Gliwice/ Slaskie	213400	210400	199900	184000	n.a.	4765700	4691000
Newcastle / Newcastle City Region [2]	281300	267600	269500	259900 [3]	1627900	1597700	1599900

3. Economic power

Region	GDP per head (2001) (EU15=100)	Economic growth average annual % change (1995-2001)
Magdeburg	65.6	2.1
Slaskie (Gliwice)	44.6	3.9
Northumberl., Tyne&Wear (Newcastle)	83.7	1.4

GDP: Gross Domestic Product in PPS (Purchasing Power Standards)

4. Unemployment, Age Structure, Education

Region	Unemployment rates 2002 (%)			Share of age groups in % (2000)			Educational attainment*		
	Total	Long term*	Young	< 15	15 – 64	65 +	low	medium	high
Magdeburg	20.2	57.5	13.4	13.8	69.7	16.5	8.0	68.1	24.0
Slaskie	20.1	62.3	42.0	17.3	71.2	11.5	15.0	74.4	10.6
Northumberl., Tyne&Wear	6.4	29.1	12.4	18.3	65.2	16.5	20.2	55.6	24.3

* in % of total unemployment

*of persons aged 25-64 in % of total

1 The Magdeburg Planungsregion includes the city of Magdeburg and the surrounding counties Bördekreis, Ohrekreis, Schönebeck and Jerichower Land.
2 Special definition of Newcastle/Tyne and Wear conurbation's travel to work area, including nearby satellite towns: Newcastle, North Tyneside, South Tyneside, Gateshead, Sunderland, Chester-le-Street, Durham, Derwentside, Tynedale, Castle Morpeth, Blyth Valley, Wansbeck and Alnwick)
3 This projection was made in 2003 using data up to 2001/2. The same study gave a population projection of 265.500 in 2004 (compared with an actual figure of 269.500: i.e. it gave an inaccurate result for the year after it was produced, predicting an overall decrease in population where in fact an increase was seen)

SOURCES: Table 1-2: Information from city authorities; for geographical position European level see: EU Commission (2001) Second Report on Economic and Social Cohesion. Table 3-4: EU Commission (2005), Third Report on Economic and Social Cohesion, Main Regional Indicators. NOTE: Regions defined according to NUTS classification level 2, if not stated differently.

MAGDEBURG

Magdeburg – Ressourcen, Projekte, Strategien, Perspektiven

Lutz Trümper

Magdeburg ist die Landeshauptstadt Sachsen-Anhalts und feierte 2005 ihren 1 200. Geburtstag.

Seit der Wende hat sich das Stadtbild von Magdeburg erheblich verändert. Viele Gebäude wurden saniert und zahlreiche Neubauten sind entstanden, zum Beispiel in der Innenstadt das markante Hundertwasserhaus, das Gebäude der Norddeutschen Landesbank und das Allee-Center. Gründerzeitkomplexe und Siedlungen aus den 1920er Jahren wurden saniert, in den Randlagen der Stadt sind Eigenheimsiedlungen entstanden. Verkehrsinfrastruktur, Grünanlagen und Freiflächen wurden neu angelegt oder aufgewertet. In einigen Stadtteilen, so in Neu Olvenstedt und im Südosten der Stadt, gibt es jedoch noch erheblichen Entwicklungsbedarf. Im Rahmen des Förderprogramms Stadtumbau Ost und der IBA-Beteiligung Magdeburgs sollen hier geeignete Maßnahmen durchgeführt werden.

In den vergangenen 15 Jahren hat Magdeburg aber auch andere einschneidende Veränderungen erfahren müssen: Seit 1989 hat die Stadt ca. 60 000 Einwohner verloren. Fast jede vierte Wohnung steht leer. Soziale und technische Infrastruktur sind überproportioniert. Nach 1989 sind in Magdeburg zahlreiche Arbeitsplätze weggefallen, eine hohe Arbeitslosenquote von ca. 20 Prozent ist die Folge. Dies bewirkt rückläufige Haushaltseinkommen und Kaufkraftverluste. Niedrige Geburtenraten lassen das Durchschnittsalter der Magdeburger Bevölkerung ansteigen. Die Zahl der über 65-Jährigen nimmt kontinuierlich zu. Die Finanzlage der Stadt ist angespannt.

Entwicklung der Stadt

Trotzdem hat sich Magdeburg als Landeshauptstadt zu einer Stadt mit überregionaler Ausstrahlung entwickelt. Sie ist Handels-, Verwaltungs- und Dienstleistungszentrum und zugleich Standort innovativer Unternehmen. Dabei profitiert sie von ihrer zentralen Lage in Deutschland und Europa und den optimal miteinander verknüpften Verkehrswegen zu Land und auf dem Wasser.

Magdeburg setzt bei der Wirtschaftsentwicklung auf drei Cluster:

▶ Maschinen- und Anlagenbau. Traditionell tief in Magdeburg verwurzelt sind die Unternehmen SKET (Maschinen- und Anlagenbau) und FAM (Förderanlagenbau Magdeburg), sie führen heute eine jahrhundertealte Tradition fort.

▶ Umweltschutztechnologien und Kreislauf-/Recyclingwirtschaft. Unternehmen dieser Branche, wie zum Beispiel das Bioölwerk, profitieren von der logistisch attraktiven Lage Magdeburgs.

▶ Gesundheitswirtschaft/Medizintechnik. Mit ihren wissenschaftlichen Einrichtungen bietet die Landeshauptstadt ideale Grundlagen für innovative Entwicklungen in der Medizintechnologie.

Strukturwandel durch Wissenschaft

Magdeburg verfügt über eine überregional wettbewerbsfähige Wissenschafts- und Forschungslandschaft. Dazu gehören die Otto-von-Guericke-Universität, die Hochschule Magdeburg-Stendal (FH) und mehr als 20 hoch angesehene Forschungseinrichtungen (darunter das Fraunhofer-, Max-Planck- und das Leibniz-Institut für Neurobiologie). Die Stadt will diesen Standortvorteil stärken und sich als Stadt der Wissenschaft profilieren. Stadtplanerische und bauliche Entwicklungen, die diese Profilierung fördern, werden seitens der Stadt unterstützt und forciert. Um im Wettbewerb mit anderen Wissenschaftsstandorten bestehen zu können, werden außerdem mithilfe des Landes die Forschungsschwerpunkte Neurowissenschaften und Virtuelle Realitäten entwickelt.

Um den Ruf Magdeburgs als Standort für Wissenschaft und Forschung zu stärken, nimmt sie am Bundeswettbewerb um den Titel „Stadt der Wissenschaft" teil. 2006 wurde für die Landeshauptstadt zum Jahr der Wissenschaft ausgerufen. Zahlreiche Veranstaltungen und Projekte sollen Wissenschaft und Forschung populär machen und noch besser mit dem städtischen Leben vernetzen. Die Wissenschaft ist Mittel und Motor für den Strukturwandel und die Stadtentwicklung Magdeburgs. Höhepunkt dieser Entwicklung wird der Umbau des historischen Handelshafens zu einem modernen Wissenschaftshafen sein.

Einen Schwerpunkt bildet das Thema Wissenschaft und Forschung auch innerhalb des IBA-Themas Magdeburgs „Leben an und mit der Elbe" mit dem Schauplatz Wissenschaftshafen. Der historische Handelshafen soll umgenutzt und zu einem Stadtquartier mit Flächen für Wissenschaft und Forschung entwickelt werden. 2006 wird hier ein neues Fraunhofer-Institut eingeweiht. Weitere Forschungseinrichtungen sollen folgen. Damit wird ein bisher unterrepräsentiertes, wenig genutztes innenstadtnahes Gebiet aufgewertet und in das städtische Leben einbezogen. Mit der Entwicklung des Wissenschaftshafens werden Synergieeffekte für die Wirtschaft erwartet.

Weitere wichtige Ziele der Stadtentwicklung

Neben der Entwicklung zur Stadt der Wissenschaft will Magdeburg andere wichtige Ziele der Stadtentwicklung weiter verfolgen, wobei die Schwerpunkte auf stadträumlichen und sozial-kulturellen Zielen liegen:

Aufwertung und Attraktivitätssteigerung der Innenstadt, räumliche Kontraktion der Flächennutzung, familien- und kinderfreundliche Entwicklung der Stadt, flexibles System der Kinderbetreuung und schulischen Bildung, Unterstützung der Wohneigentumsbildung von Familien, seniorenfreundliche Entwicklung der Stadt, stärkere Einbeziehung der Bürger in die Gemeinwesenarbeit, lokale Identitäts- und Imagebildung, Förderung und Würdigung bürgerlichen Engagements.

Die Benennung der Ziele und der Handlungsfelder ist weder vollständig noch abschließend. Gelöst werden können diese Aufgaben sicherlich nur, wenn öffentliche und private Initiativen und Finanzen für eine optimale Zusammenarbeit genutzt werden.

Magdeburg – Resources, Projects, Strategies, Perspectives

Lutz Trümper

Magdeburg is the capital of the state of Saxony-Anhalt and in 2005 celebrated its 1200th anniversary.

Since 1989, the image of Magdeburg as a city has changed significantly. Many buildings have been restored and countless new ones were built, e.g. the striking Hundertwasser House, the building of the *Norddeutsche Landesbank* (North German State Bank) and the Allee-Center. Building complexes from the late 19th century and estates from the 1920s were restored and single family estates were created on the outskirts of the city. The transport infrastructure, parks and open spaces were redesigned or upgraded. In some parts of the city however, for example in Neu Olvenstedt and the south east of the city, there is still a significant need for development. The intention is to carry out appropriate measures to this end within the framework of the *Stadtumbau Ost* redevelopment program and participation by Magdeburg in the IBA.

However, over the last 15 years, Magdeburg has also experienced other radical changes: Since 1989, the city has lost some 60,000 inhabitants. Nearly one in every four appartments stands empty. Social and technical infrastructure is disproportionate. Following the events of 1989, Magdeburg suffered major job losses, the result of which is an unemployment rate of approx. 20 percent. This has brought about a reduction in household income and loss of purchasing power. Low birth rates are causing an increase in the average age amongst the Magdeburg population. The percentage of those over 65 is rising continually. The city's finances are strained.

Development of the city

Inspite of this, as a state capital, Magdeburg has developed into a city whose influence spreads to other regions. It is a trading, government administration and services center and simultaneously the location for innovative companies. In this respect, the regional capital benefits from its central position in Germany and Europe as well as from the best possible transport links both on land and water.

For its economic development Magdeburg is putting its faith into three clusters:

▶ Mechanical engineering and plant construction: The firms of SKET (mechanical engineering and plant construction) and FAM (conveyor system construction) have deep roots in Magdeburg; they are keeping a centuries-old tradition alive.

▶ Environmental protection technologies and commercial waste management/recycling industry: Companies in this sector, such as the Bio-Ölwerk (producing fuel from rape seed), benefit from Magdeburg's logistically attractive location.

▶ Healthcare industry/medical technology: With its scientific institutions, the state capital offers ideal foundations for innovative developments in the field of medical technology.

Structural change through science

Magdeburg has a nationally competitive scientific and research landscape. Organizations located here include Otto-von-Guericke University, the University of Applied Sciences Magdeburg-Stendal and more than 20 highly respected research institutions (including the Fraunhofer and Max Planck Institutes and the Leibniz Institute for Neurobiology). The city intends to strengthen this advantage and is making a name for itself as a science city. Town planning and structural developments that promote this profile are supported and driven forward by the city. In order to compete with other science locations, the focal areas of research of the neurological sciences and virtual realities are also being developed with the state's help.

In order to boost Magdeburg's reputation as a science and research location, the city is taking part in the national competition for the title of "City of Science". 2006 has been proclaimed the year of science for the city. Numerous events and projects are intended to raise the popularity of science and research and further improve their integration into the city's life.

Science is the means and the motor for Magdeburg's structural change and urban development. The highlight of this development will be the conversion of the historic trading port into a modern science port.

The subject of science and research also represents a focal point within the IBA theme of Magdeburg entitled "Living beside and with the Elbe" with the showplace science port.

Over the next few years, the historic trading port is to be converted for different usage and developed into a city district with sites for science and research. A new Fraunhofer Institute will be officially opened here in 2006. This is to be followed by further research institutions. This way a previously under-represented and little used inner city area will be transformed and incorporated into urban life. The development of the science port is expected to produce synergy effects for the economy.

Other important aims of urban development

In addition to its development into a "city of science", Magdeburg aims to pursue other key objectives of urban development, focusing on urban and socio-cultural objectives: upgrading the city center and making it more attractive, spatial contraction of land use, development of the city along family and child-friendly lines, flexible system for childcare and schooling, support in creating family home ownership, development of the city along senior citizen-friendly lines, greater inclusion of residents in the working of their communities, local identity and image creation, encouragement and appreciation of citizens' participation.

The list of objectives and areas of activity is neither complete nor exhaustive. There is no doubt these problems will only be solved if public and private initiatives and finance are used to create the best collaboration possible.

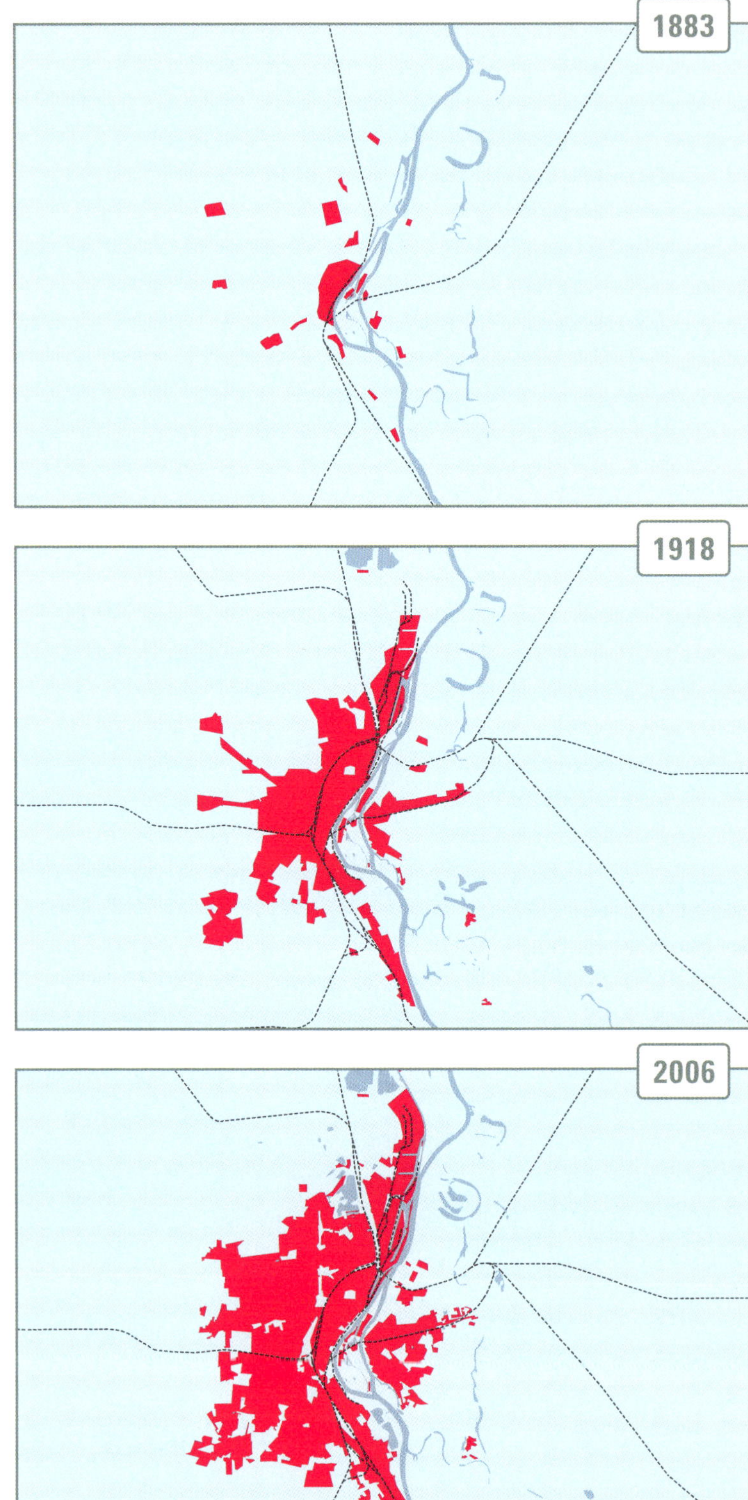

1883
1918
2006

Development of Magdeburg

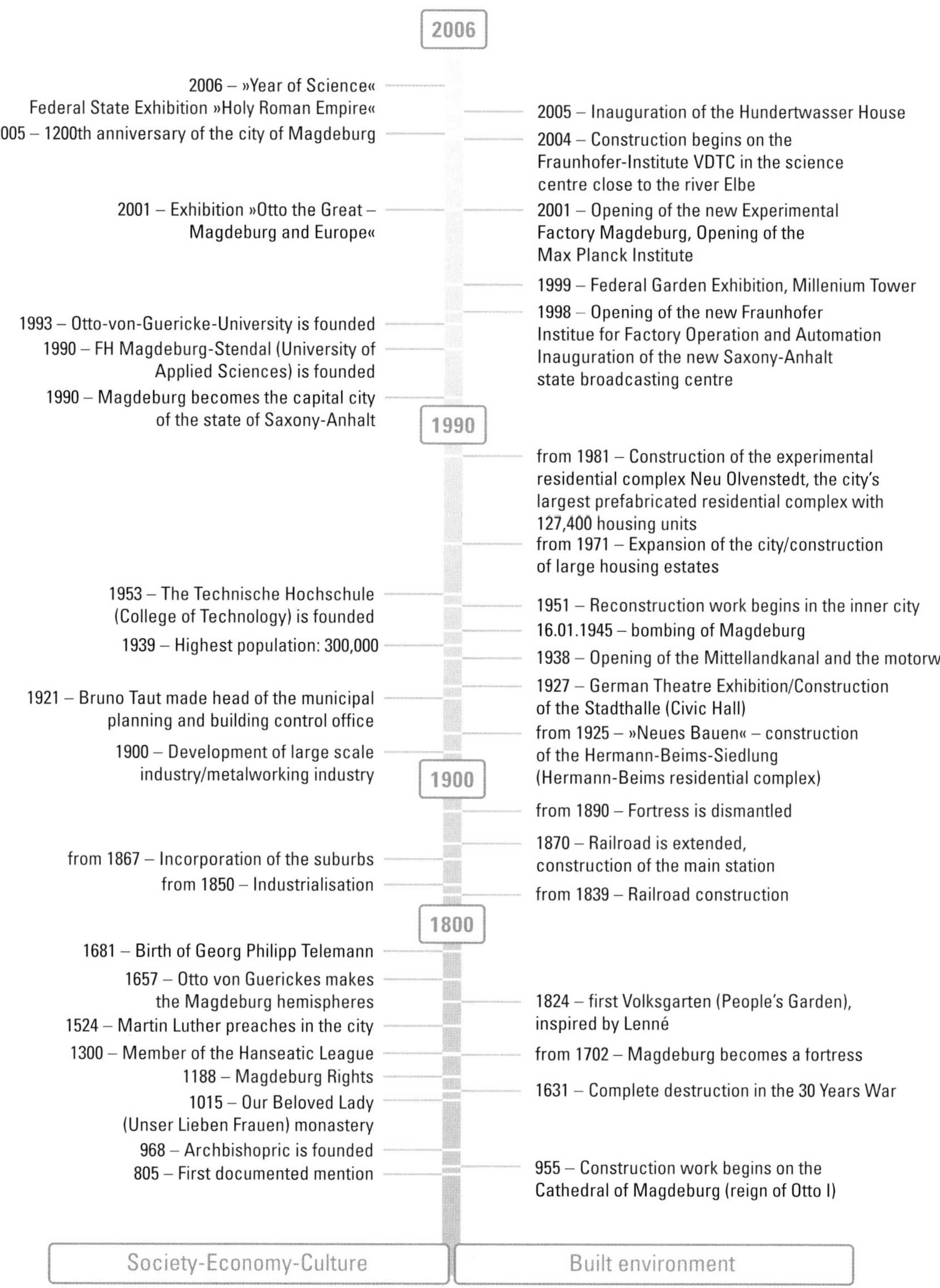

GLIWICE

Gliwice – Stadt der Innovation und Kooperation

Katarzyna Kobierska, Pawel Kopczynski

Gliwice mit seinen 200 000 Einwohnern ist von jeher für sein Potenzial an Humanressourcen bekannt. Als ein Standort der Schlesischen Technischen Universität bietet die Stadt nahezu 35 000 Studienplätze und kann sich eines besonderen Ambientes rühmen, das durch die mittelalterliche Architektur der Stadt noch unterstrichen wird.
Dies bewahrte die Stadt in den letzten Jahren dennoch nicht vor einem komplexen Prozess des Strukturwandels, der mit dem Schließen unrentabler Berg- und Stahlwerke verbunden war. Angesichts der ökonomischen Bedingungen des freien Marktes standen die großen Unternehmen in Staatsbesitz auf verlorenem Posten.
So musste die Stadtverwaltung nach neuen Entwicklungspotenzialen Ausschau halten. Die bei dem ökonomischen Strukturwandel verloren gegangenen Arbeitsplätze waren offenkundig nur schwer zu ersetzen. Zu jenem Zeitpunkt wurde das Konzept geboren, in Gliwice eine Unterzone der Katowicer Sonderwirtschaftszone einzurichten. Unbestellte und ertragsarme Ackerflächen sollten sich bald in dynamische, aufstrebende Industriegebiete verwandeln. Als erster Investor wusste General Motors/Opel das Potenzial der Stadt zu schätzen, nutzte die aussichtsreichen Geschäftsmöglichkeiten und errichtete in Gliwice seine erste polnische Produktionsanlage. In einem der modernsten GM-Werke Europas werden gegenwärtig drei Automodelle von Opel produziert. Dies war jedoch nur der Anfang. Anfang 2006 waren 40 Unternehmen in der Sonderwirtschaftszone angesiedelt und boten insgesamt 8 000 Arbeitsplätze. Neben GM zählen NGK Ceramics, Mapei, TRW und Roca zu den bedeutendsten Arbeitgebern in Gliwice. Die vor allem mit der Automobilindustrie verbundenen Unternehmen bilden einen spezifischen Cluster.
In Anbetracht der Gefahren, die sich aus der Übermacht eines einzigen Industriezweigs ergeben, wurden Maßnahmen zur Diversifizierung der lokalen Wirtschaftsstruktur ergriffen. Möglich war dies dank der attraktiven Lage der Stadt am Kreuzungspunkt zweier internationaler Autobahnen. Darüber hinaus befindet sich in Gliwice einer der wichtigsten Bahnknotenpunkte Polens, während der Kanal von Gliwice als attraktiver Wasserweg die Stadt mit den Häfen der Ostsee sowie mit Deutschland und den Benelux-Ländern verknüpft. Das im Hafen von Gliwice eröffnete Schlesische Logistikzentrum bietet ein breites Spektrum an logistischen Dienstleistungen und Lagereinrichtungen. Weiterer Trumpf der Stadt ist die gute Anbindung an zwei internationale Flughäfen: Der Flughafen von Katowice befindet sich nur 40 km entfernt, jener von Krakau 100 km. Aus den genannten Gründen haben sich bereits zahlreiche Unternehmen des Logistiksektors in Gliwice angesiedelt oder beabsichtigen die Gründung von Niederlassungen.
Um die Position von Gliwice auf der globalen Karte neuer Technologiezentren zusätzlich zu stärken, wurden zahlreiche Projekte in Gang gebracht. So gehört die Stadt als

einzige in Polen der World Technopolis Association an. Die Musterprojekte der Kommune Gliwice sind breit gefächert: Im Rahmen des Projekts zur Restrukturierung der postindustriellen Zone New Gliwice werden die Altflächen des Kohlenbergwerks von Gliwice saniert und in ein Geschäfts- und Bildungszentrum umgewandelt. Die ehemaligen Zechengebäude werden den Unternehmensinkubator, Einrichtungen für potenzielle Investoren und die Schule für Unternehmenskultur aufnehmen. Das Projekt wird eine neue Infrastruktur für Kleinunternehmen zur Verfügung stellen und zudem die Belebung des gesamten Südteils der Stadt unterstützen.

Der Technopark Gliwice soll zur Förderung neuer Technologien in der Stadt beitragen. Ziel des Projekts ist es, Studenten und jungen Universitätsforschern die ökonomische Verwertung ihrer innovativen Technologien zu ermöglichen.

Ein weiteres Projekt, das „Networks for Effective Commercialization of Technologies", konzentriert sich auf die Ausbildung von Personal, mit der Aufgabe, innovative Unternehmen anzusiedeln und ein Bündel von Werkzeugen zu schaffen, die das Entstehen solcher Wirtschaftsinitiativen begünstigen. Erreicht werden soll dieses Ziel, indem entsprechende Kenntnisse und Fähigkeiten bei den Schlüsselpersonen in Forschungs- und Entwicklungsinstituten, in weiteren Organisationen zur Unterstützung der lokalen Unternehmen sowie in den lokalen Behörden erweitert werden. Die Stadt ist sich der Notwendigkeit günstiger Rahmenbedingungen für die Einführung neuer Ideen bewusst und unterstützt daher das regionale Innovationssystem, das Forschungszentren beim Entwickeln und Finanzieren innovativer Unternehmungen Hilfestellung bietet.

Um sich den Herausforderungen der Zukunft zu stellen, hat sich die Stadt Gliwice zudem dem „Cluster of Clean Coal" angeschlossen, der sich im Rahmen der Suche nach neuen Lösungen für die Brennstoffindustrie für Technologieentwicklungen engagiert und auf die Problematik der sich verschärfenden Erdölknappheit aufmerksam macht.

Ein Netzmodell für eine effiziente Kooperation mit Technologie-Gründerzentren in Deutschland und Frankreich ist das New Technology Incubator Project. Ergebnis der Projektarbeit ist unter anderem das *Guidebook for the Establishment and Development of Technology Incubators in Silesia*, das sich an bestehende wie an neu entstehende „Inkubatoren" und Technologieparks wendet und zu einer gemeinsamen Politik aller beteiligten Partner ermutigt, um den Unternehmergeist zu fördern.

Angesichts der rasch wachsenden ökonomischen Anforderungen strebt die Kommune Gliwice die Ausbildung von Personal an, das die neuen Herausforderungen meistern kann. Das eGovernment Triangle Project bereitet Beamte auf die Einführung fortschrittlichster Kommunikationsmittel und der Leitsätze des eGovernment vor.

Das Stadtmanagement ist ähnlichen Risiken wie der Börsenhandel ausgesetzt. Trotz zahlreicher Analysen besteht stets die Gefahr, ein Unternehmen zu erwerben, das mit Verlust arbeitet, statt die erwarteten Gewinne abzuwerfen. Weiterhin gilt es zu bedenken, dass allein der Ressourcenumsatz ein beständiges dynamisches Wachstum garantiert und dass die Unterschiedlichkeit der Investitionen die Grundlage für eine nachhaltige Stadtentwicklung bildet.

Gliwice – City of Innovation and Cooperation

Katarzyna Kobierska, Pawel Kopczynski

Gliwice, with its 200,000 inhabitants, has always been known for its human resources potential. As one of the seats of the Silesian University of Technology that provides education to almost 35,000 students, it boasts a specific ambiance, strengthened by the city's medieval urban architecture.

Nevertheless, this did not protect the city from the complex process of restructuring in the past years, a process linked to the closing down of unprofitable mines and steel works. Huge, state owned companies were fighting a losing battle when they had to face the free market economy conditions.

The city authorities were forced to find new opportunities for development. Obviously it would be extremely difficult to replace the jobs lost during the process of economic restructuring. It was then that the concept of placing a section of the Katowice Special Economic Zone in Gliwice appeared. Uncultivated and unfertile fields were soon to be transformed into vibrant and flourishing industrial areas. The first investor that appreciated the potential of the city was General Motors-Opel. Taking advantage of promising business opportunities, General Motors set up its first Polish production plant in Gliwice. Three Opel car models are now produced in one of the top modern European GM plants. This, however, was only the very beginning of the changes to come. By early 2006, 40 companies were operating in the Special Economic Zone, providing 8,000 jobs altogether. Apart from GM, the most important employers in Gliwice include NGK Ceramics, Mapei, TRW and Roca. Mostly related to the automotive industry, the companies form a specific cluster.

In recognition of the impending hazards posed by the predominance of just one industrial branch, measures have been taken to secure the diversification of the local economy. This was possible due to the attractive location of the city at the intersection of two international motorways.

Furthermore, one of the most important Polish railway junctions is located in Gliwice, while the Gliwice Canal constitutes an attractive waterway leading to the Baltic ports, Germany and the Benelux countries. The Silesian Logistics Center set up within the port of Gliwice offers a wide range of logistic services and warehouse facilities. Another asset of the city is an easy access to two international airports: Katowice airport is only 40 km away from Gliwice and Krakow airport only 100 km. For these reasons, many companies involved in the field of logistics have found or intend to find their premises here.

The city of Gliwice has been implementing many projects in order to further strengthen its position on the worldwide map of new technology centers (it is the only Polish city that belongs to the World Technopolis Association). Sample projects run by the local authorities of Gliwice include:

▶ Renovation of the post-industrial zone of New Gliwice: the scope of this project is to recover the brown fields of the Gliwice coal mine and transform them into a Center

of Business and Education. The old coal mine buildings will house the Entrepreneurship Incubator, facilities available to prospective investors, and the Entrepreneurship
College. The project will not only provide a new infrastructure for small businesses,
but will also help to revive the entire southern part of the city.

▶ Gliwice Technopark is intended to support the advancement of new technologies
in Gliwice. The aim of this project is to make it possible for students and young university research staff to commercialize their innovative technologies.

▶ Network for Effective Commercialization of Technologies: The network is focused
on the development of human resources responsible for the establishment of innovative companies and the creation of a package of tools facilitating the emergence of
such economic initiatives. This objective shall be accomplished by the dissemination
of knowledge and capabilities of the key staff of the R&D institutes, other organizations supporting local business and local government representatives. Being aware
of the need to ensure favorable conditions for the innovation and implementation of
new ideas, the city supports the Regional Innovations System aimed at backing up
research centers in creating and financing innovative ventures.

▶ In an attempt to face the challenges of the future, the city of Gliwice has joined the
Cluster of Clean Coal, a group focusing on the development of technologies which re-
spond to the search for new solutions for the fuel industry, and highlighting the problem of increasing oil shortages.

▶ The New Technology Incubator Project is a model of the network for an effective
cooperation with technology incubators in Germany and France. Among others, the
results of the annual implementation of the project work include the *Guidebook for
the Establishment and Development of Technology Incubators in Silesia.* This publication is targeted at the existing as well as newly emerging incubators and techn-
oparks. It offers encouragement to create a joint policy of operating and supporting
entrepreneurship by all the partners concerned.

In view of the rapid development of the economic requirements, the local government of Gliwice is attempting to secure human resources capable of facing the new
challenges. The e-Government Triangle Project prepares civil servants and officials
to implement the most advanced communication tools and the principles of e-Government.

The management of the city faces risks similar to those that come with trading on the
stock exchange. Despite numerous analyses, there is still the danger of purchasing
a company that, instead of yielding the anticipated profits, operates at a loss. However, experienced players always know when to cash in and how to invest in new,
more profitable ventures. One should also remember that only the resources turno-
ver guarantees a steady dynamic growth and that the diversification of investments
constitutes the basis for the sustainable development of cities.

1800
1926
2006

Development of Gliwice

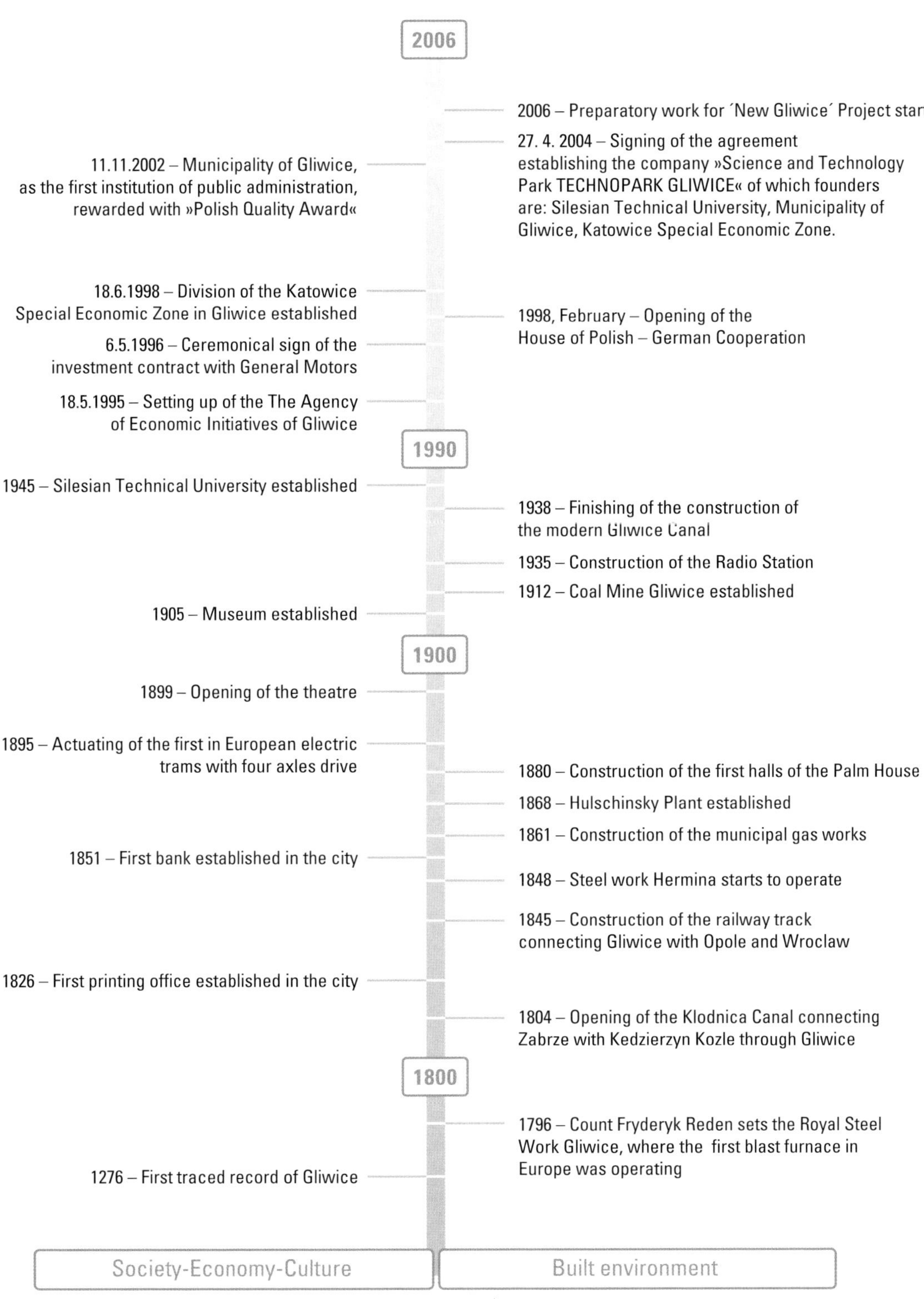

NEWCASTLE

MGL Demolition Ltd
0191-497 1333
KOMATSU

Newcastle – „Competitive, Cohesive, Cosmopolitan" im 21. Jahrhundert

Joseph Place

Während der industriellen Revolution wuchs und gedieh Newcastle als Zentrum des Kohlebergbaus und der Schwerindustrie. Zu Beginn des 20. Jahrhunderts löste sich dieser Erfolg in Luft auf, da diese Industrien versäumt hatten, sich zu diversifizieren. Die wirtschaftliche Aktivität fiel deutlich unter das nationale Niveau und stagnierte dort für den größten Teil des Jahrhunderts.

In den 1990er Jahren wurde in Newcastle vorwiegend in den Ausbau der Innenstadt investiert. Ein innovatives Konzept einer „kulturgeleiteten" Regenerierung wurde in der als Marke neu geschaffenen städtischen Einheit NewcastleGateshead eingeführt. Es entstanden die Statue „Angel of the North" (Engel des Nordens), die Millennium-Brücke, die Konzerthalle „The Sage", das Baltic, ein Zentrum für zeitgenössische Kunst, sowie ein vielseitiges Kulturprogramm. Die Resonanz darauf war beachtlich: *Newsweek* nannte NewcastleGateshead einen der „acht kreativsten Orte der Welt", die *Times* verlieh der Stadt den Titel „neue Hauptstadt Großbritanniens".

Im Jahr 2001 initiierte One NorthEast, die regionale Entwicklungsagentur für den Nordosten Englands, das Programm *Strategie für den Erfolg*. Es sollte die Industriestruktur der Region verändern, indem es sich unter Einsatz ihrer Kompetenzen im Forschungsbereich auf zukunftsträchtige neue Technologien konzentrierte und industrielle Aktivitäten in den Bereichen F&E, Design und Produkteinführung förderte. Das brachte die Entstehung neuer Forschungszentren, die Zusammenarbeit von Hochschulen und Unternehmen, den Einsatz von Risikokapital sowie wissensintensive Investitionen aus dem Ausland mit sich. Gleichzeitig wuchs das Einvernehmen darüber, dass die Zukunft des Nordostens in dieser Art von Industrieentwicklung liegt.

Die Anzeichen, die auf eine Wiederbelebung des Nordostens und Newcastles hinweisen, werden deutlicher. So belegen aktuelle Statistiken eine deutliche Verbesserung der Bevölkerungsentwicklung. Obwohl Schätzungen der Bevölkerungsentwicklung im Jahr 2003 von einem stetigen Rückgang für die Zeit von 2001 bis 2004 ausgingen, kam es zu einem Bevölkerungszuwachs.[1] Dieser ist allein auf Zuwanderung zurückzuführen. Die Zahlen, die auf Geburten und Sterbefällen basieren, sind weiterhin negativ. Zudem liegt die Pro-Kopf-Bruttowertschöpfung im Nordosten weiterhin deutlich unter dem nationalen Durchschnitt, aber das Bruttowertschöpfungswachstum übertraf 2003 und 2004 erstmals nach vielen Jahren den Landesdurchschnitt. Unter den sieben NUTS-1-Gebieten[2] im Nordosten war Tyneside eines der beiden am schnellsten wachsenden Gebiete der letzten zehn Jahre.[3]

Im Dezember 2004 erklärte der britische Finanzminister, Newcastle solle eine *Science City* (Wissenschaftsstadt) werden. Ziel des Newcastle-Science-City-Programms (NSC) war das Anheben der „Strategie für den Erfolg" auf eine neue Stufe innerhalb eines integrierten regionalen Innovationssystems, in dessen Fokus eine attraktive und gut angebundene Stadtmitte stand. Hier kamen zwei unterschiedliche Strategien zusammen: Die eine richtete sich auf die Attraktivität eines städtischen Raumes, die andere auf die ökonomische Entwicklung eines Sektors. One NorthEast, der Stadtrat von Newcastle und die Universität Newcastle schlossen eine förmliche Partnerschaft, in die Unternehmensnetzwerke in beratender und teilhabender Funktion einbezogen wurden. Es entstand eine Führungsgruppe, die ein prominenter Geschäftsmann der Stadt leitete.

Die NSC-Pläne ziehen die Umgestaltung der Universität Newcastle zu einer Institution nach sich, in der vermehrt zum gesellschaftlichen Wohl geforscht wird. Dementsprechend änderten sich ihre Strategie und Struktur. Unternehmen dürfen Einfluss auf Lehre und Forschung nehmen. Die Arbeit konzentriert sich auf vier Bereiche wissenschaftlicher Forschung: Altern und Gesundheit, Energie, molekulare Nanotechnologie und Stammzellenbiologie. Jeder Bereich verfügt über eine starke regionale Forschungsbasis wie auch eine etablierte Industrie, die alle Entwicklungen nutzen kann, und besitzt das Potenzial, zukunftsträchtige Innovationen für verschiedene Märkte hervorzubringen. Die wissenschaftliche Arbeit wird von Spezialisten unterstützt; dazu gehören auch Coachingdienste für Technologieunternehmen, der Schutz geistigen Eigentums, der Anreize zur Kommerzialisierung eines Produkts schafft, und ein Entwurfsprogramm für innovative Technologien. Es sind regionale Aktivitäten zur Bildung und Beteiligung der Öffentlichkeit sowie Marketingkampagnen geplant.

Jeder Wissenschaftszweig besitzt seine Basis in der Innenstadt, an Orten mit Einrichtungen, die die Interaktion zwischen Forschern, Unternehmen, unternehmensorientierten Dienstleistern und Öffentlichkeit maximieren – so wird das lineare Modell des Technologietransfers neu gestaltet. Orte in der weiteren Umgebung sind mit dem Knotenpunkt Newcastle verknüpft und steuern Fachwissen, Betriebsräumlichkeiten aller Art sowie eine unterstützende Infrastruktur bei.

Anfang 2005 zahlten die Partner gemeinsam 30 Mio. Pfund für das gerade frei gewordene, acht Hektar große Grundstück einer Brauerei mitten in Newcastle. Dort wird „Science Central" viele unterschiedliche NSC-Aktivitäten unter einem Dach vereinen. Der Schlüssel zum bisherigen Erfolg der NSC: Verwaltung, Universität und Wirtschaft arbeiteten gemeinsam an einer mutigen, überzeugenden, langfristigen Vision, die fest auf den tatsächlichen Gegebenheiten und der Erfahrung der Partner gründet. Von größter Bedeutung war im Fall der NSC das Vertrauen, das sich in den Jahren der Umsetzung der Maßnahmen gebildet hat. Die Erarbeitung eines komplexen Gesamtprogramms für vielfältige Maßnahmenbereiche erfordert überzeugende Führung und engagierte Ausführung. Die Erfahrungen des letzten Jahrzehnts in Newcastle deuten darauf hin, dass schneller Wandel möglich ist, wenn die Formel stimmt.

<hr>

1 Quelle: Office for National Statistics (ONS), Bevölkerungsschätzung auf regionaler Ebene; ONS-Halbjahresschätzung der Bevölkerungszahlen.

2 NUTS: Nomenclature des unités territoriales statistiques (Systematik der Gebietseinheiten für die Statistik).

3 Quelle: Revidierte Daten zur Bruttowertschöpfung, Dezember 2005, ONS.

Newcastle – "Competitive, Cohesive, Cosmopolitan" in the 21st Century

Joseph Place

During the industrial revolution, Newcastle was a center for coal mining and heavy engineering. The miner's safety lamp, an electric light bulb, and the steam turbine-driven ship were all invented here. On the strength of its industrial success, Newcastle grew and prospered. In the early 20th century, its success evaporated as these industries failed to diversify. Economic activity dropped well below the national average and remained low for most of the century.

In the 1990s, investment in Newcastle centered on improving the city center. The Grainger Town and Quayside areas were developed. A novel policy program of "culture-led" regeneration was introduced in the newly-branded municipal entity NewcastleGateshead, which entailed the installation of the Angel of the North statue, the construction of the Millennium Bridge, the Baltic Centre for Contemporary Art and the Sage concert hall, and a varied program of cultural events. There was a remarkable response: *Newsweek* called NewcastleGateshead one of "the world's eight most creative places"; the *Times* named it "the new capital of Britain."

In 2001, One NorthEast, the Regional Development Agency for North East England, initiated the "Strategy for Success" program, changing the industrial structure of the region by exploiting its research base and focusing on new potentially disruptive technologies, promoting industrial activity in R&D, design, and new product introduction. This brought new research centers, business-university collaborations, venture capital investments and more knowledge-intensive inward investment, and nurtured a growing agreement that this type of industrial development was the future of the North East.

There are growing signs of resurgence in the North East region and in Newcastle, i.e., recent statistics show that the population development in Newcastle has markedly improved. Where the projected population for 2003 predicted a continued decline from 2001–2004; there was in fact a population increase.[1] This increase is entirely driven by migration; values based on births and deaths are still negative. In addition, though GVA per capita in the North East region remains significantly below the national average, the growth rates of Gross Value Added (GVA) in the North East in 2003 and 2004 exceeded the national average for the first time in many years. Tyneside was among the two fastest growing NUTS 1 areas[2] of the seven within the North East for the last ten years.[3]

In December 2004, the British Chancellor of the Exchequer announced that Newcastle was to become a "Science City." The Newcastle Science City (NSC) program aimed to take the "Strategy for Success" to a new level with an integrated regional innovation system centered on an attractive and well connected city center. Here, two separate strategies – focused on the attractiveness of a spatial area and on economic development in a sectoral area – came together. A formal partnership was created between One NorthEast, Newcastle City Council and Newcastle University. Business networks were engaged in advisory and participatory roles and a Leadership Group was formed, led by a prominent local businessman.

The NSC plans entail the transformation of Newcastle University into an institution where research is increasingly applied for societal benefit. Its corporate strategy and structure have changed in response. Businesses are permitted to shape the University's research and teaching, jointly undertake research with its staff, and share its facilities. Work focuses on four aspects of scientific research: ageing and health; energy; molecular engineering; stem cell biology. Each has a strong existing research base region-wide, an established industry to exploit any developments, and the potential to produce disruptive innovations applicable across a number of markets. The science is underpinned by specialist support, including "coaching" services for technology businesses, IP regimes creating incentives for commercialization, and a design program for emerging technology. Activities are planned region-wide in education and public engagement, and marketing campaigns are being developed.

Each of the sciences is based in the city center, in places with facilities that maximize the level of interaction between researchers, businesses, business support providers and the general public – reconfiguring the linear model of technology transfer. Places across the wider region are linked to the Newcastle "hub", bringing expertise, business premises of all types, and a support infrastructure.

In early 2005, £30 million was paid jointly by the Partners for a newly-abandoned 8-hectare brewery site in central Newcastle. The "Science Central" based there will house many of the NSC's various activities. Key to the success of the NSC to date was the joint creation – by the government, the university and business sectors – of a bold, convincing long-term vision, grounded on factual evidence and the experiences of the Partners. Vital in the NSC's case was the trust developed over the preceding years of policy implementation. Flexible policies remained without compromising the program trajectories. The creation of a "total system" specializing in a wide variety of policy areas is complex, requiring convincing leadership and committed execution. However, the experiences of the last decade in Newcastle suggest that if the right formula is found, rapid change can take place.

1 Source. Office for National statistics (ONS) sub-national population projections; ONS mid-year population estimates.

2 NUTS: Nomenclature des unités territoriales statistiques (Nomenclature of territoral units for statistics).

3 Source: Revised GVA figures, December 2005, ONS

1830

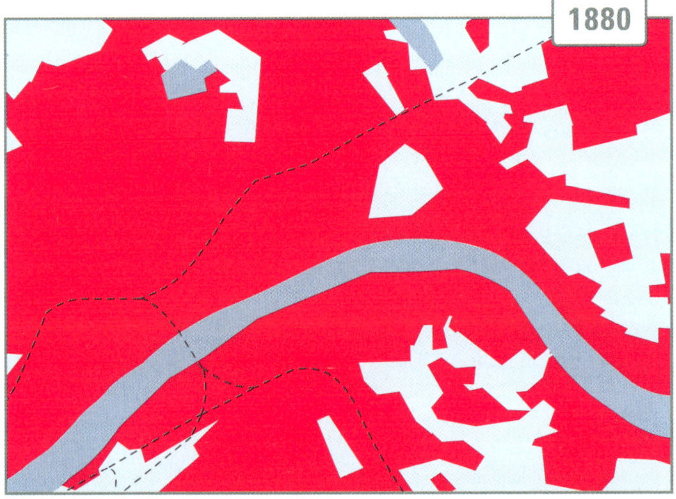

1880

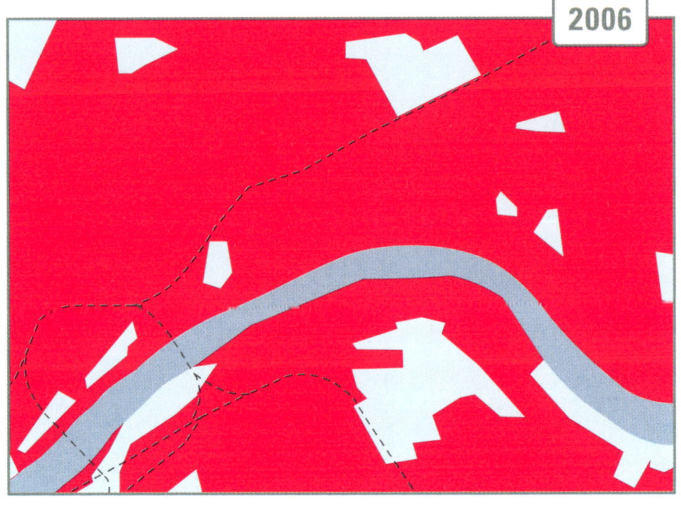

2006

2006

2005 – Plans for »Science Central« Projects unveiled

2004 – Newcastle declared »Science City«

1999 – Regional Development Agencies created

1986 – Nissan Opens in Sunderland, Nissan becomes the first Japanese company to open a factory in Britain when it establishes a car plant at Sunderland.

1990

1986 – Nissan Opens in Sunderland, Nissan becomes the first Japanese company to open a factory in Britain when it establishes a car plant at Sunderland.

1936 – Jarrow March: 200 men march to London from Jarrow in South Tyneside in protest against mass job losses.

1906 – World's largest ship constructed on the Tyne:, the 'Mauretania', the world's largest and fastest passenger liner, is completed by Swan Hunter & Wigham Richardson.

1900

1884 – First Steam Turbine: Charles Algernon Parsons patents the first steam turbine on Tyneside.

1871 – Founding of Newcastle College of Science Both are acquired later by Durham University.
1963 – the two universities split and the University of Newcastle upon Tyne is formally created.

1834 – Founding of Newcastle University: School of Medicine and Surgery

825-1910 – Population boom: Newcastle's population grew from around 50,000 to around 300,000

1800

1793 – Foundation of the Literary and Philosophical society: for discussion of: »the Mathematics, Natural Philosophy and History, Chemistry, Polite Literature, Antiquities, Civil History, Biography, Questions of General Law and Policy, Commerce, and the Arts.«

1610 – Newcastle awarded East of England coal trading monopoly

1080 – Newcastle's current name adopted

122AD – First written reference, then by the name of Pons Aelius

Society-Economy-Culture

2004 – Opening of the Sage Gateshead Concert Hall, Gateshead

1997 – Angel of the North constructed

1990s – Regeneration of Newcastle Quayside and neoclassical 'Grainger Town'

Early 1970s – Replacement of large swathes of 1830s architecture by new 'Eldon Square' shopping centre

1909 1933   First wave of shipyard closures: Included Smiths Dock at North Shields in 1909, Armstrongs of Elswick in 1921, and Palmers of Jarrow and Hebburn (1933). There were 28 North East closures in this period of which 14 were on the Tyne, 7 on the Wear, 6 on the Tees and 1 at Hartlepool.

1878 – World's first hydroelectricity-lit house – Armstrong's house 'Cragside' becomes the world's first house to be lit by electric light generated by the power of water

1847 – Founding of Armstrong's engineering works: the engineer Sir William Armstrong founded the Elswick factory at Newcastle, to produce hydraulic machinery, cranes and bridges, followed by artillery and naval vessels.

1830-40s – Construction of neoclassical architecture in city centre: developed primarily by Richard Grainger and John Dobson

1825 – First railway: the Stockton and Darlington (in the south of the North East region) the world's first public railway opens.

Built environment

4.

Kultur, kulturelles Erbe und Stadtentwicklung

Culture, Cultural Heritage and Urban Development

Kulturelles Erbe und Regionalentwicklung: Herausforderungen und Strategien

Friedrich Gnad

Das kulturelle Erbe ist eng mit zentralen Handlungsfeldern der Regionalentwicklung verknüpft. Derzeit stehen die Inwertsetzung und der Erhalt des kulturellen Erbes in zunehmendem Maß vor neuen Herausforderungen, zum Beispiel aufgrund der Situation der öffentlichen Haushalte. Strategien, die das kulturelle Erbe noch stärker in eine Beziehung zur Regionalentwicklung stellen, eröffnen neue Wege.

Im Mittelpunkt des Zusammenhanges von kulturellem Erbe und Stadt- bzw. Regionalentwicklung steht heute zumeist die Bedeutung für die touristische Entwicklung. Insbesondere das baulich-kulturelle Erbe, also Altstädte, Kirchen, Schlösser, Burgen, Hafenquartiere etc., wird als wichtiger Frequenzerzeuger oder Frequenzverstärker im Tourismus gesehen: Das kulturelle Erbe vermittelt das Einzigartige einer Region, mit Gebäuden, gelebten Traditionen und aufbereiteter Geschichte.

Doch ist es nicht der Tourismus allein, der das kulturelle Erbe für Regionen interessant werden lässt. Hierauf weist schon eine grobe Typisierung von Projekten hin, die das kulturelle Erbe in zunehmendem Maß in den Kontext von Regionalentwicklung stellen:

▸ *Überregional bedeutsame Projekte (Leuchtturmprojekte)* können als Kristallisationskerne der Regionalentwicklung innovative Prozesse anstoßen (zum Beispiel die Stadt des Weltkulturerbes Quedlinburg für die touristische Entwicklung der Region oder das industriekulturelle Erbe der Zeche Zollverein in Essen als Standort für Unternehmen der Kulturwirtschaft und Magnet für Touristen).

▸ *Regional bezogene Projekte* sind auf die Binnenentwicklung einer Region gerichtet, auf ihre Kultur, ihre Bewohner, aber auch auf die regionale Wirtschaft und den regionalen Arbeitsmarkt. So machen Heimatmuseen auf die Geschichte einer Stadt und Region aufmerksam, der gelebte Karneval bzw. die Fastnacht auf geschichtliche und religiöse Traditionen. Ungenutzte denkmalgeschützte Gewerbeareale werden restauriert und dienen als Gründerzentren oder als kostengünstige attraktive Arbeitsräume.

▸ *„Integrierte Projekte"* nutzen das kulturelle Erbe gezielt und in mehrfacher Hinsicht für die Entwicklung und Modernisierung von Regionen, zum Beispiel für die kulturelle und soziale Entwicklung und für den wirtschaftlichen Strukturwandel. Hierdurch können gute Voraussetzungen geschaffen werden, um das kulturelle Erbe auch dauerhaft in Wert zu setzen.

Vor dem Hintergrund solcher Projektansätze stellt sich die Frage, was unter dem Begriff des „kulturellen Erbes" eigentlich zu verstehen ist und wie es für die Regionalentwicklung bzw. Regionalpolitik interessant werden kann.

Kulturelles Erbe – mehr als museale Angebote für Touristen

Zum „kulturellen Erbe" zählt bekanntlich in erster Linie das baulich-kulturelle Erbe, das von attraktiven restaurierten Burgen bis hin zu denkmalgeschützten zeitgenössischen Bauten große Aufmerksamkeit erregt. Weiterhin umfasst es Objekte und Einrichtungen einzelner Kunst- und Kulturepochen, das wirtschaftliche Erbe (wie etwa die Überlieferung alter Produktionstechniken), gelebte Traditionen etc. Kurz: Das kulturelle Erbe umfasst sichtbare und nicht sichtbare Zeugnisse. Folgende Bereiche des kulturellen Erbes können unterschieden werden:

▶ historische Baukultur (u. a. Altstädte, Schlösser, Kirchen, Industriebauten, Werkssiedlungen)

▶ Naturerbe (u. a. Landschaften, Gartenkunst, renaturierte Flächen und Gewässer)

▶ archäologisches Erbe (u. a. Bodendenkmäler, Ausgrabungsstätten)

▶ kulturelles Erbe aus Literatur, Musik, Kunst, Film (u. a. Sammlungen, Archive, Artefakte von Persönlichkeiten)

▶ wirtschaftliches Erbe (u. a. Handwerks- und Industriemuseen, alte Industrie- und Gewerbeanlagen)

▶ Traditionen und Brauchtum (u. a. Kulturvereine, Feste, Märkte, Sprache, regionale Gastronomie)

Diese unterschiedlichen Formen des kulturellen Erbes können auf verschiedene Weise mit der Regionalentwicklung verknüpft sein.[1] Im Wesentlichen lassen sich die Zusammenhänge zu drei Wirkungsfeldern zusammenfassen:

Zum kulturellen und sozialen Wirkungsfeld zählt etwa die Identifikation der Bewohner mit ihrer Region durch eine regionstypische Baukultur, die gleichzeitig durch herausragende Bauten wichtige Orte der Kommunikation schafft (zum Beispiel historischer Markplatz mit Rathaus). Ebenso kann die Pflege von Traditionen zur sozialen Integration und zur Wohnstandortbindung von Haushalten beitragen. Die vielfältigen Aufgaben zum Erhalt des kulturellen Erbes erfordern und unterstützen in hohem Maß ehrenamtliches Engagement und binden die Menschen an ihre Region (zum Beispiel in Geschichts- und Heimatvereinen).

Im wirtschaftlichen und arbeitsmarktbezogenen Wirkungsfeld sind die regionsinternen Effekte von den -externen zu unterscheiden. So spielt das kulturelle Erbe als Magnet und Angebot für den Kultur-, Kurzzeit- und Städtetourismus eine herausragende Rolle.[2] Hiervon profitiert das Hotel- und Gaststättengewerbe, aber ebenso der tourismusrelevante Einzelhandel. Der Erhalt des baulich-kulturellen Erbes stärkt zudem die beschäftigungsintensive Kulturbauwirtschaft einer Region, zu der Restauratoren und spezialisierte Unternehmen der Bauwirtschaft zählen.[3] Das kulturelle Erbe schafft darüber hinaus Standorte mit einem neuen Image und attraktiven Adressen. Dies kann wiederum für das wirtschaftliche Standortmarketing genutzt werden.

Das *städtebauliche und ökologische Wirkungsfeld*: Der Erhalt von Altstädten oder regional bedeutsamen industriekulturellen Resten, von Werkssiedlungen bis hin zur Restaurierung und Wiederbelebung historischer Plätze prägt eine Stadt und Region gleichermaßen. Indem historische Gärten wiederhergestellt oder entwertete Industrieräume sowie Kulturlandschaften restauriert bzw. renaturiert werden, werden ökologisch positive Entwicklungen in einer Region unterstützt (zum Beispiel durch die Internationale Bauausstellung Emscher Park 1989–1999 – www.iba.nrw.de).

Die Herausforderung: steigende Nachfrage, mehr Potenziale – weniger Musealisierung

Der Umgang mit dem kulturellen Erbe steht vor neuen Herausforderungen. Dies betrifft auf der einen Seite die Nachfrage, also die Nutzer von Einrichtungen des kulturellen Erbes sowie die Eigentümer und Träger, die kulturelles Erbe erhalten und „in Wert setzen". Dem steht auf der anderen Seite ein wachsendes Angebot an kulturellem Erbe und noch in Wert zu setzender Potenziale gegenüber.

Der allgemeine Bedeutungsgewinn der Region als Wirtschafts- und Sozialraum hat zu einem gewachsenen Regionalbewusstsein und zu einer intensiveren Suche nach Identifikation in einer globalisierten Welt geführt. Dies hat das Interesse der Bewohner an dem regionalen kulturellen Erbe erheblich verstärkt: Geschichtlich bedeutsame Gebäude werden erhalten, Heimatgeschichte wird aufgearbeitet, regionale Mundarten werden gepflegt und Artefakte von Persönlichkeiten der Region aus Politik, Religion oder Kunst bewahrt und der Öffentlichkeit zugänglich gemacht. Die Ansprüche an die Qualität wie Quantität solcher Angebote sind gleichermaßen gestiegen: So werden heute neben dem kulturellen Kernangebot ergänzende „komplementäre Angebote" erwartet, die einen „Zusatznutzen" liefern und die Aufenthaltsqualität erhöhen.[4]

Dieser Nachfrage steht in vielen Regionen zwar bereits ein großer Bestand an kulturellem Erbe gegenüber, doch werden darüber hinaus zunehmend neue Möglichkeiten entdeckt. Gründe hierfür liegen zum Beispiel im weiter wachsenden Wissen aufgrund systematischer Forschungen, in „zufälligen" Funden etwa im Rahmen von Bauarbeiten, in der hohen Ausdifferenzierung der kulturellen Szenen etc. Dies alles hat inzwischen zu einer gewissen „Inflation" von Potenzialen des kulturellen Erbes geführt. Den Trägern des kulturellen Erbes stehen allerdings demgegenüber häufig weniger Finanzmittel als in der Vergangenheit zur Verfügung. Daher stellt sich die zentrale Frage, wie das kulturelle Erbe auch zukünftig erfolgreich in Wert zu setzen ist und welche Strategien über die alleinige Musealisierung hinaus hierzu geeignet erscheinen.

Strategien: Integrieren und Vernetzen

Lange Zeit wurde die Bewahrung des kulturellen Erbes vor allem als eine öffentliche Aufgabe angesehen, die Museen, Archive oder Denkmalpflegeämter erfüllten und bei der in der Regel zudem die Kulturpolitik die Federführung hatte. Indem das kulturelle Erbe darüber hinaus für die Wirtschaft der Region, den Arbeitsmarkt, den Städtebau und damit für mehr regionale Gestalter interessant wird, ist auch eine integrierte Politik, sind integrierte Strategien erforderlich. Sie sollen abgestimmtes Handeln zwischen Akteuren der öffentlichen Hand, der Wirtschaftsunternehmen und auch der Zivilgesellschaft ermöglichen. Vor diesem Hintergrund können drei Kernstrategien empfohlen werden.

(1) Regionale Wirkungszusammenhänge stärker nutzen

Eine erste Strategie zielt darauf ab, das kulturelle Erbe in seinen regionalen Wirkungszusammenhängen stärker als bisher zu erkennen und zu nutzen. Folgende Punkte verdienen dabei besondere Beachtung:

▶ *Das kulturelle Erbe in regionale Modernisierungsprozesse einbinden:* Das kulturelle Erbe kann regionale Modernisierungsprozesse auf mehrfache Weise anstoßen oder unterstützen, zum Beispiel im Tourismus, als Standortfaktor für Haushalte und Unternehmen oder durch die Verbesserung des Außenimages einer Region. Es kann dann zur Modernisierung beitragen, wenn es in regionale Gesamtzusammenhänge und Entwicklungen gestellt und entsprechend entwickelt wird. Der Kultursektor hat als Kreativbereich heute für die Regionalentwicklung eine wachsende Bedeutung, zum Beispiel zur Substitution kultureller Importe oder als Contentlieferant für andere Wirtschaftsbranchen. Insbesondere kann der Kultursektor einschließlich des kulturellen Erbes erheblich zum Strukturwandel einer Region beitragen, wie dies u. a. im Ruhrgebiet sichtbar wird.[5]

▶ *Regionales Management zur Erkundung der Nachfrage für das kulturelle Erbe:* Um neue Möglichkeiten zur Inwertsetzung von Potenzialen des kulturellen Erbes im regionalen Kontext zur erkunden, steht vor allem die Sondierung der Nachfrage an. Wie könnte ein spezifisches Potenzial genutzt werden, u. a. als Betrieb einer bestimmten Branche, als Standort für Existenzgründer oder als Besuchermagnet für touristische Zielgruppen sowie für Bewohner der Region? Um entsprechende Fragen zu erörtern, sollten nicht formalisierte regionale Netzwerke von Akteuren öffentlich geförderter, zivilgesellschaftlicher und erwerbswirtschaftlicher Einrichtungen, von Initiativen und Unternehmen aufgebaut bzw. eingebunden werden. Diese Moderationsaufgabe („regional governance") könnte im Rahmen eines regionalen Managements wahrgenommen und von einer bestehenden interessensunabhängigen Einrichtung übernommen werden. Nachfrager sind zum Beispiel die „Kreativen", denen heute eine entscheidende Rolle für regionale Modernisierungsprozesse zugeschrieben wird.[6] Sie tragen unter anderem zum Strukturwandel einer Region bei, indem sie das baulich-kulturelle Erbe als Arbeitsräume, Ausstellungs- und Veranstaltungsräume nutzen (für regionales Theater, Kabarett etc.). Auch dient ein attraktives baulich-kulturelles Erbe manchen Unternehmen dazu, dem eigenen Betrieb ein positives Außenimage zu verleihen.

▶ *Erarbeitung regional abgestimmter Kultur- und Freizeitkonzepte:* Das kulturelle Erbe ist wesentlicher Bestandteil auch der Kulturwirtschaft einer Region. Kultur und Kulturwirtschaft (als Wirtschaftsbranche) generieren beide relevante Anteile an Arbeitsplätzen und Umsätzen. Regional abgestimmte Kultur- und Freizeitkonzepte bieten die Möglichkeit, das kulturelle Erbe „integriert" in der Regionalentwicklung zu positionieren und mit anderen Angeboten aus Kultur und Freizeit eng zu vernetzen. Modellprojekte in Mittelstädten zeigen, dass solche Konzepte sehr erfolgreich sein können.[7]

(2) Kulturelles Erbe realistisch analysieren und systematisch entwickeln

Potenziale des kulturellen Erbes einer Region müssen zunächst einmal wahrgenommen werden. Hierbei können die Sichtweisen unterschiedlicher Disziplinen (u. a. Geschichte, Architektur, Archäologie, Kunst, Wirtschaft) helfen, die Bedeutung des kulturellen Erbes im Einzelfall in seiner Mehrschichtigkeit zu erkennen und die Potenziale schließlich realistisch zu bewerten, u. a. hinsichtlich der kulturellen Relevanz, der wissenschaftlichen Absicherung, der Wirkungen für die Regionalentwicklung etc. Im Ergebnis wird sich herausstellen, dass es nicht sinnvoll ist, jedes kulturelle Erbe zu entwickeln.

Erscheint ein Objekt oder ein Thema jedoch tragfähig, sollte ein kleiner Kreis interessierter Akteure einbezogen werden, der zunächst die Nutzungseignung des kulturellen Erbes prüft. Hierbei sollten die verschiedensten Nutzungsmöglichkeiten und potenziellen Nutzer in die Überlegungen einbezogen werden (s. o.). Wenn sich eine erfolgversprechende Nutzung herauskristallisiert, sollte die Kernidee erarbeitet werden. Ebenso sind weitere Vernetzungsmöglichkeiten und entsprechende Kooperationspartner zu suchen (zum Beispiel bei der Umnutzung eines traditionsreichen Gebäudes für ein Unternehmen, das gleichzeitig ein touristisches Angebot darstellen kann). Abgestimmte Trägerschaftsmodelle und Finanzierungsvarianten tragen schließlich zum Erfolg bei.

(3) Vernetzen und Standorte schaffen

Die Inwertsetzung des kulturellen Erbes ist in besonderem Maß davon abhängig, wie erfolgreich es gelingt, ein Projekt in den Entwicklungszusammenhängen der Region zu verankern. Im Kulturtourismus bedeutet dies beispielsweise die Vernetzung mit anderen touristischen Frequenzerzeugern und weiteren relevanten Angeboten. Um ein Projekt frühzeitig in der Region zu positionieren, sollten zunächst temporäre Angebote entwickelt werden, die den Standort beleben und ihn auf die kulturelle, regionale „mental-map" setzen.

Resümee

Zusammenfassend ist festzustellen, dass im kulturellen Erbe ein großes und vielfach noch zu wenig genutztes Potenzial für regionale Modernisierungsprozesse steckt. Sollen entsprechende Möglichkeiten erfolgreich für die Regionalentwicklung genutzt werden, ist die Steuerung im Sinne eines „regional management" und einer „regional governance" empfehlenswert. Die systematische Erkundung des kulturellen Erbes, die Entwicklung „integrierter Projekte" sowie die Einbeziehung relevanter Akteure aus Wirtschaft, Zivilgesellschaft und öffentlichem Sektor werden wesentlich zum Erfolg beitragen.

---

1 U. a. Kunzmann, Klaus R. (2002): Kultur, Wirtschaft und Raumentwicklung. In: *Informationen zur Raumentwicklung*, 4/5, S. 185–197.

2 Dettmer, Harald, Glück, Elisabeth, Hausmann, Thomas et al. (2000): *Tourismustypen*. WiSo-Lehr- und Handbücher, München u. a., S. 36 ff.

3 Brück, Ingrid, Gnad, Friedrich, Wiesand, A. J. (2000): *Kulturwirtschaftsbericht für das Land Sachsen-Anhalt*. Kultusministerium des Landes Sachsen-Anhalts. Magdeburg.

4 Gnad, Friedrich, van Ooy, Uwe (2006): *Kulturwirtschaft als Komplementärangebot im Tourismus*. In: *Handbuch der Kulturwirtschaft*. In Vorbereitung.

5 Ebert, Ralf, Gnad, Friedrich, Kunzmann, Klaus R., van Ooy, Uwe (2005). *Wandel durch Kultur(wirtschaft) im Ruhrgebiet. Kultur(wirtschaft) durch Wandel*. Düsseldorf.

6 Wiesand, A. J. in Zusammenarbeit mit M. Söndermann (2005): *The „Creative Sector" – An Engine for Diversity, Growth and Jobs in Europe*, European Cultural Foundation Bonn.

7 Ebert, Ralf, Siegmann, Jörg (2003): Stadtkultur durch Kultur- und Freizeitviertel: ein struktureller Ansatz zur Stärkung der Innenstädte von Mittelzentren. In: *Jahrbuch Stadterneuerung*. Jg. 2003, Berlin.

Cultural Heritage and Regional Development: Challenges and Strategies

Friedrich Gnad

Without a doubt there is a close link between cultural heritage and the key areas of activity in regional development. Today, the restoration and preservation of cultural heritage is increasingly faced with new challenges such as the issue of public funds. Strategies associating cultural heritage even more closely with regional development are opening up new ways.

Tourism is nowadays of particular importance to the connection between cultural heritage and urban or regional development. Especially architectural and cultural heritage, in other words old town districts, churches, castles, harbor areas etc., are being seen as the key to generating or increasing visitor numbers in tourism: Cultural heritage conveys a region's uniqueness through its buildings, living traditions and history experiences.

However, tourism alone will not make cultural heritage attractive for regions. This can easily be demonstrated by a general categorization of projects that increasingly place cultural heritage within the context of regional development:

▶ *Projects of supra-regional importance (flagship projects)* can initiate, as the crystallizing core of regional development, initiate innovative processes. For example, the World Heritage Site of the city of Quedlinburg has sparked the development of the region's tourism or the industrial cultural heritage of the *Zeche Zollverein,* a former coal mine in Essen as a location for companies operating in the field of culture and as an attraction for tourists.

▶ *Projects with a regional context* are geared towards a region's internal development, its culture and its inhabitants and also towards regional development and the regional labor market. For example, museums of local history draw attention to the history of a city and region, the annual carnival or Mardi Gras celebrations to historic and religious traditions. Disused listed commercial sites are being restored, providing centers for start-up companies or low-cost, attractive workspaces.

▶ *"Integrated projects"* make targeted and versatile use of cultural heritage for regional development and modernization, e.g. for cultural and social development and for economic structural change. In this way, good conditions can be created that permanently raise the value of cultural heritage.

With these types of project approaches in mind, the question that arises is what the term "cultural heritage" actually means and how it can be made attractive and interesting for regional development or regional policies.

Cultural Heritage – more than just Museums for Tourists
"Cultural heritage" is generally understood to include, first and foremost, architectural heritage, ranging from attractively restored castles right up to contemporary listed

buildings, that arouse a great deal of attention. It also encompasses artefacts/objects and institutions from individual periods of art and culture, economic heritage (such as the passing down of old production techniques), living traditions, etc. In short, cultural heritage encompasses both visible and invisible testimonies. A distinction can be drawn between the following areas of cultural heritage:

▶ Historic architectural culture (including old town districts, castles, churches, industrial buildings, company housing estates)

▶ Natural heritage (including landscapes, garden design, reclaimed areas and bodies of water)

▶ Archaeological heritage (including protected archaeological sites, excavations)

▶ Cultural heritage from the fields of literature, music, art, film (incl. collections, archives, artifacts of famous people)

▶ Economic heritage (incl. museums of trades and industry, former industrial and commercial sites)

▶ Traditions and customs (incl. cultural organizations, festivals, markets, language, regional cuisine).

These differing forms of cultural heritage can be linked with regional development in a variety of ways.[1] The interrelations can essentially be summarized under three areas of activity:

▶ *Cultural and social activities:* These include local inhabitants identifying with their region through a typical architectural culture that simultaneously creates key points of communication in the form of prominent structures (for example, a historic market square with a town hall). Maintaining traditions may also contribute to social integration and the creation of a bond between local inhabitants and the area in which they live. The various tasks involved in preserving cultural heritage require and support voluntary commitment to a significant extent, resulting in people forming close ties to their region (in local history and cultural associations, for example).

▶ *Economic and labor market activities:* The internal and external effects on the region have to be distinguished. Cultural heritage for instance plays a prominent role as a magnet for cultural, short break and city tourism.[2] This benefits not only the hotel and restaurant branch, but also the part of the retail sector relevant to tourism. In addition, the preservation of architectural heritage strengthens a region's cultural building trade which includes restorers and specialist construction companies, all of which are major employers.[3] Cultural heritage also gives locations a new image and an attractive profile. This can, in turn, be used for commercial marketing of the location.

▶ *Urban management and ecological activities:* The preservation of old town districts, industrial sites of regional importance and factory areas as well as the restoration and regeneration of historic squares may shape a city and a region. The restoration of historic gardens or the reclamation and renaturalization of industrial areas and cultural landscapes may support positive ecological developments in a region (as an example see the Emscher Park International Building Exhibition 1989–1999, www.iba.nrw.de).

The Challenge: Rising Demand, increased Potential – less 'Museumisation'
Dealing with cultural heritage means facing new challenges. On the one hand there is demand, in other words, the users of cultural heritage facilities and the owners and sponsors who maintain and utilize cultural heritage. On the other, there is an ever wider range of cultural heritage on offer and a growing unrealized potential.

The general rise in the importance of the region as an economic and social area has led to a growing regional awareness and a more intensive search for identification within a globalized world. This has significantly strengthened the inhabitants' interest in their regional cultural heritage – buildings of historic importance are being preserved, local history reappraised, regional dialects encouraged and artifacts of famous regional personalities from the fields of politics, religion or art are being preserved and made accessible to the general public. The demands placed on both the quality and quantity of such offers have increased to an equal extent. Consequently, in addition to the core cultural scape, "complementary ranges" are now also expected, providing "additional benefits" and enhancing the quality of the stay.[4]

Although this demand has already been met by an extensive cultural heritage portfolio in many regions, more and more new opportunities are being discovered. Reasons for this include increased knowledge from systematic research, "accidental" finds for example during construction work, and the significant level of differentiation between cultural scenes. All of this has since led to a certain degree of "inflation" in the potential for cultural heritage.

However, sponsors of cultural heritage are frequently faced with having access to fewer resources than in the past. The central question therefore is how cultural heritage can continue to be successfully put to use in the future and which strategies, above and beyond simply creating more museums, seem to be appropriate for this purpose.

Strategies: Integrating and Networking
For many years, the preservation of cultural heritage was seen primarily as a task for the public sector, performed by museums, archives or preservation societies, with decisions generally governed by the cultural policy of the day. Making cultural heritage attractive to the regional economy, the labor market, town planning and, consequently, to more regional players, also requires an integrated policy and integrated strategies. These are intended to provide for coordinated action between players in the public sector, businesses and the public. Against this background, three core strategies can be recommended.

(1) Greater use of the interrelationships between regional activities
An initial strategy is to identify and utilize the regional impact of cultural heritage activities to a greater extent than before. This might include:

▶ *Incorporating cultural heritage into regional processes of modernization:* Cultural heritage can stimulate or support regional modernization processes in many ways, for example in tourism, as a location factor for families and companies or by improving a region's external image. It may contribute to modernization, provided it is set within overall regional contexts and developments and developed accordingly. As a creative industry, the cultural sector is today becoming increasingly important to regional development e.g. as a substitute for cultural imports or as a content supplier for other economic sectors. In particular, the cultural sector, which includes cultural heritage, may make a significant contribution towards structural change within a region as is demonstrated, for example, in the Ruhr area.[5]

▶ *Regional management ascertains to what extent there is a demand for cultural heritage:* In order to find new possibilities of productive uses for the cultural heritage potential in a regional context, it is necessary to sound out the demand. How could a potential site be used, for example, as a business in a specific sector, as a location for start-up companies or as an attraction for tourism target groups as well as for the region's inhabitants? In order to examine corresponding questions, informal regional networks should be involved or established, comprising representatives from the public sector, private and profit-making institutions, from initiatives and companies. This task (regional governance) could be taken on by an existing independent institution within the framework of regional management. The demand would come for example from the "creative class" who today is seen as playing a crucial role in regional modernization processes.[6] They help to bring about structural change in a region by utilizing examples of architectural and cultural heritage as places of work, exhibition and event facilities (for regional theater, cabaret etc.). Attractive examples of architectural and cultural heritage can also provide a company with a positive external image.

▶ *Formulating regionally coordinated cultural and leisure concepts:* Cultural heritage is also an important element of a region's cultural industry. Culture and the cultural industry (as a commercial sector) generate relevant shares of jobs and sales. Seen from a cultural and political point of view it may make sense to develop regionally coordinated cultural and leisure concepts. They offer the opportunity to "integrate" cultural heritage into regional development and to link these closely with other cultural and leisure facilities. Model projects in medium-sized cities show that this type of concept can be very successful.[7]

(2) Realistic analysis and systematic development of cultural heritage
The task is first to identify the potential offered by a region's cultural heritage. In this respect, the views of various disciplines (including history, architecture, archaeology, art, economy) can help to identify the complex nature of the specific cultural heritage and to realistically judge their potential with regard to cultural relevance, scientific evaluation, the consequences for regional development, etc. The outcome will show that it is not advisable to develop every type of cultural heritage.

However, if a building or a subject appears to be viable a small group of interested parties should be brought in to carry out an initial assessment of its usability. In this respect, a very wide range of potential uses and users should be included into the deliberations (see above). If it emerges that the potential for use is promising, the core idea should be formulated. Additional networking options and cooperation partners should also be sought (for example, when changing the use of a traditional building for a business that may also provide opportunities in tourism). Coordinate sponsorship models and financing versions will contribute to the success of such projects.

(3) Networking and creating locations

The allocation of an actual value to cultural heritage is particularly dependent upon the success in anchoring a project within the region's various developments. For example, in the area of cultural tourism, this means linking it with other tourist attractions and tourism-related facilities. In order to position a project within the region early on, temporary events should first be developed to revitalize the site and put it on the cultural and regional mental map.

Summary

In conclusion, it can be said that cultural heritage contains significant potential for regional modernization processes, potential which is, in many cases, still poorly utilized. If opportunities are to be successfully exploited for regional development, then the implementation of controls is to be recommended in the form of regional management and regional governance. The systematic exploration of cultural heritage, the development of "integrated projects" as well as the inclusion of relevant players from industry, the public sector and the general public will make a significant contribution towards success.

1   See, among others, Kunzmann Klaus R. (2002): *Kultur, Wirtschaft und Raumentwicklung*. In: *Informationen zur Raumentwicklung*, 4/5, pp. 185–197.

2   Dettmer, Harald, Glück, Elisabeth, Hausmann, Thomas et al. (2000): *Tourismustypen*. WiSo-Lehr- und Handbücher, München et al., p. 36 ff.

3   Brück, Ingrid, Gnad, Friedrich, Wiesand, A. J. (2000): *Kulturwirtschaftsbericht für das Land Sachsen-Anhalt*. Kulturministerium des Landes Sachsen-Anhalt. Magdeburg.

4   Gnad, Friedrich, van Ooy, Uwe (2006): *Kulturwirtschaft als Komplementärangebot im Tourismus*. In: *Handbuch der Kulturwirtschaft*. VS-Verlag (to be published).

5   Ebert, Ralf, Gnad, Friedrich, Kunzmann, Klaus R., van Ooy, Uwe (2005): *Wandel durch Kultur(wirtschaft) im Ruhrgebiet. Kultur(wirtschaft) durch Wandel*. Düsseldorf.

6   Wiesand, A. J. in collaboration with M. Söndermann (2005): *The „Creative Sector" – An Engine for Diversity, Growth and Jobs in Europe*, European Cultural Foundation Bonn.

7   Ebert, Ralf, Siegmann, Jörg (2003): S*tadtkultur durch Kultur- und Freizeitviertel: ein struktureller Ansatz zur Stärkung der Innenstädte von Mittelzentren*. In: *Jahrbuch Stadterneuerung*. Vol. 2003, Berlin.

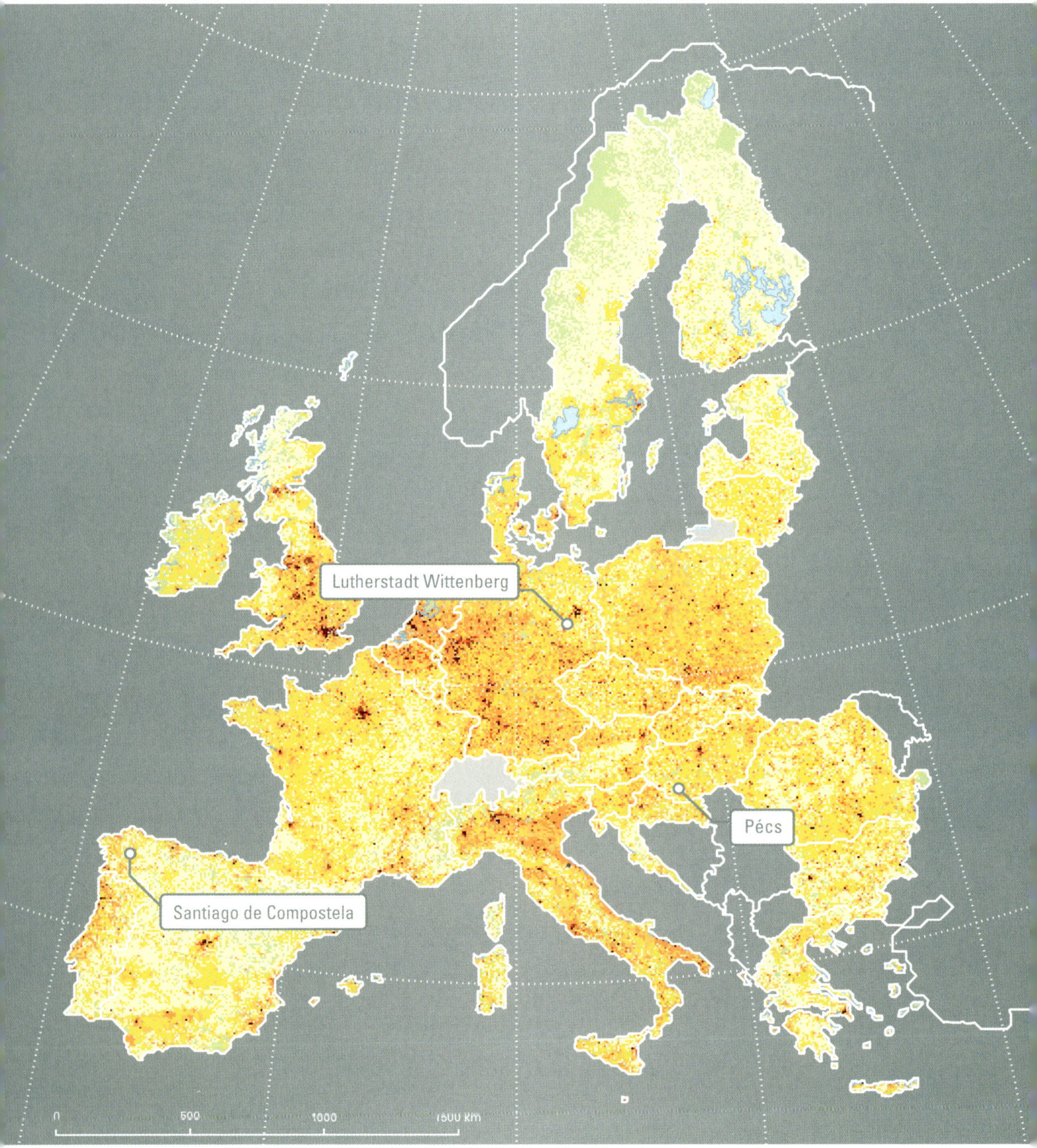

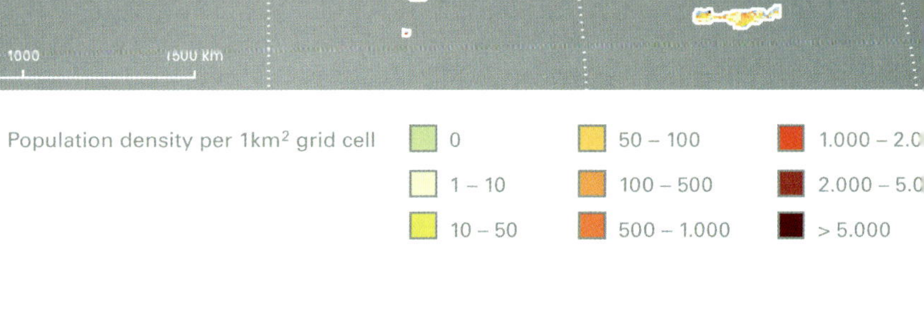

Lutherstadt Wittenberg
Pécs
Santiago de Compostela
0
500
1000
1500 km

Population density per 1km² grid cell

- 0
- 1 – 10
- 10 – 50
- 50 – 100
- 100 – 500
- 500 – 1.000
- 1.000 – 2.0
- 2.000 – 5.0
- > 5.000

SOURCES: Copyright EEA, Copenhagen, 20

1. Geographical position

City	National level			European level		
	central	average	peripheral	central	average	peripheral
Lutherstadt Wittenberg			X		X	
Pécs			X			X
Santiago de Compostela			X			X

2. Population

City/ Region	Inhabitants of city				Inhabitants of region		
	1995	2000	2005	Projected: 2015	1995	2000	2005
Lutherstadt Wittenberg/ Landkreis Wittenberg	51900	48400	45200*	43000	139400	132200	116200*
Pécs/ Del-Dunantul	163000	157000	157000	n.a.	997000	975000	979.000
Santiago des Compostela/ Galicia	93700	93900	92900	n.a.	2742600	2731900	2762200

* Data from 2004

3. Economic power

Region	GDP per head (2001) (EU15=100)	Economic growth average annual % change (1995-2001)
Dessau (Lutherstadt Wittenberg)	60.1	0.8
Del-Dunantul (Pécs)	38.7	2.6
Galicia (Santiago des Compostela)	66.5	2.8

GDP: Gross Domestic Product in PPS (Purchasing Power Standards)

4. Unemployment, Age Structure, Education

Region	Unemployment rates 2002 (%)			Share of age groups in % (2000)			Educational attainment*		
	Total	Long term*	Young	< 15	15 – 64	65 +	low	medium	high
Dessau	25.9	62.3	24.1	13.1	69.8	17.1	10.1	65.3	24.6
Del-Dunantul	7.9	44.9	15.9	17.1	68.3	14.7	32.7	56.5	10.8
Galicia	12.2	40.5	24.6	12.3	68.0	19.7	62.5	15.9	21.6

* in % of total unemployment

*of persons aged 25-64 in % of total

SOURCES: Table 1-2: Information from city authorities; for geographical position European level see: EU Commission (2001) Second Report on Economic and Social Cohesion. Table 3-4: EU Commission (2005), Third Report on Economic and Social Cohesion, Main Regional Indicators. NOTE: Regions defined according to NUTS classification level 2, if not stated differently.

LUTHERSTADT WITTENBERG

Lutherstadt Wittenberg – Perspektiven einer Kulturstadt im Zeichen des Stadtumbaus

Eckhard Naumann

Die Lutherstadt Wittenberg blickt auf eine wechselvolle Geschichte zurück. Zur Zeit der Reformation war Wittenberg eine Stadt der Gelehrten und Studenten, Buchdrucker und Maler, eine Kulturstadt mit weltweiter Ausstrahlung. Die folgenden Religionskriege und territorialpolitischen Neuordnungen hinterließen eine eher unbedeutende preußische Garnisonsstadt. Mit der Industrialisierung wuchs Wittenberg zu einem wichtigen Chemiestandort im damals innovativen mitteldeutschen Industrierevier heran.

Nach 1989 endete für Wittenberg die Zeit, in der eine expandierende Chemieindustrie das Leben der Stadt über Jahrzehnte geprägt hatte. Dieser Einschnitt ging mit massiven Arbeitsplatzverlusten einher, die in Kombination mit niedrigen Geburtenzahlen und einer – inzwischen wieder abgeebbten – Suburbanisierungswelle zu einem rapiden Einwohnerschwund führten. Nach übermäßiger Dominanz des Industriesektors setzt Wittenberg nun wieder stärker auf seine Funktion als Stadt der Kultur, der Bildung und des internationalen Dialogs.

Damit korrespondiert, dass seit 1990 die wirtschaftlichen, sozialen, demografischen und raumordnerischen Entwicklungen zu einer funktionalen Stärkung von Wittenberg in der Region geführt haben. In der Lutherstadt konzentrieren sich zunehmend medizinische Betreuung, Gesundheits- und soziale Dienste, Bildungseinrichtungen und öffentliche Verwaltungen. Sieben der zwölf größten Wittenberger Arbeitgeber sind private und öffentliche Dienstleistungsunternehmen, Wittenberg wird zu einem urbanen Leistungszentrum für das immer dünner besiedelte Umland.

Die Stadt stand 1990 vor einem Neuanfang und war entschlossen, den Umbruch als Chance zu nutzen. Im Stadtentwicklungskonzept wurden drei Leitbilder formuliert, in denen das historische Erbe und die heutigen Potenziale zu neuen Strategieansätzen gebündelt wurden:

▶ Stadt mit Weltgeschichte
▶ Stadt mit Industriekultur
▶ Stadt in der Kulturlandschaft

An diese Leitbilder knüpft das Projekt „Campus Wittenberg" an, das in intensiver Diskussion zwischen Stadt, lokalen Akteuren und dem IBA-Büro entwickelt wurde. Es integriert die genannten Leitbilder unter einem konzeptionellen Dach, unter dem sich Aktivitäten zahlreicher Bildungsinstitutionen – mit zum Teil internationaler Bedeutung – und Forschungsaktivitäten der ansässigen Industrie wieder finden, die bisher isoliert agierten. Die Marke „Campus Wittenberg" zielt auf eine gemeinsame Strategie zum Aufbau einer leistungsfähigen Bildungs- und Forschungslandschaft, in deren Zentrum der kulturelle und religiöse Dialog steht. Gleichzeitig gilt es, die Wittenberger Altstadt als Standort des Campus baulich-räumlich und im Hinblick auf entsprechende Dienstleistungsangebote weiter zu qualifizieren. Schließlich ist der Campus das östliche Tor in die reiche Kulturlandschaft der Region, zu der UNESCO-Welterbestätten wie das Bauhaus in Dessau, das Dessau-Wörlitzer-Gartenreich und die Luthergedenkstätten in Wittenberg selbst zählen.

Stadt mit Welterbe

Ziel ist es, das kulturelle Erbe der Reformation für eine nachhaltige Stadtentwicklung zu erschließen. Es geht um die weitere Profilierung von Einrichtungen für Forschung, Bildung und Kommunikation, um die international wirksame Aufbereitung des geistigen Erbes der Reformation und um die Aktivierung als Ort der Begegnung, in dem die „temporären Bewohner" als vitalisierende Kraft für die Stadt begrüßt werden. In einem *Dialog der Kulturen und Religionen in Generationen* will die Stadt neue Impulse geben, intellektuelle Kreativität freisetzen und auch die Wirtschaftskraft stärken. Die räumliche Funktion des Profils „Campus Wittenberg" liegt in der Stärkung der Altstadt, die in Zeiten der Schrumpfung als Identitätskern für das Gemeinwesen und das lichter werdende Stadtgefüge an Bedeutung gewinnt. Die Altstadtsanierung konzentriert sich auf die städtebaulichen Prägungen der Reformationszeit: das Netz der öffentlichen Räume, die Kirchen, das Schloss, die historischen Wohngebäude, die Offenlegung der Stadtbäche und die Integration des Röhrwassers.

Wittenbergs Industriekultur

Der Strukturumbruch nach 1989 hat dafür gesorgt, dass die Industrie ihre Dominanz im Leben von Wittenberg verlor. In der mittelständisch geprägten Strukturmischung, deren Konturen langsam sichtbar werden, findet die Industrie neben der vielfältigen Dienstleistungslandschaft und den starken Gesundheits- und Sozialeinrichtungen ihren neuen Platz. In den sechs größeren Chemiebetrieben sorgen 1 400 Mitarbeiter dafür, dass diese spezifische industrielle Kompetenz am Standort erhalten bleibt. Die Neuansiedlungen der letzten Jahre (Melaminanlage, Biodieselanlage) basieren auf innovativen Technologien. Mit der Gründung des agrochemischen Instituts ist ein wichtiger Schritt hin zu dem geplanten Agrochemiepark gelungen. Die Industrie ist also nicht verschwunden, sondern hat sich neu geordnet und soll den „Campus Wittenberg" mitprofilieren. Sie hat außerdem eine Vielzahl baulicher Zeugnisse hervorgebracht, die das Selbstverständnis von Wittenberg prägen. Herausragend dabei ist die Piesteritzer Werksiedlung, deren gelungene Sanierung als Korrespondenzstandort der EXPO 2000 gewürdigt wurde.

Das Tor zur Kulturlandschaft

Besuchern öffnet der „Campus Wittenberg" den Eingang in eine reiche Kulturlandschaft. Durch eine intensivere Vernetzung mit den kulturellen und landschaftlichen Angeboten in der Region kann der Tourismus einen starken wirtschaftlichen Impuls erhalten: Die Anbindung an das Dessau-Wörlitzer Gartenreich, das „Blaue Band" der Elbe, die Erschließung der baulichen Zeugnisse der Renaissance entlang der Elbe sowie die Anschlüsse an die Erholungs- und Freizeitlandschaften der Dübener Heide im Süden und des Flämings im Norden sind hier wichtige Aufgaben.

Lutherstadt Wittenberg – Prospects of a Cultural City Facing Urban Redevelopment

Eckhard Naumann

Wittenberg, the Lutherstadt – the city of Martin Luther, can look back on an eventful history. At the time of the Reformation, Wittenberg was a city of scholars and students, publishers and artists, a cultural city with a worldwide impact. The religious wars and new territorial structures that followed left behind a rather insignificant Prussian garrison city. With the onset of industrialization, Wittenberg developed into an important location for the chemical industry in what was, at that time, an innovative industrial region of central Germany.

After 1989 the decades during which an expanding chemical industry shaped the life of Wittenberg came to an end. This decisive point resulted in massive job losses that, combined with low birth rates and a temporary wave of suburbanization, led to a rapid population drop. After the dominance of the industrial sector, Wittenberg is now once again putting greater store in its role as a city of culture, education and international dialogue.

This corresponds to the fact that, since 1990, economic, social, demographic and regional planning developments have led to a strengthening of Wittenberg's role within the region. Medical support, healthcare and social services, educational institutions and administrative authorities are increasingly focusing their activities in Lutherstadt. Seven of Wittenberg's twelve largest employers are private and public service institutions, transforming Wittenberg into an urban services center for the increasingly sparsely populated surrounding areas.

In 1990, the city was facing a new beginning and was determined to take advantage of the fundamental changes. Three models were formulated as part of an urban development concept, combining its historic inheritance and current potential to create new strategic approaches:

- ▶ city with a world history
- ▶ city with an industrial culture
- ▶ city in the cultural landscape.

These models have been taken up by the project entitled "Campus Wittenberg" which was developed as a result of intensive discussion between the city administration, local representatives and the IBA office. It integrates the above models under one conceptual umbrella, incorporating activities of numerous educational institutions – some of which are of international importance – and research activities on the part of the local industry which had previously operated on their own. The "Campus Wittenberg" brand is aimed at creating a joint strategy to develop an efficient educational and research landscape centered on cultural and religious dialogue. From a spatial development viewpoint the task is to further develop Wittenberg's old town as a site for the Campus, increasing its structural potential to offer related services. Finally, the

Campus is the eastern gateway to the rich cultural landscape of the region which includes UNESCO World Heritage Sites such as the Bauhaus in Dessau, the Dessau-Wörlitz Garden Realm and the Luther memorials in Wittenberg itself.

City with a world heritage

The aim is to develop the cultural heritage of the Reformation for a sustainable urban development. The task is to sharpen the image of the research, educational and communication institutions, to present the intellectual heritage of the Reformation on an international level and, last but not least, to turn Wittenberg into a meeting place in which "temporary citizens" are welcomed as a revitalizing force for the city. In a "dialogue of cultures and religions in generations", the city aims to create new stimuli, release intellectual creativity and also boost its economic strength.

The spatial dimension of the "Campus Wittenberg" profile is aimed at strengthing the old town, which, in times of shrinkage, is gaining in importance as a focal point of identity for the community and the fabric of the city. The restoration of the old city is concentrated on the characteristic structural features of the Reformation period: the network of public spaces, the churches, the castle, the historic residential houses and the opening up of the city streams.

Wittenberg's industrial culture

The structural upheaval after 1989 resulted in industry losing its dominant role in the life of Wittenberg. In the gradually emerging structural mix, characterized by medium-sized companies, industry will find a new place alongside the diverse services and the strong healthcare and social welfare institutions. In the six larger chemical factories, 1,400 employees make sure that this specific industrial competence is retained within the area. The new factories established over recent years (melamine plant, biodiesel plant) are based on innovative technologies. The foundation of the Agrochemical Institute was an important, successful step towards the planned Agrochemical Park. Industry thus hasn't disappeared, it has instead been reconfigured and is intended to contribute to the profiling of "Campus Wittenberg."

Industry has created a whole range of architectural testimonies that affect the way Wittenberg sees itself. One of the most prominent examples is the Piesteritz company housing estate which was successfully renovated and won recognition as an additional site of the EXPO 2000.

A gateway to the cultural landscape

"Campus Wittenberg" opens up a gateway to a rich cultural landscape for visitors. Strengthening the relationships between cultural and agricultural happenings in the region will provide a powerful economic boost to tourism: the link with the Dessau-Wörlitz Garden Realm, Blaues Band (Blue Ribbon) of the Elbe river, the development of architectural testimonies to the Renaissance period along the Elbe as well as links to the recreational and leisure landscapes of the wildlife parks Dübener Heide in the south and the Fläming in the north are the key tasks here.

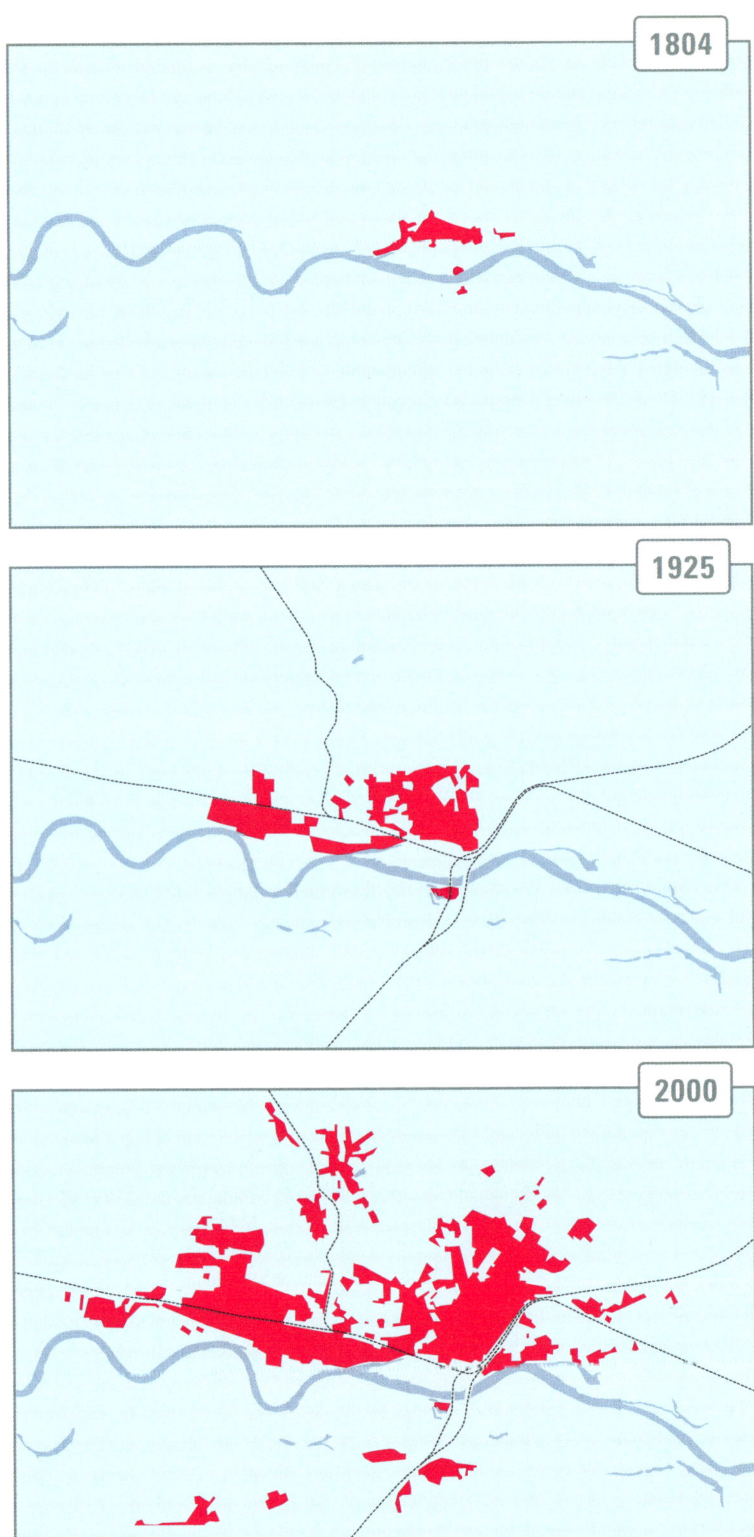

1804
1925
2000

Development of Lutherstadt Wittenberg

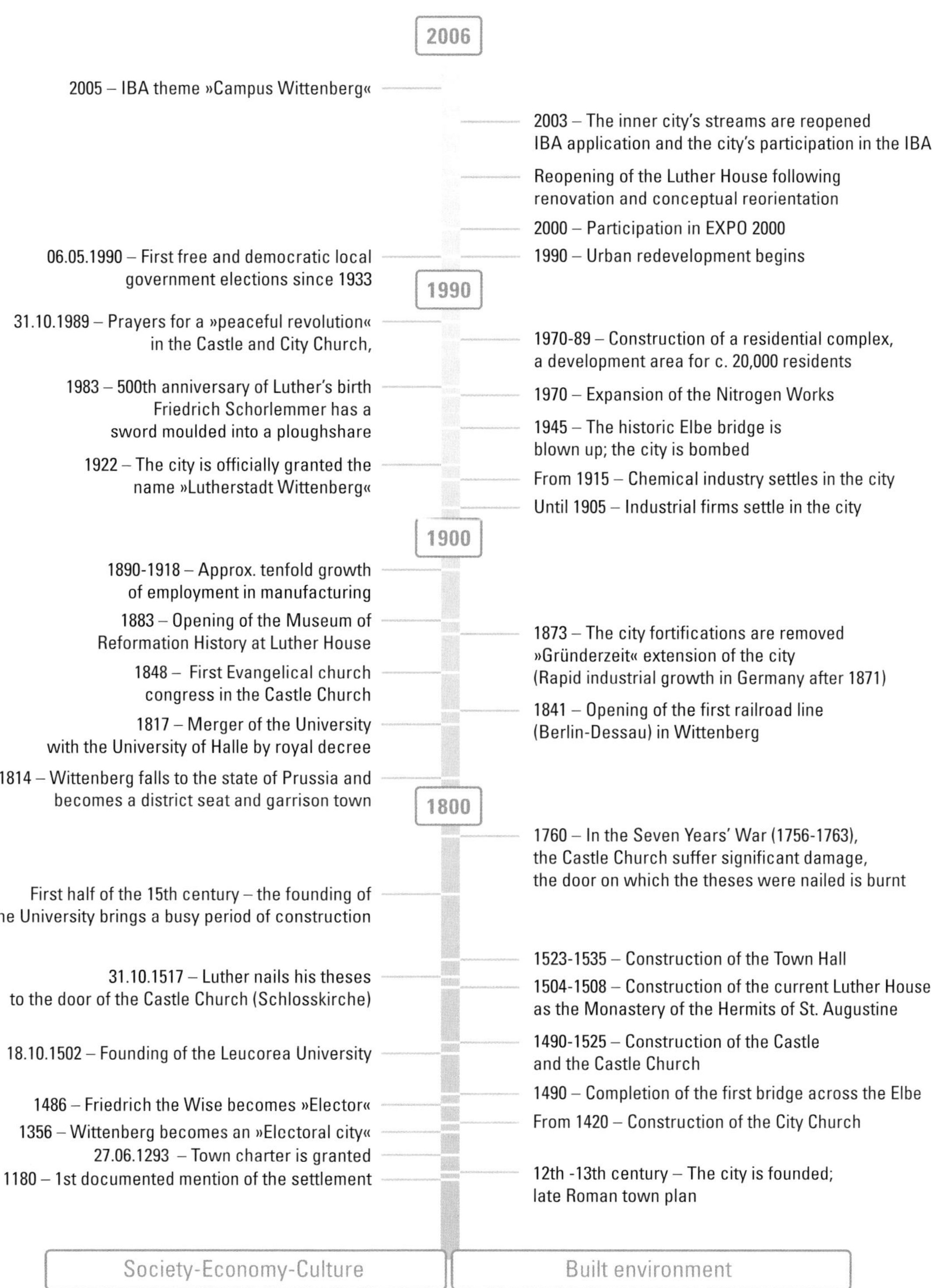

PÉCS

Pécs – eine grenzenlose Stadt

Tamás Szalay

Die in Südwestungarn liegende Stadt Pécs ist mit ca. 180 000 Einwohnern Hauptort
des Komitates (Verwaltungsbezirk) Baranya und auch der Südtransdanubischen Region. Die Stadt hat in ihrer langen Geschichte mehrere Blütezeiten erlebt. Die letzte
begann im 19. Jahrhundert, im Zeitalter der Industrialisierung. Es entstanden zahlreiche Fabriken, darunter zum Beispiel die Porzellanfabrik Zsolnay, welche die Stadt
berühmt machten. Die wichtigste Triebkraft der Entwicklung aber war der Steinkohle-
bergbau, der unter anderem zum Bau der ersten Eisenbahn führte. Die Erste Donau-
Dampfschifffahrts-Gesellschaft errichtete eine Bahnlinie von ihrem auf dem Gebiet
der Stadt Pécs liegenden Bergwerk zur etwa 30 km entfernt liegenden Donau. In der
zweiten Hälfte des 20. Jahrhunderts waren der Kohlebergbau, der Uranbergbau (der
einzige in Ungarn) und die Bauindustrie die größten Arbeitgeber in der Stadt. Anfang
der 1990er Jahre wurde der gesamte Bergbau eingestellt und auch in der damals noch
staatlichen Bauindustrie wurden die meisten Arbeitsplätze abgebaut. Es bestand die
Gefahr, dass Pécs zu einer schrumpfenden Stadt würde.
Die Stadt aber hatte andere innere Reserven. Ein bedeutendes wirtschaftliches und
soziales Potenzial bietet die Universität. Sie ist heute mit ca. 35 000 Studenten die
größte in Ungarn und zurzeit auch der größte Arbeitgeber in der Stadt. Weitere entscheidende Ressourcen bieten das reiche kulturelle Erbe und der Naturreichtum der
Stadt und ihrer Umgebung, so dass der Tourismus zu einem wichtigen Entwicklungs-
faktor werden kann. In Pécs gibt es eine frühchristliche Nekropolis mit bemalten Grab-
kammern, die Teil des UNESCO-Weltkulturerbes sind, Moscheen aus der osmani-
schen Zeit und die 1 000-jährige Tradition eines katholischen Bistums. Außerdem ist
die Stadt durch viele Personen mit dem Bauhaus verknüpft: Nicht nur Marcel Breuer wurde hier geboren, sondern auch Farkas Molnár und Alfred Forbát, die ebenfalls
am Bauhaus studierten und als Architekten und Maler bekannt wurden. Mit ihnen arbeiteten auch die Künstler Andor Weininger und Henrik Stéfan. Stéfan ging nach Studien in Weimar und Dessau nach Pécs zurück und wirkte dort bis 1945. Schließlich
verfügt Pécs über 19 Museen, so dass die Stadt schon vor 50 Jahren zu einem der
wichtigsten Orte der modernen Künste in Ungarn wurde. In der Region liegen die
Kurorte von Harkány und Sikonda und unter anderem die hervorragenden Weinbau-
gebiete von Villány und Szekszárd.
Pécs kann als eine multikulturelle Stadt bezeichnet werden, hier befinden sich neun
Minderheitenselbstverwaltungen. Die größten Minderheiten sind die deutsche und die
kroatische. Auch die wichtigsten Institute der Minderheiten sind in Pécs ansässig. Diese kulturelle Vielfalt ist ein Wahrzeichen der Stadt. Pécs wird heute durch Wissenschaft
und Kultur geprägt, darauf deutet z. B. das neue Expo-Zentrum hin, wo sowohl Messen
als auch Konferenzen und unterschiedlichste Veranstaltungen stattfinden können.
Es gibt jedoch auch Entwicklungshemmnisse, die überwunden werden müssen – so
ist Pécs sowohl aus dem Ausland als auch aus dem Inland schwer erreichbar. Um die

Verkehrsinfrastruktur zu verbessern, wird im März 2006 der neue regionale Flughafen eröffnet und bis 2008 wird die Stadt auch durch eine Autobahn überregional angebunden sein.

Um die Dezentralisierung Ungarns zu fördern, hat die Regierung eine Wachstumspol-Strategie entwickelt und auch Pécs als Pol-Stadt ausgewählt. Die drei Säulen der Pol-Strategie von Pécs sind die Gesundheitsindustrie, die Umwelttechnologie und die Kulturindustrie.

Die Entwicklung der Kulturindustrie in der Stadt und der Region, die auch als „weicher Standortfaktor" von Bedeutung ist, wird zudem von anderer Seite stark unterstützt: Pécs ist als Kulturhauptstadt Europas 2010 nominiert worden. Dies ist nicht nur hinsichtlich des Tourismus wichtig, die erfolgreiche Bewerbung von Pécs ermöglicht außerdem fünf wichtige Projekte für die Zukunft der Stadt: die Entwicklung des Geländes der Fabrik Zsolnay als Kulturviertel, den Bau eines Konzert- und Konferenzgebäudes, die Revitalisierung öffentlicher Plätze, den Bau einer regionalen Bibliothek und eines Informationszentrums sowie die Errichtung der Großen Ausstellungshalle. Durch diese Investitionen entstehen neue Arbeitsplätze und die Kulturindustrie der Stadt erhält neue Impulse. Die direkt neben der Innenstadt liegende Zsolnay-Fabrik, das zukünftige Kulturviertel, verändert zudem die Struktur der Stadt. Es entsteht ein neues Subzentrum, welches das ganze Stadtviertel zwischen der Innenstadt und dem Zsolnay-Areal revitalisieren kann.

Die Bewerbung der Stadt Pécs als Kulturhauptstadt Europas ist auch als Bewerbung der Region anzusehen. Pécs will als Zentrum die anderen bedeutenden Städte der Südtransdanubischen Region in die Veranstaltungen einbeziehen. Die mit dem Status als Kulturhaupstadt und der Pol-Strategie zusammenhängenden Investitionen können also Synergien nutzen und Multiplikatoreffekte sowohl in der Stadt als auch in der Region auslösen. Pécs hat – dank seiner multikulturellen Bevölkerung – enge Kontakte mit den südlichen Nachbarstaaten. Die Bewerbung als Kulturhauptstadt Europas baut auf diese regionalen Beziehungen auf und soll zu „Grenzüberschreitungen" beitragen, um eine Südliche Kulturregion ins Leben zu rufen, die von Triest in Italien bis Arad in Rumänien reicht. Der Titel der Bewerbungsschrift und das eigentliche Motto der Kulturhauptstadt Europas – „Die grenzenlose Stadt" – zeigt, welch wichtige Rolle dieser Gedanke in Pécs spielt. Mit Hilfe der Südlichen Kulturregion kann eine regionale Identität entstehen, die der multikulturellen „Pécser Identität" entspricht.

Der Status als Kulturhauptstadt Europas bietet eine Möglichkeit, die Einzigartigkeit der Stadt – verdeutlicht durch visuelle Elemente – symbolisch zu fassen und daraus ein Markenzeichen abzuleiten, das auch international wirkungsvoll ist. Die so verdichteten und effektiven Botschaften über Pécs können – wie kurze Gedichte – die europäische Seele der Stadt widerspiegeln und dann wird hoffentlich der Name Pécs auf der kulturellen Landkarte Europas mit größeren Buchstaben geschrieben werden.

Pécs – a Borderless City

Tamás Szalay

The city of Pécs, located in south-western Hungary and with a population of approx. 180,000, is the capital of the administrative district of Baranya and the South Danubian region. The city has enjoyed a number of periods of prosperity in its long history, the last of which began in the 19th century, the age of the Industrial Revolution. Many factories were built, including the Zsolnay porcelain factory, which made the city famous. However, the main driving force behind its development was coal mining which led, among other things, to the construction of the first railway. The first Danube Steamship Company built a railway line from its coal-mining plant located within the boundaries of Pécs to the river Danube, approximately 30 km away. During the second half of the 20th century, coal mining, uranium mining (the only uranium mine in Hungary) and construction provided most jobs in the city, but the beginning of the 1990s saw the end of all mining activity and the loss of most jobs in the construction industry which was at that time still under state control. There was a risk that Pécs would become a shrinking city.

However, the city had other inner reserves. The university offers significant economic and social potential. With around 35,000 students, it is the largest in Hungary and currently also the city's largest employer. The rich cultural heritage and natural landscape of the city and its surrounding areas offer other major resources, enabling tourism to become a key factor in the city's development. Pécs is the site of an early Christian necropolis containing painted burial chambers (a UNESCO World Heritage site), mosques dating back to the Ottoman Empire and the 1000-year old tradition of a Catholic diocese. The city also has links with the Bauhaus movement through many individuals: it is the birthplace not only of Marcel Breuer but also Farkas Molnár and Alfred Forbát who studied at the Bauhaus and gained fame as architects and painters. Artists Andor Weininger and Henrik Stéfan also worked with them. After studying in Weimar and Dessau, Stéfan returned to Pécs where he worked until 1945. Finally, with 19 museums, Pécs has been one of the most important centers of modern art in Hungary for more than 50 years. The region is also home to the spa resorts of Harkány and Sikonda and superb wine-growing regions such as Villány and Szekszárd.

Pécs can be described as a multicultural city, home to nine minority self-governments, with the Germans and the Croats forming the largest minorities. The key institutions of these minorities are also based in Pécs. This cultural diversity is a characteristic feature of the city. Today, science and culture are two of the defining features of Pécs, as illustrated, for example, by the new Expo Center which stages trade fairs as well as conferences and a wide range of events.

There are, however, also obstacles to development which will have to be overcome – for example, Pécs is hard to get to either from Hungary or from abroad. The transport infrastructure improved with the opening of the new regional airport in March 2006 and by 2008 the city will also be linked to the rest of the nation by motorway.

To promote the process of decentralization in Hungary, the government has developed a growth pole strategy, selecting Pécs as one of its pole cities. The three pillars of the pole strategy for Pécs are the healthcare industry, environmental technology and the culture industry.

The development of the culture industry within the city and the region, also important as a 'soft location factor', is receiving strong support from another source: Pécs was selected as European Capital of Culture for 2010. This is not only important from a tourism point of view – the successful application will also allow the realization of five key projects for the city's future: the development of the Zsolnay factory site as a cultural quarter, the construction of a music and conference center, the revival of public squares, the construction of a regional library and information center as well as the construction of the 'Grand Exhibition Space'. These investments will create new jobs and stimulate the culture industry within the city. The Zsolnay factory, which is immediately adjacent to the city center and is to become the future cultural quarter, will also change the structure of the city. A new sub-center will be created, stimulating the revitalization of the entire area between the city center and the Zsolnay site.

Pécs´ application as European Capital of Culture should also be seen as an application of the region. As the heart of the region, Pécs intends to involve the other key cities of the South Danubian area in the events. The investments associated with the status Capital of Culture and the pole strategy will therefore be able to utilize synergies and trigger multiplier effects within both the city and the region. Thanks to its multicultural population, Pécs has close ties with its neighbors to the south. The application of the city as European Capital of Culture will build on these regional contacts and is intended to contribute to "border crossing", creating a Southern Cultural Zone stretching from Trieste in Italy to Arad in Romania. The title of the application document and the actual motto of the European Capital of Culture – "the borderless city" – show what a key role this concept plays in Pécs. This Southern Cultural Region can help to create a regional identity that reflects the multicultural "Pécsian identity."

The status of European Capital of Culture offers an opportunity to symbolize the unique nature of the city – illustrated through visual elements – and, from this, to create a trademark that will also have international impact. These condensed and effective messages about Pécs will, like short poems, reflect the city's European soul and then, hopefully, the name of Pécs will feature more prominently on the cultural map of Europe.

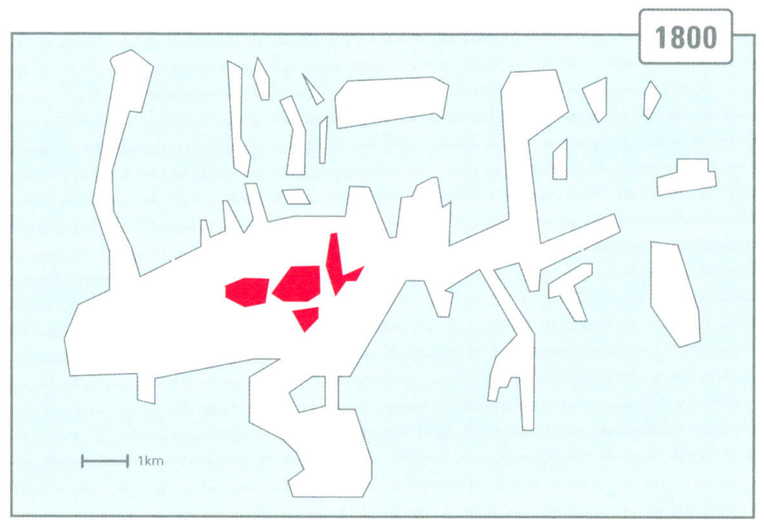

1800
1km

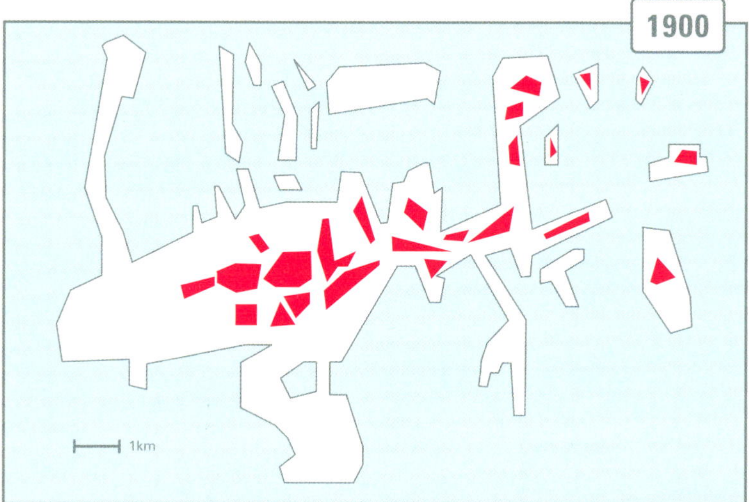

1900
1km

2006
1km

Development of Pécs

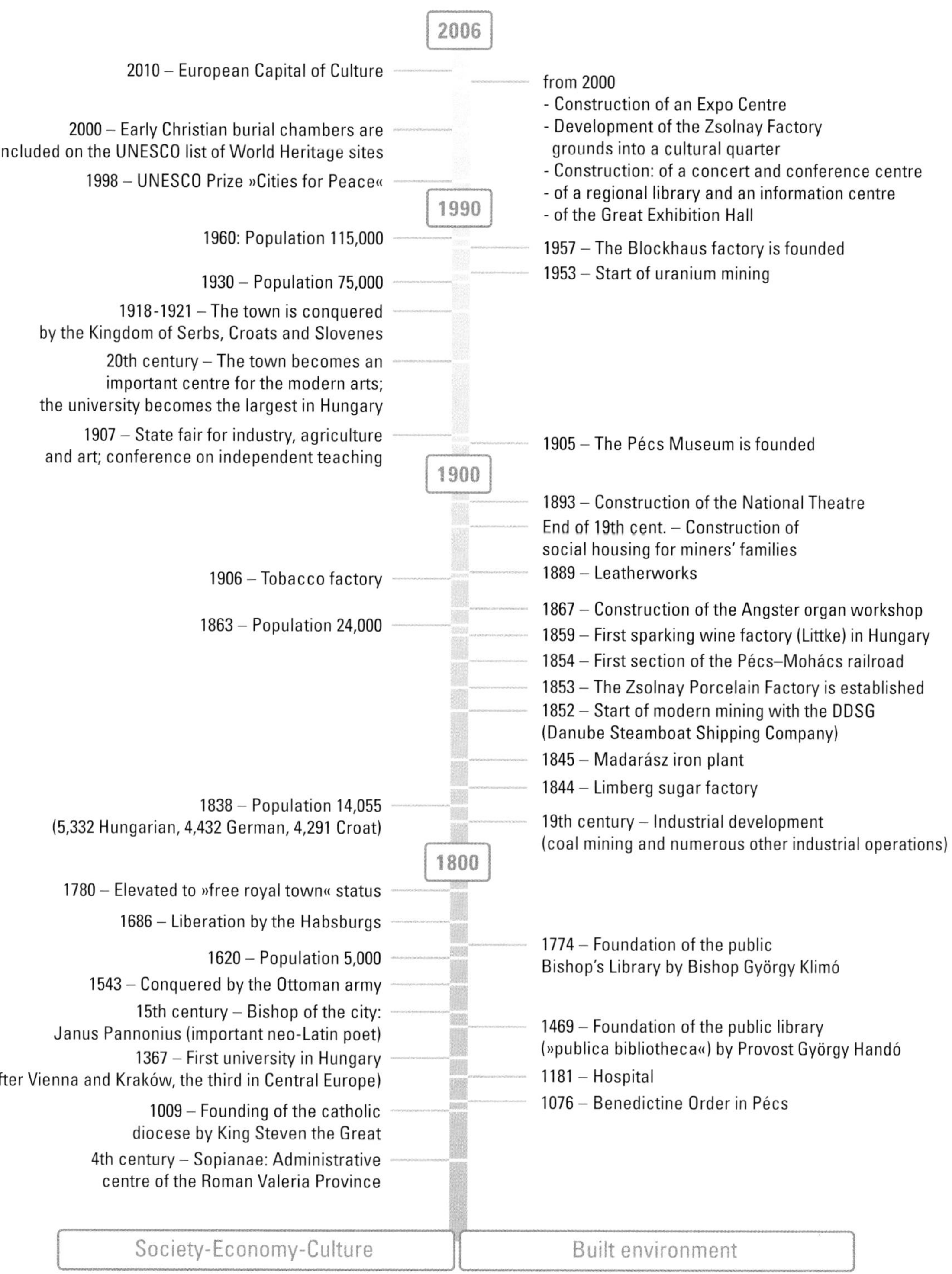

SANTIAGO DE COMPOSTELA

Santiago de Compostela – vom urbanen Modell zum touristischen Modell

Román Rodríguez Gonzalez, Xosé M. Santos Solla

„Distinctiveness" (Unverwechselbarkeit) und ökonomische Spezialisierung

Santiago de Compostela ist eine kleine Stadt, die ein sehr reizvolles historisches Image besitzt, welches sie einem bedeutenden Kultur- und Traditionserbe und einer 500 Jahre alten Universität verdankt. Zudem stellt die Stadt das politische und administrative Zentrum der Autonomen Region Galicien dar. Die geringe demografische Relevanz – 92 919 Einwohner im Jahr 2005 – spiegelt weder die bedeutende Rolle Santiagos als urbanes Zentrum noch die Dynamik seines externen Wachstums wider.

Bis Mitte des 20. Jahrhunderts war Santiago eine bescheidene und lethargische Stadt mit weniger als 50 000 Einwohnern. Bis dahin zeichneten sie vor allem die beherrschende Präsenz der Kirche, eine Universität mit geringem Einfluss und das Fehlen einer nennenswerten industriellen Basis aus. Ihre primäre ökonomische Aufgabe erfüllte sie als Marktstadt für die florierenden Agrargebiete des Umlands. Die zweite Hälfte und vor allem die letzten Jahrzehnte des 20. Jahrhunderts brachten ebenso wie das frühe 21. Jahrhundert einen grundlegenden Wandel mit sich. Der Einfluss der Universität verstärkte sich und als Hauptstadt Galiciens gewann Compostela an Bedeutung. Der Wandel zu einem Zentrum des urbanen Kulturtourismus verknüpfte sich mit besonderen Ereignissen wie dem Jubiläumsjahr und der Ernennung zur Europäischen Kulturhauptstadt. Zudem bildete sich in der Stadt dank traditioneller Stärken, etwa im Handel oder Gesundheitswesen, der zentralen Lage und der guten Erreichbarkeit eine starke Vorherrschaft des Dienstleistungssektors aus, in dem 81,8 Prozent der Erwerbstätigen beschäftigt sind.

Im öffentlichen Sektor ragen die Bereiche Bildung, Gesundheit und Kommunalverwaltung heraus, während in Santiago angesiedelte Firmenzentralen den Privatsektor dominieren. Dies alles verleiht der Stadt das Flair einer Metropole. Der Einfluss von Compostela erstreckt sich über seine lokalen Verwaltungsgrenzen hinaus. Somit greift das kleine Ballungsgebiet immer mehr in seine nähere Umgebung aus, wo eine Vielzahl junger Menschen lebt, die in Santiago arbeiten. 50 000 Kraftfahrzeuge sowie Busse und Bahnen bringen tagtäglich Pendler in die Stadt.

Städtische Politik, Branding und Stadtmarketing

Die Stadt Santiago erlebte während der zweiten Hälfte des 20. Jahrhunderts ein rasches Wachstum. Dies erklärt sich durch zwei Faktoren: erstens durch die Universität und zweitens durch die politische Dezentralisierung Spaniens, die die Einrichtung eines vollständigen Verwaltungskomplexes in der neuen Regionalhauptstadt zu Beginn der 1980er Jahre zur Folge hatte. Aus urbanistischer Sicht lassen sich die Auswirkungen jener beiden Faktoren auf dem Stadtplan erkennen. Die Universität löste ein beschleunigtes und ungeordnetes Wachstum im studentischen Viertel aus. Die

Probleme, die sich aus einer zu freizügigen Haltung bei der Entwicklung jenes Stadtteils ergaben, führten Ende der 1980er Jahre zur Suche nach neuen Zielsetzungen für die Stadtplanung. Die Lebenshaltungskosten in Santiago ließen sich aber nicht reduzieren, was unter anderem eine starke Suburbanisierung in den Randgemeinden bewirkte.

Derweil gelang es dem historischen Viertel, seinen Charakter und seine Zentralität zu bewahren. Lange wurde es von Studenten und Verwaltungskräften bevorzugt und auch die Regionalverwaltung hat sich dort teilweise angesiedelt. Die historische Stadt verwandelte sich in einen symbolischen Ort. Diese Entwicklung führte zu heftiger Konkurrenz um die Grundstücke nahe der Kathedrale. Der Wunsch, die Hauptstadt zum Spiegel ganz Galiciens umzugestalten, stärkte die Bedeutung der Altstadt als charakteristischstes Element Santiagos.

Außerdem sind noch andere Faktoren aus den 1990er Jahren zu berücksichtigen: die Verabschiedung eines speziellen Plans für das historische Stadtviertel, die interinstitutionelle Kooperation und die Aufnahme der Altstadt in das UNESCO-Weltkulturerbe. Unterstützt wurde all dies, indem man den Jakobsweg zum touristischen Höhepunkt entwickelte. Als Zieletappe des Pilgerwegs erhielt Compostela starken Auftrieb in Form von Infrastruktur und Investitionen. Insbesondere die Altstadt profitierte von diesen Initiativen. Wichtig ist hier ebenfalls, dass mehrere richtige Entscheidungen bezüglich des Managements von Santiago als Touristenziel getroffen wurden. Ihre Einzigartigkeit verdankt die Stadt nicht nur historischen und religiösen Faktoren, sondern auch Umweltgesichtspunkten und ihrem heutigen Kulturleben, die in das Tourismuskonzept integriert wurden.

Wettbewerb und Kooperation

Santiago profitierte außerdem von seiner zentralen Lage an der wichtigsten Entwicklungsachse Galiciens. Für die wachsende Dynamik dieses Korridors spielte die Atlantikautobahn eine wichtige Rolle. Aber es zeigen sich auch Gefahren. Die neuen Universitäten Vigo und A Coruña verringerten die Studentenzahl in Santiago, die bereits unter der demografischen Krise Galiciens litt. Weiterer Schwachpunkt der multifunktionalen Entwicklung Santiagos ist das geringe Potenzial des Sekundärsektors. Erst in den letzten Jahren wurden Industrieunternehmen im Hinblick auf ein stärkeres zukünftiges Wachstum Grundstücke angeboten.

Die Kooperation zwischen den Städten der Region behinderte ein übermäßiger Lokalpatriotismus, der starke Rivalität erzeugte. Allerdings bringt die Ökonomie im Nordwesten der Iberischen Halbinsel eine weiterhin wachsende Verflechtung hervor. Die Atlantikautobahn und in einigen Jahren außerdem der Hochgeschwindigkeitszug als Parallelachse werden den Austausch in diesem Korridor und die notwendige Zusammenarbeit zwischen dessen urbanen Zentren intensivieren. Die mit dem Tourismus verbundene Entwicklung Santiagos hat wiederum Synergien durch die aktive Teilnahme an Netzwerken geschaffen. Beispiele hierfür sind der Zusammenschluss der spanischen Weltkulturerbestädte und der Heiligen Städte, zu denen auch Rom und Jerusalem zählen.

Santiago de Compostela – from Urban Model to Tourist Model

Román Rodríguez Gonzales, Xosé M. Santos Solla

Distinctiveness and economic specialization

Santiago de Compostela is a small town which has a very appealing image as a historical city with an important cultural legacy and tradition and a 500-year old university. It is also the present political and administrative center of the Autonomous Region of Galicia.

Its small demographic relevance – 92,919 inhabitants in 2005 – does not mirror either its important role as an urban center or its level of external growth.

Up until the mid-20th century, Santiago was a modest and lethargic town of less than 50,000 people. Until then, the city was characterized by an overbearing ecclesiastical presence, a university of little influence and the lack of a considerable industrial basis. Serving as the market town for the prosperous agricultural area that surrounds Compostela was its primary economic role. The second half of the 20th century – and especially the last decades – as well as the beginning of the 21st century brought a fundamental change for Compostela. The university's role grew stronger and the city gained importance as the capital of Galicia. Its becoming a center of urban-cultural tourism was linked to distinctive events like the Jubilee Year and its nomination as the European Capital of Culture. Also some of its traditional strengths, for instance in trade or healthcare, its central location and its accessibility within the urban network have turned Santiago into a city with a strong prevalence of the third sector, with 81.8 % of its working population employed in services.

In the public sector, the fields of education, healthcare and public administration stand out, while the business headquarters of companies located in Santiago prevail in the private sector. All this gives the city its metropolitan air.

The influence of Compostela goes beyond its local administrative boundaries. Thus, there is a progressive consolidation of a modest metropolitan area with its closest surroundings, where a lot of young people live, who work in Santiago. There is a significant number of commuters – 50,000 vehicles as well as buses and trains bring people into the city every day.

Urban policy, branding and city marketing

The city of Santiago experienced rapid growth during the second half of the 20th century. Two factors account for that: firstly, the university and secondly, Spanish political decentralization which resulted in the settlement of the whole administrative complex in the new regional capital at the beginning of the 1980's. From an urbanistic point of view, the effects of these two factors can be seen on a map of the city. The university brought on an accelerated and disorganized growth of a city area where students lived. The problems deriving from a too permissive attitude towards the development of this part of the city led to finding new objectives for Santiago's urban planning at the end of the 1980's. However, it was not possible to reduce the cost of living in the city. This resulted, among other things, in a strong suburbanization in the bordering municipalities.

Meanwhile, the historical city succeeded in preserving its cityscape and centrality. For a long time, it has been an area preferred by university students and administrative staff. Parts of the regional administration have settled here, too. The historical city was transformed into a symbolic place – a development which led to fierce competition for the lots close to the cathedral. The wish to turn the capital city into the mirror of all of Galicia enhanced the importance of Santiago's historical center as its most particular element.

Other elements to be taken into account dating from the 1990's were: the passing of a special plan for the historical city, interinstitutional cooperation and including the old city into the UNESCO World Cultural Heritage list. All this was supported by making the Way of St. James the central issue of tourism. Compostela, as the final stage of this pilgrim's route, received a strong boost in the form of infrastructure and investments. Especially the historical city benefited from these initiatives. It is also important to keep in mind that some good choices were made regarding the management of Santiago as a tourist destination. It became unique not only due to historical and religious factors but also because of environmental considerations and the contemporary culture which became part of the city's tourism concept.

Competition and cooperation

Santiago has also benefited from its central location in the most important development axis of Galicia. The Atlantic Highway was instrumental in extending the dynamics of this corridor.

But there are threats as well. The new universities of Vigo and A Coruña have slowed down the increase in the number of students in Santiago, which has already suffered from Galicia's demographic crisis as it is. Another weakness which determines Santiago's multifunctional development is the weak potential of the secondary sector. It is only in recent years that land has been offered to industrial companies with an eye to higher growth in the future.

Cooperation among the area's cities has been impeded by exaggerated localism which generated a strong rivalry. However, the economy of the northwestern peninsula produces an ever growing interdependence. The Atlantic Highway and, in a few years, the parallel axis of the high-speed train will increase the flows along this corridor and the necessary cooperation between its urban centers. On the other hand, the tourism-related development of Santiago has also created synergies through the active participation in networks such as that of the Spanish cities declared World Heritages sites or that of Holy Cities, together with Rome and Jerusalem.

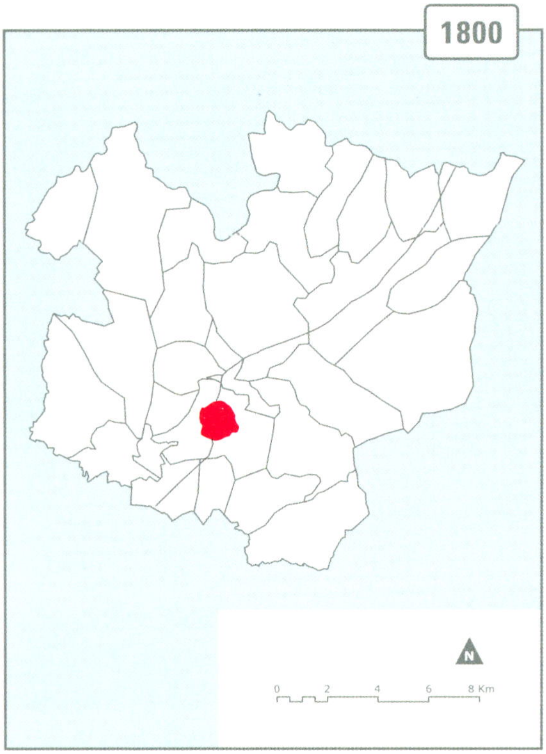

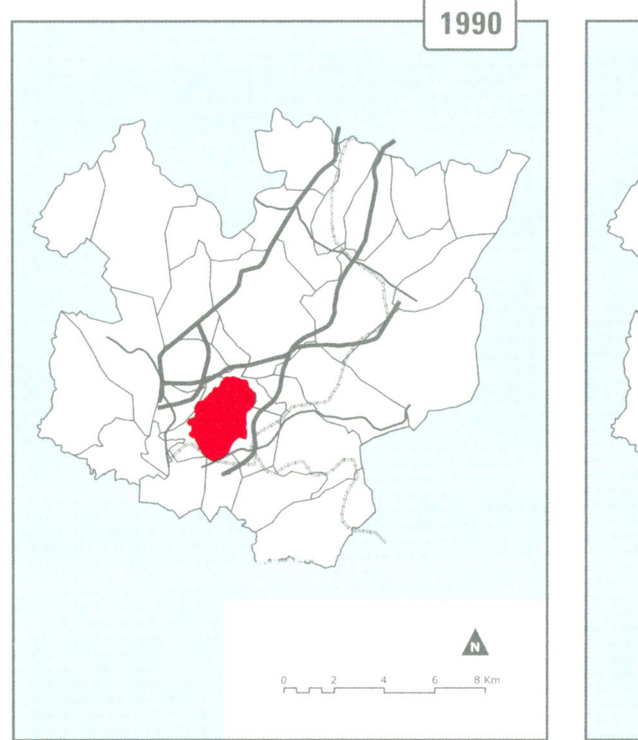
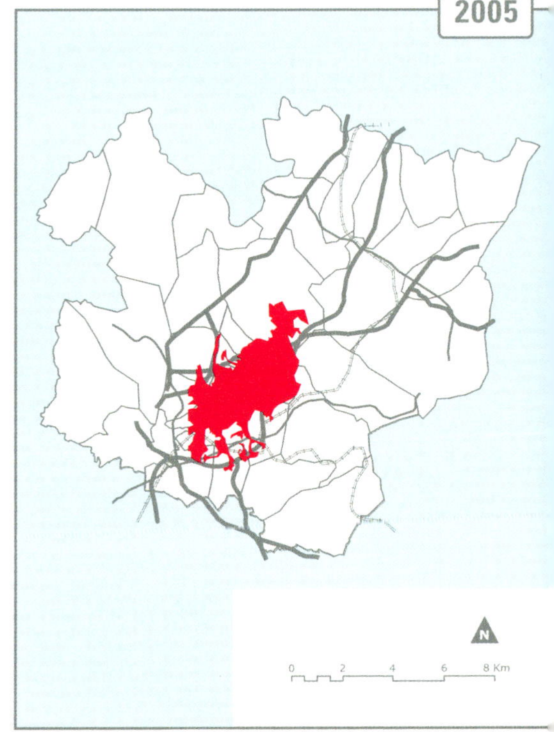

1800
N
0 2 4 6 8 Km
1900 
N
0 2 4 6 8 Km
1990
N
0 2 4 6 8 Km
2005
N
0 2 4 6 8 Km

Development of Santiago de Compostela

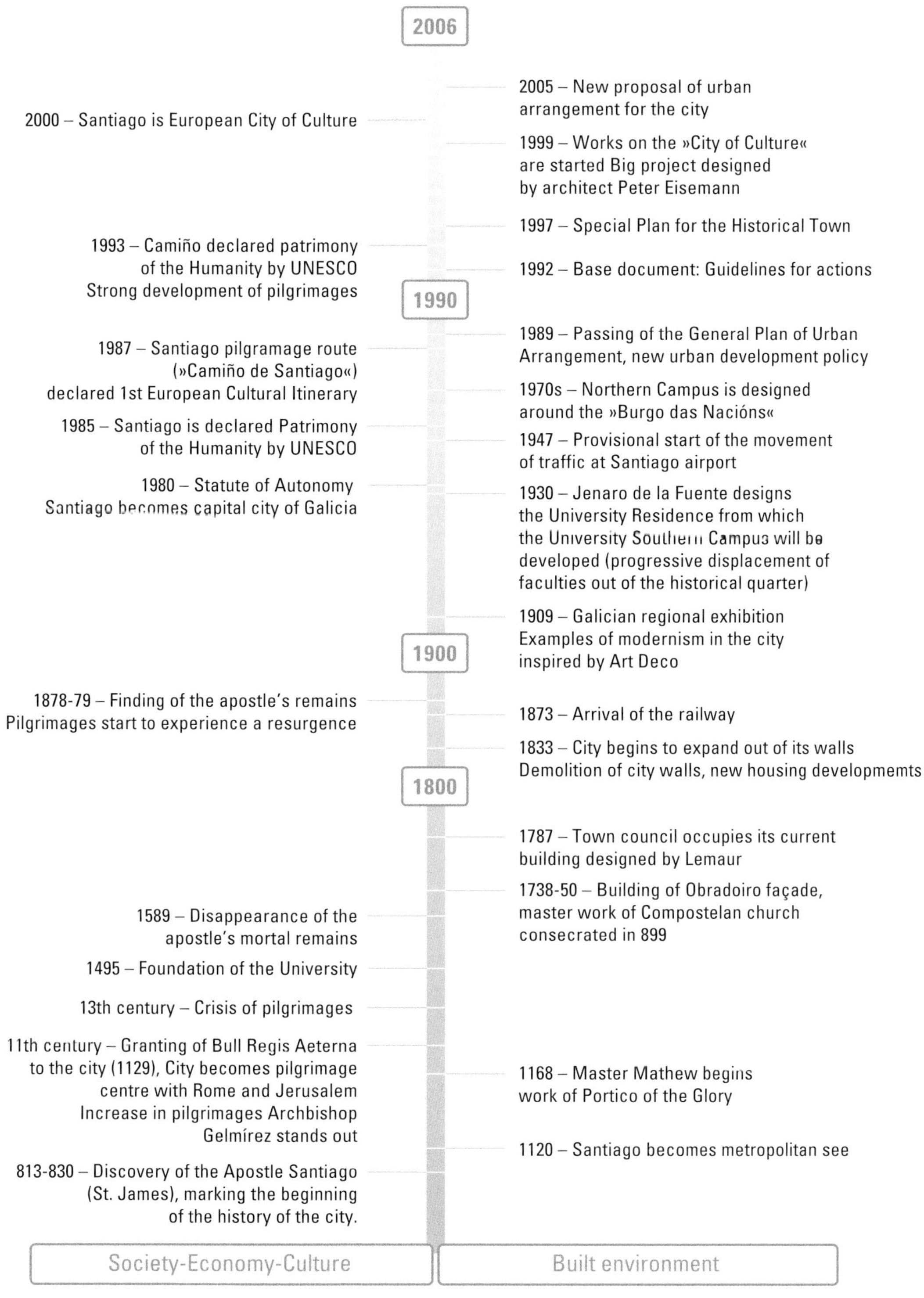

5. Profilierung schrumpfender Städte und modernisierte regionale Leitbilder

Regina Sonnabend, Rolf Stein

Die Autoren dieses Bandes machen auf die Ambivalenz einer städtischen Entwicklungsstrategie aufmerksam, die sich auf Spezialisierung und Marketing konzentriert. Spezialisierung/Distinctiveness ist ein Schlüssel für die Regenerierung von Städten, stellen etwa *Schrock* und *Markusen* fest, um dann gleich zu ergänzen, dass dies nicht per se ein Garant für eine widerspruchsfreie erfolgreiche städtische Entwicklung ist[1]. Storper und Manville haben an anderer Stelle ausführlich dargelegt, dass die Ursachen für die Regenerierung von Städten letztlich durch wirtschaftsgeografische und ökonomische Theorien nicht hinlänglich erklärt werden können, weil Prognosen darüber fehlen, *wo* sich Allokationen von Wachstumsfaktoren im Raum ergeben.[2] Unerwartete Änderungen im Verhalten von Akteuren sowie in den komplex verknüpften Wirkungsfaktoren machen Vorhersagen hinsichtlich der Schrumpfung oder Regenerierung von Städten schwer oder unmöglich. Angesichts dieser Skepsis ist am Ende des Bandes zu reflektieren, warum die IBA Stadtumbau 2010 spezifische Profilbildungen zu ihrer Schlüsselstrategie für die Stabilisierung und Entwicklung von Stadtumbau-Städten in Sachsen-Anhalt macht. Im Profil der Stadt bündeln sich idealerweise spezifische baulich-räumliche, sozial-kulturelle und ökonomische Stärken einer Kommune. Profilierung wird hier definiert als *kohärente*, ressortübergreifende politische Steuerungsstrategie zur Stärkung und Nutzung lokaler Potenziale. Sie ist vor Ort und nach außen in einen intensiven öffentlichen Kommunikationsprozess eingebettet. Und sie führt als „Parallelaktion" der differenzierten und arbeitsteiligen Profilbildungen in den IBA-Städten Sachsen-Anhalts zwangsläufig zu einer regionalen Betrachtung und Handlungsdimension, die im Mittelpunkt dieses Schlussbeitrages stehen soll.

Profilierung und räumliche Hierarchisierungen
Nach der Definition von Henderson[3] rangieren alle Städte in Sachsen-Anhalt in der Kategorie „medium sized", nämlich unter 500 000 Einwohner. Wendet man die Klassifizierungskategorien von *van Winden* an, können Halle und Magdeburg in der Gruppe „metropolitan cities", Untergruppe „metropoles in transition" eingeordnet werden. Dies allerdings auch nur mit Abstrichen, wenn man bedenkt, dass diese Städte beispielsweise nicht ans europäische Hochgeschwindigkeitsnetz der Bahn angebunden sind. Der Großteil der Städte in Sachsen-Anhalt ist *van Windens* Kategorie „non-metropolitan urban regions", Untergruppe „provincial towns" zuzuordnen. Diese Städte haben Funktionen als regionale Zentren, keinen günstigen Anschluss an Hochgeschwindigkeitsnetze und internationale Verbindungen, schwache Arbeitsmärkte und einen Mangel an Urbanität. Ihre Vorteile sind: viel Landschaft, kaum Verkehrsüberlastung und geringe Kriminalitätsraten, geringere Lebenshaltungskosten und häufig eine informelle, kommunikative Nähe von Akteuren, die als wichtig für die Kooperation eingeschätzt wird.

Die Studie von Stein[4] hat dargelegt, dass die wirtschaftliche Entwicklung des Landes eher durch eine kapitalintensive Reindustrialisierung als durch den Aufbau von „Stadtindustrien" (stadttypischen Wirtschaftszweigen und -funktionen) geprägt ist, die kennzeichnend sind zum Beispiel für wirtschaftlich starke Großstädte in Westdeutschland und einige ihrer Umlandkreise. Das Dilemma der Klein- und Mittelstädte in schrumpfenden Regionen scheint in den geringen Entwicklungsperspektiven jenseits von Agglomerationsökonomie und Metropolregionen zu liegen.

Van Winden unterscheidet zwei Konzepte der Wissensökonomie. Ein exklusives Konzept der Hochtechnologieentwicklung basiert im engeren Verständnis auf Innovation, Kooperation von universitären Forschungseinrichtungen und Industrien im Hochtechnologiebereich. Daneben stellt *van Winden* ein breiteres Konzept, das die Relevanz weiterer „Wissenssorten" als Motoren wirtschaftlicher Dynamik ins Kalkül zieht. Nicht nur die Produktion von „neuem Wissen", sondern auch die Anwendung und Weiterentwicklung lokal und regional existierender Wissensbestände sind entscheidend für das Entwicklungspotenzial von Städten und Regionen. Diese Konzeption der wissensbasierten Ökonomie legt nahe, dass anhaltende Lernfähigkeit von Individuen, Organisationen und Institutionen sowie ein Klima von Offenheit – nicht nur, aber insbesondere in den lokalen Eliten – Schlüssel für die Regenerierung von schrumpfenden Städten und Regionen sind. Wir halten diesen Handlungsansatz auch deshalb für vielversprechender, weil er die Gefahr verstärkter sozialer Polarisierung zwischen Gewinnern und Verlierern der wirtschaftlichen Entwicklung verringert, die zum Standortnachteil werden kann, worauf *Franz* und *van Winden* hinweisen. Städte wie Newcastle, Gliwice und Magdeburg müssen einen Spagat vollbringen zwischen einer Politik der „sozialen Stadt" und dem Versuch, Wissenschaft, Forschung und Unternehmen im Hochtechnologiebereich anzusiedeln und Kooperationen sowie Clusterentwicklungen zu unterstützen. Dies schlägt sich nicht selten in widersprüchlichen kommunalen Leitbildern nieder, die es kaum erlauben, das Profil einer „Wissensstadt" ungebrochen zu transportieren.

Eine besondere Herausforderung besteht für die Städte der Altindustrieregionen darin, die tradierten technologischen und beruflichen Kompetenzen der Region für neue Entwicklungen im Bereich der Hochtechnologie und damit verknüpfter Dienstleistungssektoren zu qualifizieren. Dass dies gelingen kann, führt *Rehfeld* anhand der Ausdifferenzierung von alten, in der Montanindustrie wurzelnden Kernkompetenzen in den Bereichen Infrastruktur und Transportdienstleistungen sowie Abfallwirtschaft und Logistik für das Ruhrgebiet aus. Profilierung – im Sinne des Aufbaus von Kernkompetenzen – und Diversifizierung schließen sich also nicht aus.

Vergleichbare Ansätze finden sich auch in Sachsen-Anhalt. Unternehmen der Solarbranche in Wolfen-Thalheim greifen auf berufliche Qualifikationen zurück, die Beschäftigte in der weitgehend abgewickelten Filmindustrie in Wolfen erworben haben. Auch Softwareentwickler im Bereich der Medizintechnik in Dessau, die aus München in die Region übergesiedelt sind, bedienen sich alter Kernqualifikationen von Beschäftigten der mitteldeutschen Industrieregion. Insbesondere das regionale Arbeitskräftepotenzial gut ausgebildeter Studienabgänger der Universitäten und Hochschulen im Einzugsbereich von Magdeburg, Halle und Leipzig, motiviert die Standortwahl dieser

Unternehmen. Dies illustriert, wie grundlegend die profilierte Entwicklung der Hochschul- und Bildungsinstitutionen für die Zukunftsfähigkeit des Landes ist.

Was fördern? Profilierung als Alternative zu „Gießkanne oder Konzentration"

Die Diskussion um die Ruhrstadt, die als Synonym für die Diskussion um die europäische Metropolregion gelten kann, hat nach *Rehfeld* wenig Glaubwürdigkeit erreicht. Eine Ursache sieht er darin, dass es dem Ruhrgebiet an der für eine Metropole „zu erwartenden Zentralität sowie an global anerkannter Urbanität" fehlt. Gleichzeitig verstellt die Diskussion um Metropolregionen den Blick auf eine Möglichkeit räumlicher Balance, die im „Profil einer dezentralen Agglomeration" denkbar ist. Dieses Profil stellt weniger die schiere Größe als vielmehr die „Qualität oder die Stärken einer polyzentrischen Komplementarität" und Arbeitsteiligkeit der Region in den Mittelpunkt.[5] Während die Debatte um die Konzentration von Förderungen auf „industrielle Kerne" den Ausschluss von Städten und Regionen außerhalb der „Metropolregionen" nahe legt, kann das Modell der regionalen Kooperation und Verflechtung komplementärer arbeitsteiliger Standorte und Städteprofile einen breiteren regionalen Entwicklungshorizont öffnen. Letztlich ist die langfristig als tragfähiger eingeschätzte Diversifizierung von Wirtschafts- und Beschäftigungsstrukturen in schrumpfenden Regionen überhaupt nur in regionaler Arbeitsteilung realisierbar. Zieht man mit *Manville* und *Storper* außerdem in Betracht, dass das so genannte Humankapital eher ein Phänomen regionaler als lokaler Angebote von Arbeitskräften ist, zeigt sich, dass Strategien zur Regenerierung von Städten eine regionale Perspektive entwickeln müssen.

Am Beispiel der Kulturstädte Pécs, Santiago de Compostela und Wittenberg lässt sich der Aspekt der Steuerung von Wachstum (oder Schrumpfung) in Kernen oder Korridoren beleuchten. Wittenberg scheint als Mittelzentrum im östlichsten Sachsen-Anhalt zunächst wenig angefochten. Gleichzeitig konkurriert es als Industriestadt und als Stadt des Weltkulturerbes mit den benachbarten Städten Bitterfeld-Wolfen und Dessau um Besucher, Bewohner und qualifizierte Arbeitskräfte. Für Santiago de Compostela wird die zwiespältige Lage im westlichen Entwicklungskorridor Spaniens dargestellt, der einerseits für die beteiligten Städte Wachstumschancen eröffnet und gleichzeitig Konkurrenzen erzeugt oder erneuert. Pécs sieht mit dem Schwung der erfolgreichen Kulturhauptstadtbewerbung 2010 voll Hoffnung in die Zukunft einer „südlichen Kulturregion", die Nordostitalien, Slowenien und Teile Südungarns umfassen könnte. Hier sind mit Mitteln der Europäischen Union in den nächsten Jahren vor allem infrastrukturelle Voraussetzungen als Basis für die Verflechtung zu schaffen, begleitet von Programmen zur Industrieansiedlung und Stadtsanierung. Wittenberg und Santiago de Compostela haben diese Investitionen bereits erfahren. Derartige Förderpolitik gleicht Startchancen aus. Gleichzeitig führt sie zur Homogenisierung der räumlichen Entwicklungsstrategien von Städten und Regionen, die sich inhaltlich ausschließlich an den Zuschnitten von Förderprogrammen orientieren. Die Möglichkeiten von Städten und Regionen zur Profilierung ihrer Entwicklung stehen damit auch vor Einschränkungen, wenn diese in lokaler und regionaler Kommunikation nicht gezielt umsteuert werden. Es schadet benachbarten Städten sicher nicht, wenn alle Städte ihren Altstadtkern ansprechend saniert haben, doch für welche neuen Funktionen? Allein die touristische Attraktivität macht diese Kerne nicht zu Zentren, die im Alltag der Bewohner eine große Rolle spielen. Industrie- und Gewerbegebiete sind regional verteilt und bei hohen öffentlichen Investitionssummen oftmals untergenutzt. Sie tragen weder zur erforderlichen Reduzierung der Arbeitslosigkeit noch zu ausreichendem Steueraufkommen der Kommunen bei. Städte und Regionen brauchen komplexere Strategien, um nationale und Startinvestitionen der EU in nachhaltige lokale Entwicklungen „ummünzen" zu können.

In der deutschen Debatte um die Modernisierung der Raumordnung treffen derzeit zwei Grundpositionen aufeinander: einerseits die traditionelle Konzeption des „Counterbalancing", die den Ausgleich regionaler Disparitäten vertritt. Dagegen steht die vorrangige Förderung von räumlichen und sektoralen Schwerpunkten und nationalen Entwicklungszielen sowie die Sicherung der Wettbewerbsfähigkeit im europäischen und internationalen Wettbewerb. Dies führe schließlich auch zur Rückgewinnung von Handlungs- und Verteilungsspielräumen für die schwächer entwickelten Regionen. In dieser Kontroverse ist der Blick dafür verlorengegangen, „welche regionalökonomischen Systemzusammenhänge den Hintergrund räumlicher Entwicklung bestimmen"[6]. Aring verweist auf die Konzeptionen der „endogenen Raumordnung" und der „globalisierten Raumordnung", die seit den 1980er Jahren leitbildprägend wurden. Er stellt fest, dass „heute nicht vorschnell Gewinner- und Verliererregionen deklariert werden" sollten. Zukünftig sei allerdings „der Begriff der endogenen Potenziale enger" zu fassen. Die Logik des Polarisationsgedankens müsse akzeptiert werden, was praktisch zu einer „Betonung des Prinzips ‚Stärke die Stärken'" und entsprechenden Prioritätensetzungen führen wird. Dies allerdings nicht mehr nach dem Prinzip „Jeder ein potenzieller Zukunftsraum", sondern nach dem Prinzip „Jedem nach seinen Möglichkeiten – stärke die Stärken", und genau hier „liegt auch der Sprengstoff der jüngeren Entwicklung", so der Autor. Er betont, dass es politisch nicht zu vermitteln sein wird, „den Metropolregionen das Monopol auf Wachstum" zuzuschreiben.[7] Zu fragen ist darüber hinaus, wie viel Mindestmaß an Kontinuum die wirtschaftliche, soziale und räumliche Entwicklung nationaler Territorien in Europa braucht, um Regenerierungsprozesse jenseits der Metropolregionen – letztlich auch als reproduktive Ressource dieser Metropolräume – zu ermöglichen. Erinnert sei hier an *van Windens* Forderung nach einer „Aufmerksamkeit der Politik für Europas spezifisches System von Klein- und Mittelstädten".

Profilierung und Governance räumlicher Regenerierungspolitiken

Die Strategie des Marketing oder Branding von Städten korreliert mit unternehmerischen, marktorientierten Formen des urbanen Managements. *Jensen* weist auf die Gefahr einer „monolithischen, ausschließlich an Konsumenten orientierten Form der Stadtbildproduktion" hin, „deren ‚Text' in Widerspruch zur gebauten Stadt und zu den bestehenden Interessen, Interpretationen und Werten unterschiedlicher lokaler Gruppen steht".

Im Unterschied zum Produkt-Branding, das sich nur an eine Zielgruppe von Konsumenten richtet, müssen sich in der Markenbildung für eine Stadt oder Region unterschiedliche Zielgruppen der Bevölkerung wiederfinden können.[8] Angelehnt an *Jensen* ließe sich

sagen, dass es darum geht, das Profil als eine „Erzählung" zu entwickeln, die an soziale, kulturelle und räumliche Identifikationen und Selbstbilder der Bevölkerung anknüpft,
diese aber gleichzeitig transzendiert in neue oder erweiterte Entwicklungsperspektiven.
Diese Position unterstreicht auch *Rehfeld*, wenn er festhält, dass sich derartige Profilbildungen im Sinne von Identitätsbildungen „nicht durch ein gemeinsames Projekt, durch
Elitendiskurs oder durch eine Marketingstudie realisieren" lassen. Vielmehr müssen sie
gleichsam evolutorisch aus den sozialen und ökonomischen Strukturen herauswachsen,
sind also viel mehr Ergebnis der mittel- und langfristigen Veränderung als einer kurzfristig erreichbaren städtischen oder regionalen Transformation.[9] Diese Argumentationslinie
zielt im Kern auf die Beobachtung, dass die Anwendung von Wissen und die Erzeugung
von Innovation *in situ* geschehen. „Human capital is a function of industrial context", in-
sistieren *Manville* und *Storper*. Leistungsstärke und Innovationsfähigkeit von Arbeitskräften sind „funktionaler Effekt" der industriellen Basis einer Region. Arbeitskräfte, vor
allem gut ausgebildete Arbeitskräfte, folgen in erster Linie den Arbeitsangeboten und
nur in nachgeordneter Linie den Lebensstilangeboten von Städten.

Auch die Strategien der Profilierung als Gesundheitsstadt, wie sie in diesem Band
für die kleineren Städte Kuopio, Bad Wörishofen und Köthen vorgestellt werden, sind
deshalb dahingehend zu befragen, ob der Profilierungsansatz im weitesten Sinne vor-
handene Kompetenzen aufgreift und in eine von breiter Akzeptanz getragene Ent-
wicklungsrichtung der Kommune übersetzt.

In Köthen steht das Profil als Stadt der Homöopathie (auch synonym für alternative
Medizinkonzepte) bisher noch unvermittelt neben dem Leitbild der „Bachstadt". Die
wirtschaftliche Basis der Stadt und des Landkreises liegt heute weder im gesund-
heitswirtschaftlichen noch im kulturellen Sektor. Sie ist vielmehr im Dienstleistungs-
bereich des öffentlichen Sektors sowie in Unternehmen des gewerblichen Bereichs
verankert. Wenn die Stadt ihre ökonomische Struktur durch ein Profil als Stadt der Homöopathie gestalten will, muss sie im Bereich der Gesundheitswirtschaft regionale
und überregionale Vernetzungen auf- und ausbauen – natürlich auch zu Städten, die
mit gesundheitsorientierten Entwicklungsstrategien bereits erfolgreich sind.

Bad Wörishofen mit seiner langen Kneipp-Tradition ist dabei, sein bereits vor einiger Zeit
in die Krise geratenes Profil neu zu formulieren. Hierbei spielt die regionale Kooperation
und Verankerung eine entscheidende Rolle. Sie wird – wie im Fall von Newcastle – durch
eine regionale Entwicklungsagentur konzeptionell und organisatorisch vorangetrieben.

Kuopio ist – ähnlich wie Newcastle – ein offensichtlich erfolgreiches Beispiel dafür,
wie durch gezielte Förderpolitik des Staats neue Industrien und produktionsorientier-
te Dienstleistungen implementiert werden können. Die finnische Stadt ist auch ein
Beispiel für das Raumordnungsmodell der „dezentralen Konzentration". Die staatliche
Steuerungspolitik führt in der schwach besiedelten Region zu Konzentrationseffekten
im regionalen Zentrum, während die umliegende Region Einwohner verliert.[10]

Die Chancen strategischer Kooperationen zwischen Städten betonen in diesem Band
vor allem *van Winden* und *Rehfeld*. Für das Networking von kleinen Städten stehen
die lokalen Eliten aufgrund ihrer informellen Kontaktnetze und Kenntnisse der lokalen Voraussetzungen in besonderer Verantwortung.

Profile als Bezugspunkte für eine ressortübergreifende, langfristige Entwicklungsstrategie in einem öffentlichen Diskurs zu legitimieren, ist die Verantwortung der Kommunen in Zeiten des demografischen und wirtschaftlichen Strukturwandels sowie reduzierter öffentlicher Mittel. Profile können auch genutzt werden, um koexistierende, manchmal widersprüchliche Leitbilder einer Stadt plausibel zu integrieren. Das Profil „Campus Wittenberg" ist ein Beispiel dafür. Gelingende Profilierung führt in der Binnen- wie in der Außenwahrnehmung zu Glaubwürdigkeit. Sie motiviert privates Engagement und Unternehmen.

Die Verantwortung des Staates wird zunehmend in der Gewährleistung von „Erreichbarkeit und Zugang" liegen. Dazu zählt entscheidend Infrastruktur als Zugang zu Chancen: Bildung, die neuen Medien und öffentlicher Verkehr sind hier wichtige Stichworte. Sie werden zu zentralen Parametern nicht nur der Daseinsvorsorge, sondern überhaupt von Zukunftsperspektiven für Städte und Regionen.

Jensen weist darauf hin, dass die Zeit gekommen sein könnte, die europäische Tradition der „welfare city" als besonderes Standortkapital zu begreifen. Die „sozialstaatliche Stadt" der europäischen Nachkriegsmoderne hat zivilisatorische, das heißt ökonomische, kulturelle und soziale Standards (zum Beispiel öffentliche Sicherheit, wirtschaftliches Auskommen, Gesundheitsversorgung) zu „Alltagsqualitäten" von Städten und ihrem Hinterland gemacht und diese lange gewährleistet. Es mag nicht nur Ironie darin liegen, dass in Zeiten verschärften Wettbewerbs der Städte gerade diese Qualitäten der europäischen Stadt heute von Branding-Experten wie *Jensen* als bedeutsame Aktivposten gehandelt werden. Damit korrespondiert das überraschend einvernehmliche und deutliche Plädoyer der Autoren in diesem Band – insbesondere von *Schrock/Markusen* und *Manville/Storper* – für Regenierungspolitiken, die weniger „eventistisch" ausgerichtet sind und sich stärker auf die Sicherung von Basisqualitäten richten. Wir brauchen daher Antworten auf die Frage, wie diese Qualitäten unter Bedingungen des demografischen und wirtschaftlichen Strukturwandels neu gewonnen werden können. In der Profilierung von Städten sehen wir eine relevante Strategie.

1   Wenn im Folgenden Autorennamen kursiv geschrieben sind, so beziehen sich diese Angaben immer auf Beiträge in diesem Band.

2   Storper, Michael; Manville, Michael (2006): Behaviour, Preferences and Cities. In: *Urban Studies*, 43 (7), (forthcoming).

3   Henderson nach van Winden, S. 60.

4   Stein, Rolf (2004): *Neue Raumstrukturen, neue Sektoren und ökonomische Pioniere: Ansätze neuer Wirtschaftsfelder und deren Verflechtung in Sachsen-Anhalt*. Expertise im Auftrag des IBA Büros, Internationale Bauausstellung Stadtumbau Sachsen-Anhalt 2010, Dessau. www.iba-stadtumbau.de/index.php?d=7,165,0,0,1,0.

5   Rehfeld, S. 104.

6   Aring, Jürgen (2005): *Modernisierung der Raumordnung*. Impulsstatement zur Arbeitsgruppe 1: Zwischen „dezentraler Konzentration" und Metropolenförderung, In: 10. Konferenz für Planerinnen und Planer NRW, http://www.bfag-aring.de/ downloads (5.5.2006), S. 3 und 4.

7   Aring, S. 6 und 7.

8   Olins, Wolff nach Jensen, S. 78.

9   Rehfeld, S. 104, und Stein, S. 1f.

10   Siehe die statistischen Daten zu den „Gesundheitsstädten" in diesem Band, S. 132.

5. Profiling Shrinking Cities and Modernized Regional Planning Models

Regina Sonnabend, Rolf Stein

The authors in this volume draw the reader's attention to the ambivalence of an urban development strategy that concentrates on specialization and marketing. *Schrock* and *Markusen* claim that "distinctiveness is a key for urban resurgence" adding immediately that this does not per se guarantee consistent, successful urban development.[1] Storper and Manville have comprehensively argued elsewhere that the causes for the regeneration of cities cannot be sufficiently explained by economic and geographic theories, because of the difficulties inherent in forecasting *where* allocations of growth factors occur.[2] Unexpected changes in the behavior of actors and in the complex network of contributing factors make predicting the shrinking or regeneration of cities difficult, if not impossible. Given this skepticism, the question to be reflected on at the end of this volume is - why does the IBA Stadtumbau 2010 specifically make the development of profiles its key strategy for stabilizing and developing cities designated for urban renewal in Saxony-Anhalt? The profile of a city should ideally combine the specific structural-spatial, socio-cultural and economic strengths of a municipality. "Profiling"(Profilierung) is defined here as a *coherent*, cross-departmental political management strategy for strengthening and utilizing local potential. It is embedded both locally and outwardly in an intense public communication process. As a "parallel campaign" of differentiated profile developments involving division of labor in the IBA cities of Saxony-Anhalt, it inevitably leads to a regional dimension in terms of approach and action, which will be central to this concluding section.

Profiling and spatial hierarchies

According to Henderson's[3] definition, the cities in Saxony-Anhalt all rank in the "medium-sized" category, i.e. with fewer than 500,000 residents. Applying *van Winden's* classification categories, Halle and Magdeburg could be included in the group of "metropolitan cities", in the sub-group "metropolises in transition." There may, however, be some reservations about applying this classification, considering that these cities are not connected to the European high-speed rail network, for example. In *van Winden's* classification most of the cities in Saxony-Anhalt would belong in the sub-group "provincial towns" within the category of "non-metropolitan urban regions". These cities function as regional centers and have no convenient connection to the high-speed rail network and to international connections, weak labor markets and a lack of urbanity. Their advantages include lots of countryside, very little traffic congestion, low crime rates, low living costs and often an informal, communicative proximity between key players, which is regarded as important for cooperation.

Stein's[4] study argues that the state's economic development is more influenced by a capital-intensive re-industrialization than by a growth of "urban industries" (branches and economic functions typically found in cities), which are characteristic of economically stronger large cities in western Germany and some of their adjacent counties. The dilemma of small and medium-sized cities in shrinking regions seems to lie in their low development prospects, with a lack of agglomeration economies and weak links to metropolitan regions.

Van Winden distinguishes between two concepts of the knowledge economy. The first is an exclusive concept of high technology development based on innovation and cooperation between university research institutions and industries of the high-technology sector. The second, wider concept proposed by *van Winden* takes the relevance of other "types of knowledge" as engines of economic vitality into account. Not only the production of "new knowledge," but also the application and further development of locally and regionally existing knowledge stocks are crucial for the development potential of cities and regions. This concept of the knowledge-based economy suggests that the continuing ability of individuals, organizations and institutions to learn and an atmosphere of openness – not only, but especially in local elites – provide the key to the regeneration of shrinking cities and regions. We regard this approach as much more promising, because it reduces the danger of increasing social polarization between the winners and losers of economic development, which can become a disadvantage for a location, as *Franz* and *van Winden* point out. Cities such as Newcastle, Gliwice and Magdeburg must perform a balancing act between pursuing a "social city" policy and attempting to attract science, research and hi-tech companies as well as supporting cooperating enterprises and the development of clusters. This often results in contradictory local development models, which hinders the implementation of a unified profile of a "knowledge city". Rather the impression of partial urban policies is given, which can also lead to actions being blocked.

A particular challenge for cities in old industrial regions is that of upgrading the traditional technological and professional skills of the region in order to be able to utilize them for new developments in the area of high technology and the related services sectors. Using the example of the Ruhr area, *Rehfeld* demonstrates that this can be successful: the old core skills, which had their roots in the mining and steel-producing industries, were differentiated in the areas of infrastructure, transport services, waste management and logistics. Profiling, in the sense of building up core skills, and diversification are not mutually exclusive.

Similar developments can be observed in Saxony-Anhalt. Companies in the solar technologies industry in Wolfen-Thalheim are taking advantage of the professional qualifications which employees acquired in the area of thin film technology in the now mainly discontinued photochemical industry in Wolfen. Software developers in the area of medical technology, who have relocated to the Dessau region from Munich, are also utilizing the old core qualifications of employees in the central German industrial region. But it is the regional human resources potential of well-trained graduates from universities and colleges in the larger region of Magdeburg, Halle and Leipzig in particular that is behind these companies' choice of location. This illustrates how fundamental the coordinated development of academic and educational institutions is for the state's future sustainability.

What should be funded? Profiling as an alternative to the principles of "something for everyone" or concentration on industrial cores

Discussions about the Ruhr city, which can be regarded as a synonym for discussions about the European metropolitan region in general, have little credibility according to *Rehfeld*. He sees one cause of this in the fact that the Ruhr area lacks the "expected centrality and globally recognized urbanity" to be a metropolis. At the same time, discussions about metropolitan regions obstruct the view of a possibility of spatial balance, which would be conceivable in a "profile of a decentralized agglomeration." This profile would be centered less on sheer size and more on the "quality or strengths of a polycentric complementarity" and on the principle of the division of labor in the region.[5] Whereas the debate on the concentration of funding industrial core regions suggests the exclusion of cities and regions outside the metropolitan regions, the model of regional cooperation and the linking of complementary locations and cities' profiles featuring division of labor can open up a much wider range of regional development. In the end, the diversification of economic and employment structures in shrinking regions which is considered by *Schrock* and *Markusen* and *Südekum* as being sustainable in the long term, is only achievable at all by way of a regional division of labor. Taking into consideration *Manville* and *Storper's* view that so-called human capital is more a regional than just a local phenomenon when it comes to the supply of labor, it becomes clear that strategies for regenerating cities must develop a regional perspective.

The examples of Pécs, Santiago de Compostela and Wittenberg, all cities of culture, highlight the aspect of controlling growth (or shrinking) in core areas or corridors. Wittenberg seems to be unchallenged as the medium-sized center of eastern Saxony-Anhalt. At the same time, it is competing as an industrial city and as city of world cultural heritage with the neighboring cities of Dessau and Bitterfeld-Wolfen for visitors, inhabitants and a qualified workforce. The ambivalent position of Santiago de Compostela in the western development corridor of Spain is described – on the one hand the corridor provides growth chances for the cities in it, while at the same time rivalries are produced or renewed. Pécs's successful application as European Capital of Culture in 2010 has given momentum to optimism for the future of a "southern cultural zone" extending from Trieste to Arad, which could include north-eastern Italy, Slovenia and parts of southern Hungary. Here in the next few years European Union funding is to be used to create necessary infrastructural prerequisites as a basis for this integration, accompanied by programs for establishing industry and for urban redevelopment. Wittenberg and Santiago de Compostela have already had experience with such investments. This type of funding policy balances out startup opportunities. At the same time it causes homogenization of the spatial development strategies of cities and regions, which tend to be oriented towards the specifications of funding programs in terms of content. The ability of cities and regions to profile their developments could face limitations if these are not specifically avoided through local and regional communication. It certainly doesn't hurt if neighboring cities all have their historical centers attractively redeveloped, but for what new functions? Attractiveness to tourists alone will not make these centers into hubs or access points which will play a role in the daily lives of the inhabitants of the city as a whole or the region. Industrial and commercial zones are distributed throughout the region and many of them are under-used, while large sums of public money are invested in them. They do not contribute to the required reduction in unemployment or to sufficient tax revenues for the municipalities. Cities and regions need more complex strategies to be able to transform national and EU startup investments into sustainable local developments.

There are currently two basic and conflicting positions in the debate on modernizing regional development policies in Germany. On the one hand, there is the traditional concept of "counterbalancing," which argues for the balancing of regional disparities. On the other hand, there is a concept pleading to make the promotion of spatial and sectoral priorities a priority and which focuses on securing national development goals and European and international competitiveness. This would also lead to the recovery of room for maneuver and distribution for less developed regions. In this controversy however, the issue of "which system connections in the regional economy determine the background of spatial developments"[6] has been neglected. Aring refers to the conception of "endogenous regional planning" (Raumordnung) and "globalized regional planning," which has become more influential as a model since the 1980s. He claims that "now regions should not be declared winners and losers too hastily," adding that it will become necessary in the future to define "the term 'endogenous potential' more narrowly." The logic of such polarized ideas would have to be accepted, which would then in practice lead to an "emphasis of the principle of 'strengthen the strengths'" and a corresponding setting of priorities. This would no longer be in accordance with the principle of "every place has potential for the future", but according to the principle of "To each place according to its potential – strengthen the strengths", and exactly here "lies the dynamite of recent developments," adds the author. He emphasizes that it would not be politically feasible to ascribe "the monopoly on growth (to) the metropolitan regions."[7] It must also be asked what minimum of continuity is required for the economic, social and spatial development of national territories in Europe, in order to make urban and regional regeneration processes possible beyond the metropolitan regions – not least as a resource for these metropolitan spaces. This calls to mind *van Winden's* demand for "political attention to Europe's specific system of small and medium-sized cities."

Profiling and governance of spatial regeneration policies
The strategy of marketing or branding cities correlates with corporate, market-oriented forms of urban management. *Jensen* points out the danger of a "monolithic, exclusively consumer-oriented form of cityscape formation, whose 'text' is in conflict with the city as it was built and with the existing interests, interpretations and values of various local groups."

In contrast to product branding, which is directed only at one target group of consumers, diverse target groups in the population must be able to recognize themselves in the branding for a city or region.[8] Following *Jensen,* it could be said that the central issue is to develop the profile as a "narrative," which links a population's social, cultural and spatial identification and self-perception, while also transcending them in new or extended developmental perspectives. This position is also underlined by *Rehfeld,* who believes that this kind of profile creation in the sense of the construction of identity cannot be "achieved in a joint project or through elite discourse or a marketing study." Rather, they must evolve out of social and economic structures and are therefore more a result of medium and long-term changes than an urban or regional transformation that can be achieved in the short term.[9] The core of this line of argument is aimed at the observation that the application of knowledge and generation of innovation occurs *in situ.* "Human capital is a function of industrial context," insist *Manville* and *Storper.* A labor force's ability to achieve performance and innovation is a "functional effect" of a region's industrial basis. Workers, especially highly skilled workers, consider primarily the employment prospects a city can provide. The kind of lifestyle a city offers is only a secondary aspect of the decision to move.

The strategies of profiling a city as a "healthcare city," as is envisaged for the smaller cities of Kuopio, Bad Wörishofen and Köthen in this volume, must therefore be scrutinized under the aspect of whether this approach makes use of existing skills in the broadest sense and translates them into a widely accepted developmental direction for the municipalities.

Köthen's profile as "city of homeopathy" (and thus a synonym for alternative medicine) has so far been directly juxtaposed with the concept of the "city of Bach". The economic basis of the city and the county is presently neither in the healthcare industry nor in the cultural sector. Rather it is anchored in the services of the public sector and in companies in the commercial sector. If the city wants to shape its economic structure by developing towards a city of homeopathy, it must build up and expand regional and inter-regional networks within the health industry and also with cities already successfully pursuing health-oriented development strategies.

Bad Wörishofen, with its long tradition associated with Kneipp, is in the process of reformulating its profile, which has recently been in crisis. Regional cooperation and anchoring will play a crucial role in this process, which will be advanced in terms of its planning and organization – as was done in the case of Newcastle – through a regional development agency.

Like Newcastle, Kuopio is an obviously successful example of how new industries and production-oriented services can be implemented through targeted government promotion policies. The Finnish city is also an example of the "decentralized concentration" regional planning model. The federal planning policy leads to concentration in the regional center of the sparsely populated region, while the surrounding areas lose inhabitants.[10]

In this volume, *van Winden* and *Rehfeld* especially emphasize the chances of strategic cooperation between cities. Local elites have a particular responsibility for networking among smaller cities due to their informal network of contacts and knowledge of local conditions.

The responsibility of municipalities in times of demographic and economic structural change and reduced public funding is to legitimize profiles as a point of reference for a cross-departmental, long-term development strategy in public discourse. Profiles can also be used to plausibly integrate co-existing, sometimes even contradictory models of a city. The "Campus Wittenberg" profile is an example of this. Successful profiling lends the city credibility in the perception of its inhabitants and those from outside the city, motivating private commitment among the citizens and in companies.

The responsibility of governments will be increasingly to ensure the provision of "availability and access." Infrastructure providing access to chances is crucial: education, new media and public transport are vital keywords here. These are becoming central parameters not only of the provisions for survival, but also of the future prospects for cities and regions.

Jensen suggests that it may be time to regard the European tradition of the "welfare city" as a special type of capital for a place. The "welfare state city" of the post-war modern era in Europe set certain civilizing standards, namely economic, cultural and social standards (e.g. public safety, economic subsistence, healthcare) "everyday qualities" of cities and their hinterlands and has guaranteed them for a long time. It may not only be an irony that in times of tough competition between cities it is exactly these qualities of European cities that are now regarded as important assets by branding experts such as *Jensen*. This also corresponds with the surprisingly consensual and clear plea of the authors in this volume – especially by *Schrock/Markusen* and *Manville/Storper* – for government policies that are less eventistic and more strongly oriented towards ensuring basic qualities. We need an answer to the question of how these qualities can be reclaimed in conditions of demographic and economic change. In the profiling of cities we see a relevant strategy for achieving this end.

1   Where authors' names are written in italics in the following text, this always refers to contributions in this volume.

2   Storper, Michael, Manville, Michael (2006): Behaviour, Preferences and Cities. In: *Urban Studies*, 43 (7) forthcoming.

3   Henderson after van Winden, p. 69.

4   Stein, Rolf (2004): *Neue Raumstrukturen, neue Sektoren und ökonomische Pioniere: Ansätze neuer Wirtschaftsfelder und deren Verflechtung in Sachsen-Anhalt*. Expertise im Auftrag des IBA Büros, Internationale Bauausstellung Stadtumbau Sachsen-Anhalt 2010, Dessau. www.iba-stadtumbau.de/index. php?d=7,165,0,0,1,0.

5   Rehfeld, p. 112

6   Aring, Jürgen (2005): *Modernisierung der Raumordnung*. Impulsstatement zur Arbeitsgruppe 1: Zwischen „dezentraler Konzentration" und Metropolenförderung, In: 10. Konferenz für Planerinnen und Planer NRW, http://www.bfag-aring.de/ downloads (5.5.2006), pp. 3 and 4 (own translations).

7   Aring, pp. 6 and 7.

8   Olins, Wolff after Jensen, p. 84.

9   Rehfeld, p. 112, and Stein, p. 1f.

10   See also the statistical data on "Health Cities" in this volume, p. 132.

Bildunterschriften
Captions

Bad Wörishofen
Linke Seite/Left side:
Oben links: Musikpavillon mit dem Kurorchester Musica Hungarica.
Foto: Kurverwaltung Bad Wörishofen
Top left: Music pavilion with the spa orchestra Musica Hungarica.
Photo: Spa administration Bad Wörishofen
Oben rechts: Schneetreten – die Wintervariante des Wassertretens nach Kneipp.
Foto: Kurverwaltung Bad Wörishofen
Top right: Treading snow – the winter version of treading water by Kneipp.
Photo: Spa administration Bad Wörishofen

Mitte: Farbenpracht: ein Kulturangebot von über 2 000 Veranstaltungen in Bad Wörishofen
– Theater, Konzerte, Festivals, Jazzweekend. Foto: Kurverwaltung Bad Wörishofen
Middle: Blaze of colour: A rich culture program in Bad Wörishofen – theatres, concerts,
festivals, jazz weekend. Photo: Spa administration Bad Wörishofen

Unten: Bad Wörishofen – genau in der Mitte zwischen München und Lindau.
Foto: Klein & Schneider, Bad Wörishofen
Below: Bad Wörishofen is situated exactly in between Munich and Lindau.
Photo: Klein & Schneider, Bad Wörishofen
Rechte Seite/Right side:
Oben: Therme im Winter. Foto: Kurverwaltung Bad Wörishofen
Top: Thermal spa in winter time. Photo: Spa administration Bad Wörishofen

Mitte: München – Bad Wörishofen, nur 75 km von München entfernt.
Foto: Kurverwaltung Bad Wörishofen
Middle: Munich – Bad Wörishofen, only 75 km far from Munich.
Photo: Spa administration Bad Wörishofen

Unten links: Armbad – Wegen der einzigartigen Kneipptherapie kommen Gäste aus
aller Welt in die Kurstadt. Foto: Kurverwaltung Bad Wörishofen
Below left: Arm bath – because of its unique Kneipp therapy visitors from all over the
world come to Bad Wörishofen. Photo: Spa administration Bad Wörishofen
Unten rechts: Das Kloster der Dominikanerinnen wurde zum Zentrum eines der bekanntesten Naturheilverfahren der Welt. Foto: Kurverwaltung Bad Wörishofen
Below right: The convent of the Dominican Sisters became the bassinet of one of the
most famous naturopathic treatments in the world. Photo: Spa administration Bad
Wörishofen

Gliwice

Linke Seite/Left side:
Oben/Mitte rechts: Technische Universität von Schlesien. Foto: A. Witwicki
Top/Middle right: Silesia Technical University. Photo: A. Witwicki

Mitte links: Altstadt: Marktplatz. Foto: A. Witwicki
Middle left: Old Town: Market Square. Photo: A. Witwicki

Unten links: Logistikzentrum Schlesien. Foto: A. Witwicki
Below left: Silesian Logistic Centre. Photo: A. Witwicki

Rechts unten: Schlesische Sonderwirtschaftszone – Teilbereich Gliwice.
Foto: A. Witwicki
Below right: Silesian Special Economic Zone – Subzone Gliwice. Photo: A. Witwicki

Rechte Seite/Right side:
Links oben: Hauptstraße von Gliwice. Foto: A. Witwicki
Top left: Main Street of Gliwice. Photo: A. Witwicki

Rechts oben: Rathaus und Marktplatz. Foto: A. Witwicki
Top right: Town Hall and Market Square. Photo: A. Witwicki

Mitte: Fryderyk-Chopin-Park. Foto: A. Witwicki
Middle: Fryderyk Chopin Park. Photo: A. Witwicki

Unten: Seidenhaus Weichmann. Foto: A. Witwicki
Below: Weichmann Silkhouse. Photo: A. Witwicki

Köthen

Linke Seite/Left side:
Rechts oben/Mitte: Schloss Köthen (Anhalt). Foto: Stadt Köthen (Anhalt)
Right top/Middle: Castle of Köthen (Anhalt). Photo: City of Köthen (Anhalt)

Mitte links: Holzmarkt mit Altdeutschem Hof. Foto: Stadt Köthen (Anhalt)
Middle left: Lumber market with Altdeutscher Hof. Photo: City of Köthen (Anhalt)

Unten links: Köthen musikalisch: Gruppe „Rustika" auf dem Köthener Holzmarkt.
Foto: Stadt Köthen (Anhalt)
Below left: Köthen music: Group "Rustika" on lumber market Köthen.
Photo: City of Köthen (Anhalt)
Unten rechts: Ritterplatz in Köthen. Foto: Stadt Köthen (Anhalt)
Below right: Ritterplatz in Köthen. Photo: City of Köthen (Anhalt)

Rechte Seite/Right side:
Mitte: Reithallenruine am Köthener Schloss – künftiger Konzertsaal.
Foto: Stadt Köthen (Anhalt)
Middle: Ruins of the indoor riding arena at the castle of Köthen – a future concert hall.
Photo: City of Köthen (Anhalt)

Unten links: Prinzessinhaus mit Prinzessingarten.
Foto: ads architekturbüro dietmar sauer, Köthen
Below left: Prinzessinhaus with Prinzessingarten.
Photo: ads architekturbüro dietmar sauer, Köthen
Unten rechts: Köthener Homöopathiesommer 2005 im Park der Lutzeklinik.
Foto: Stadt Köthen (Anhalt)
Below right: Köthen Homeopathy Summer 2005 in the park of the Lutze clinic.
Photo: City of Köthen (Anhalt)

Kuopio
Linke Seite/Left side:
Oben links: Eine urbane Stadt in Naturnähe. Foto: Risto Asikainen
Top left: An urbane city close to nature. Photo: Risto Asikainen

Oben rechts: Sommerhaus am Kallavesi-See. Foto: Risto Ovaskainen
Top right: Summer cottage at Lake Kallavesi. Photo: Risto Ovaskainen

Mitte: Der Marktplatz mit Rathaus im Hintergrund. Foto: Stadt Kuopio
Middle: The market place with the city hall in the background. Photo: City of Kuopio

Unten links: Das Kuopio-Tanz-Festival im Juni. Foto: Kari Palsila
Below left: Kuopio Dance Festival in June. Photo: Kari Palsila

Unten rechts: Spielen mit Schnee. Foto: Kari Palsila
Below right: Playing with snow. Photo: Kari Palsila

Rechte Seite/Right side:
Oben: Schlittschuhlaufen auf dem Kallavesi-See. Foto: Risto Asikainen
Top: Ice-skating on Lake Kallavesi. Photo: Risto Asikainen

Mitte: Neues Leben in der Stadt, mit eigener Anlegestelle. Foto: Hannu Miettinen
Middle: New life in the city, with own pier. Photo: Hannu Miettinen

Unten: Die Johanneskirche, entworfen von Juha Leiviskä.
Foto: Hannu Miettinen
Below: The church of Saint John, architecture by Juha Leiviskä.
Photo: Hannu Miettinen

Lutherstadt Wittenberg
Linke Seite/Left side:
Oben links: Die historische Werksiedlung Piesteritz. Foto: Wittenberg Kultur e. V.
Top left: The historical housing estate Piesteritz. Photo: Wittenberg Kultur e.V.
Oben rechts: SKW Stickstoffwerke Piesteritz GmbH – Deutschlands größter Harn-
stoff- und Ammoniakproduzent. Foto: Wittenberg Kultur e. V.
Top right: SKW Stickstoffwerke Piesteritz GmbH – Germany's largest producer of urea
and ammonia. Photo: Wittenberg Kultur e.V.

Links: Denkmal Martin Luthers, im Hintergrund die Stadtkirche St. Marien.
Foto: Wittenberg Kultur e. V.
Left: Martin Luther Memorial, in the background the city church of St. Mary's.
Photo: Wittenberg Kultur e.V.

Unten links: Harnstofflagerhallen der SKW Stickstoffwerke Piesteritz GmbH bei Nacht.
Foto: Wittenberg Kultur e. V.
Below left: Urea storage of the SKW Stickstoffwerke Piesteritz GmbH at night.
Photo: Wittenberg Kultur e.V.

Rechte Seite/Right side:
Oben links: Elbe und Elbbrücke. Foto: Wittenberg Kultur e. V.
Top left: Elbe and Elbe bridge. Photo: Wittenberg Kultur e.V.
Oben/Mitte rechts: Das Stadtfest „Luthers Hochzeit". Foto: Jürgen M. Pietsch
Top/middle right: The city festival „Luther's wedding". Foto: Jürgen M. Pietsch

Unten: Der neu gestaltete Platz am Bahnhof. Foto: Wittenberg Kultur e. V.
Below: The newly-arranged square at the railway station. Photo: Wittenberg Kultur e.V.

Magdeburg
Linke Seite/Left side:
Oben: Sanierte Günderzeitbebauung in der Innenstadt.
Foto: Stadtplanungsamt Magdeburg
Top: Renovated Wilheminian style housing in the city centre.
Photo: Town planning office, Magdeburg

Mitte: Schrumpfungsschwerpunkt – Großwohnsiedlung Neu Olvenstedt.
Foto: Stadtplanungsamt Magdeburg
Middle: Focal point of shrinking – residential complex Neu Olvenstedt.
Photo: Town planning office, Magdeburg

Unten links: Der Magdeburger Dom. Foto: Stadtplanungsamt Magdeburg
Below left: Magdeburg Cathedral. Photo: Town planning office, Magdeburg

Unten rechts: Herrenkrugpark an der Elbe mit Parkhotel und Parkrestaurant.
Foto: Stadtplanungsamt Magdeburg
Below right: Herrenkrug park at the river Elbe with Park Hotel and Park Restaurant.
Photo: Town planning office, Magdeburg

Rechte Seite/Right side:
Oben: Magdeburg schafft Wissen – Neuansiedlungen der Experimentellen Fabrik
Magdeburg (Vordergrund), des Max-Planck-Instituts (Hintergrund) und des Fraunho-
fer-Instituts (links). Foto: Stadtplanungsamt Magdeburg
Top: Magdeburg creates knowledge – new location of the Experimental Factory
Magdeburg (foreground), the Max Planck Institute (background) and the Fraunhofer
Institute (left). Photo: Town planning office, Magdeburg

Mitte: Neues Bauen in den 1920er Jahren – Hermann-Beims-Siedlung.
Foto: Stadtplanungsamt Magdeburg
Middle: New architecture in the 1920s – Herrmann-Beims-residental estate.
Photo: Town planning office, Magdeburg

Unten links: Architektonisch-künstlerische Intervention im Stadtraum 2005 – BAR-
KLANG-BRÜCKE über der Elbe. Foto: Stadtplanungsamt Magdeburg
Below left: Architectural-artistic intervention in the city space 2005 – BAR-TONE-
BRIDGE across the Elbe. Photo: Town planning office, Magdeburg
Unten rechts: Leben an und mit der Elbe – Flusspioniere haben eine Strandbar ein-
gerichtet. Foto: Stadtplanungsamt Magdeburg
Below right: Living at and with the Elbe – river pioneers have set up a beach bar.
Photo: Town planning office, Magdeburg

Newcastle
Linke Seite/Left side:
Oben links: Die Northumberland Street in Newcastles Haupteinkaufsviertel.
Foto: One NorthEast photo library, 2006
Top left: Northumberland Street in Newcastle's main shopping district.
Photo: One NorthEast photo library, 2006

Mitte links: Die Grey Street im Zentrum Newcastles, erbaut im Georgianischen Stil.
Foto: One NorthEast photo library, 2006
Middle left: The Georgian architecture of Grey Street in central Newcastle.
Photo: One NorthEast photo library, 2006
Mitte rechts: Der Engel des Nordens, Skulptur
Foto: One NorthEast photo library, 2006
Middle right: The Angel of the North, sculpture.
Photo: One NorthEast photo library, 2006

Unten links: Die Kräne der Schiffswerft von Walker im Osten von Newcastle.
Foto: One NorthEast photo library, 2006
Below left: Shipyard cranes in Walker in the east end of Newcastle.
Photo: One NorthEast photo library, 2006

Rechte Seite/Right side:
Oben links: BALTIC Galerie für zeitgenössische Kunst und Gateshead-Millennium-
Brücke. Foto: One NorthEast photo library, 2006
Top left: BALTIC Centre for Contemporary Art and Gateshead Millennium Bridge.
Photo: One NorthEast photo library, 2006
Oben rechts: Mikroelektronikprüfung in einer Fabrik außerhalb von Newcastle.
Foto: One NorthEast photo library, 2006
Top right: Microelectronics testing in a factory outside Newcastle.
Photo: One NorthEast photo library, 2006

Mitte: Abriss der traditionellen Reihenhäuser in Benwell.
Foto: One NorthEast photo library, 2006
Middle: Demolishing traditional terraced housing in Benwell.
Photo: One NorthEast photo library, 2006

Unten: Luftbild der ehemaligen Schottland- und Newcastle-Brauereianlage, des Standorts von Science Central. Foto: One NorthEast photo library, 2006
Below: Aerial view of the former Scottish and Newcastle Brewery site, the location
for Science Central. Photo: One NorthEast photo library, 2006

Pécs
Links oben: Ein Elefant – das Zeichen des ehemaligen Kolonial- und Gewürzwaren-
ladens. Foto: Andras Pesti, Pécs
Top left: An elephant – sign of the former ´colonial goods´ and spices store. Photo:
Andras Pesti, Pécs

Links Mitte: Barocker Eingang des ehemaligen Komitatssitzes. Foto: Károly Csonka
Middle left: Baroque entrance of the former comitatus domicile. Photo: Károly Csonka

Links unten: Revitalisierung der öffentlichen Plätze durch Fontänen.
Foto: Károly Csonka, Pécs
Below left: Revitalization of public squares by fountains. Photo: Károly Csonka, Pécs

Unten Mitte: Mittelalterliche und neuzeitliche Fenster blicken in die Zukunft der Stadt.
Foto: Andras Pesti, Pécs
Below Middle: Mediaeval and modern windows are looking at the future of the city.
Photo: Andras Pesti, Pécs

Großes Bild: In dem Stadtviertel Tettye lebten einst die Bosniaken – ein Stück Balkan in Pécs. Foto: Károly Csonka
Big picture: The Bosniaks once lived in the Tettye district – a piece of Balkan in Pécs. Photo: Károly Csonka

Unten rechts: Zeiten und Kulturen in einer Stadt – die Kuppel der ehemaligen Moschee und der Fernsehturm. Foto: Károly Csonka
Below right: Times and cultures in one town – cupola of the former mosque and the television tower. Photo: Károly Csonka

Santiago de Compostela
Linke Seite/Left side:
Oben: Gesamtansicht von Santiago mit der Kathedrale und der Altstadt im Zentrum. Foto: Turismo de Santiago
Top: General view of Santiago with the Cathedral and the old town in the centre. Photo: Turismo de Santiago

Links: Der Praterias-Platz, neben der Kathedrale gelegen, ist einer der populärsten Plätze der Altstadt. Foto: Turismo de Santiago
Left: Praterias's Square, beside the Cathedral, one of the most popular places of the old town. Photo: Turismo de Santiago

Unten rechts: Die regionale Regierung besitzt eine wichtige Rolle im zeitgenössischen Städtebau. Foto: Turismo de Santiago
Below right: The regional administration holds an important role over the contemporary city`s construction. Photo: Turismo de Santiago

Rechte Seite/Right side:
Oben: Nachtleben in Santiago. Foto: Turismo de Santiago
Top: Nightlife in Santiago. Photo: Turismo de Santiago

Mitte links: Das moderne Santiago: Gebäude der Universität. Foto: Turismo de Santiago
Middle left: The modern Santiago: Building of the University.
Photo: Turismo de Santiago
Mitte rechts: Kunstrestaurator. Foto: Turismo de Santiago
Middle right: Artisan restorer. Photo: Turismo de Santiago

Unten: Jett-Kunsthandwerk. Dieser Stein ist einer der Symbole von Santiago. Foto: Turismo de Santiago
Below: Jet artisan makings. This stone is one of the symbols of Santiago. Photo: Turismo de Santiago

Autorenverzeichnis
List of Authors

Prof. Dr. Omar Akbar
Architekt, Geschäftsführer des IBA-Büros, Direktor der Stiftung Bauhaus Dessau
Architect, manager of the IBA Office, director of the Bauhaus Dessau Foundation

Dr. Peter Franz
Dipl.-Sozialwirt, Referent für Strukturprobleme von Agglomerationen in der Abteilung Stadtökonomie, Institut für Wirtschaftsforschung Halle
Social economist for Structural Problems of Agglomerations in the Department Urban Economics, Halle Institute for Economic Research

Dr. Friedrich Gnad
Geschäftsführer STADTart Planungs- und Beratungsbüro Kultur – Freizeit – Sport, Dortmund
Managing Director STADTart planning and consulting office culture – leisure – sport, Dortmund

Prof. Román Rodríguez Gonzalez
Geograf, Professor für Geografie, Universität von Santiago de Compostela
Geographer, Professor for Geography, University of Santiago de Compostela

Heikki Helve
Entwicklungsleiter, Programmdirektor des Health Kuopio Programme, Stadt Kuopio
Development Manager, Programme Director of the Health Kuopio Programme, City of Kuopio

PD Dr. Josef Hilbert
Diplom-Soziologe, Direktor des Forschungsschwerpunktes „Gesundheitswirtschaft und Lebensqualität", Institut für Arbeit und Technik Gelsenkirchen
Sociologist, Director of the Research Unit „Quality of Life and Health Industries", Institute for Work and Technology, Gelsenkirchen

Detlef Jarosch
Dipl.-Geograf/Dipl.-Kaufmann, Geschäftsführer Unterallgäu Aktiv GmbH und Sebastian Kneipp Institut GmbH
Geographer/business manager of Unterallgäu Aktiv GmbH and Sebastian Kneipp Institute GmbH

Prof. Ole B. Jensen
Soziologe und Planer, Institut für Architektur und Design, Universität Aalborg
Sociologist and planner, Institute for Architecture and Design, Aalborg University

Katarzyna Kobierska
Beraterin für EU-Finanzmittel, Stadtentwicklungsbüro, Stadtverwaltung Gliwice
EU-Funds Adviser, employee of City Development Bureau, Municipality of Gliwice

Pawel Kopczynski
Leiter des Stadtentwicklungsbüros, Stadtverwaltung Gliwice
Head of City Development Bureau, Municipality of Gliwice

Prof. Ann Markusen
Volkswirtin, Professorin der Stadt- und Regionalpolitik, Humphrey Institute of Public Affairs, Universität von Minnesota
Economist, Professor for Urban and Regional Policy, Humphrey Institute of Public Affairs, University of Minnesota

Michael Manville
PhD Student im Fachbereich Stadtplanung, Universität von Kalifornien, Los Angeles
PhD Student in the Department of Urban Planning, University of California, Los Angeles

Eckhard Naumann
Dipl.-Ing. für Verfahrenstechnik, Oberbürgermeister der Lutherstadt Wittenberg
Engineer for process engineering, Lord Mayor of the city of Lutherstadt Wittenberg

Joseph Place
Wissenschaftsstadt Programmentwicklungsleiter bei One NorthEast, der Regionalen Entwicklungsagentur für Nordostengland
Science City Programme Development Manager at One NorthEast, the Regional Development Agency for North East England

PD Dr. Dieter Rehfeld
Politologe, Direktor des Forschungsschwerpunkts „Innovative Räume, Institut für Arbeit und Technik, Gelsenkirchen
Political scientist, Director of the Research Unit „Innovative Regions", Institute for Work and Technology, Gelsenkirchen

Tamás Szalay
Literaturwissenschaftler, Leiter der regionalen und internationalen Beziehungen im Management Zentrum Pécs 2010.
Literary scholar, Head of the regional and international relations in the Management Centre Pécs 2010.

Greg Schrock
Volkswirt, wissenschaftlicher Mitarbeiter, UIC Center for Urban Economic Development, Illinois Universität in Chicago
Economist, Research Associate, UIC Center for Urban Economic Development, University of Illinois in Chicago

Prof. Xosé Manuel Santos Solla
Geograf, Professor für Geografie, Universität von Santiago de Compostela, Direktor des Zentrums für Tourismusforschung
Geographer, Professor for Geography, University of Santiago de Compostela, Director of the Centre for Tourism Research

Regina Sonnabend
Stadtplanerin, Koordinatorin des Büros der IBA Stadtumbau 2010 und an der Stiftung Bauhaus Dessau
Urban planner, Coordinator of the IBA Office Urban Redevelopment 2010 and the Bauhaus Dessau Foundation

Rolf Stein
Dipl.-Volkswirt, Consulting und Forschung zur Stadt- und Regionalentwicklung, Berlin
Economist, Consulting and Research in Urban and Regional Development, Berlin

Prof. Michael Storper
Professor für Wirtschaftsgeographie, London School of Economics, Professor für Wirtschaftssoziologie, Institut d'Etudes Politiques de Paris (Sciences Po)
Professor of Economic Geography, London School of Economics and Professor of Economic Sociology, Institut d'Etudes Politiques de Paris (Sciences Po)

Dr. Jens Südekum
Dipl.-Volkswirt, Juniorprofessor für Wirtschaftspolitik, Universität Konstanz
Economist, Assistant professor of economics, University of Konstanz

Dr. Lutz Trümper
Lehrer für Chemie und Biologie, Oberbürgermeister der Stadt Magdeburg
Teacher for chemistry and biology, Lord Mayor of the city of Magdeburg

Dr. Willem van Winden
Volkswirt, Erasmus-Universität, Rotterdam
Economist, Erasmus University Rotterdam

Kurt-Jürgen Zander
Jurist, Oberbürgermeister der Stadt Köthen
Lawyer, Lord Mayor of the city of Köthen